チームコーチング

LEADERSHIP TEAM COACHING

集団の知恵と力を引き出す技術

ピーター・ホーキンズ［著］
PETER HAWKINS
田近秀敏［監訳］
HIDETOSHI TAJIKA
佐藤志緒［訳］
SHIO SATO

英治出版

LEADERSHIP TEAM COACHING

by PETER HAWKINS

Japanese translation published by arrangement with Kogan Page
Limited through The English Agency (Japan) Ltd.

チームコーチング

「財務管理ではない。戦略ではない。技術ではない。競争における究極の武器はチームワークである。チームワークはそれほど強力で稀少なものである」

――パトリック・レンシオーニ

「チームは、単独で行動する何人かの個人や、やや大きい組織のくくりの中で働く個人よりも高い業績を上げることができる。特に、複数のスキル、判断、経験の組み合わせが要求される状況では、このことが言える」

――カッツェンバックとスミス

目次

第2部 チームコーチング

第3部 異なるタイプのチームのコーチング

第4部 チームコーチの選択・開発・スーパービジョン(監督)

この時代ならではの大きな課題に直面している、チームの指揮・指導に携わる人々へ

序文

デヴィッド・クラッターバック
――欧州メンタリング&コーチング協議会（EMCC）共同創設者
シェフィールド・ハラム大学およびオックスフォード・ブルックス大学客員教授

「効果的なチームコーチングの核となるのは、チームとコーチの間に生じる関係である。その関係においては、すべてのメンバーが常に学習状態になければならない」

「チームコーチング」は、世界的に見てもかなり新しい手法である。実際あまりに新しい技術のため、チームコーチングの関連サイトを見ていると、そのコンセンサスの欠如に困惑する。どうやら「チームコーチング」という言葉は、ファシリテーションやコンサルティング、チームビルディング、グループカウンセリングなど、幅広い種類の介入法を表すものとして使われているようだ。しかも、チーム全体に対するコーチングとして紹介しているところもあれば、メンバー各人への個人コーチングの総称として使っているところもある。

「チームリーダー」もまた然り。チームに不可欠なメンバーとして定義しているところもあれば、外部からチームに影響を及ぼす人として解釈しているところもある。これらのさまざまな主張において、おそらく最も確かなのは「どれもしっかりとした根拠に基づいていない」ということだろう。

だが、幸いなことに、いまや、このカオス状態に秩序をもたらす二つのプロセスが着実に進められつつある。ひとつめは、実証的研究（「チームという環境において、コーチングという介入法が実際にどう機能するか」を探求した確たる根拠に基づく研究）の成果が徐々に現われつつあることだ。

二つめは、本書のように、経験豊かなチームコーチが自らの役割を定義し、チームコーチングというプロセスの理論基盤を示した書籍が刊行されはじめたことだ。これにより、今後の実証的研究に弾みがつくことは言うまでもない。

本書『チームコーチング』において、著者ピーター・ホーキンズは膨大な実践経験のなかから、本当に必要な知識を披露している。なかでも、チームコーチングという概念を拡大し、システミックなとらえ方をしているため、内的要因だけでなく外的要因によっても、チームの性質（変化を実際に起こし、急激なパフォーマンス改善を図る性質）が評価可能になった点は特筆すべきだろう。本書で彼が提案した、「確固たる、それでいてシンプルな一連のモデル」により、コーチングサービスの実践者も購入者も、次の二つの重要な質問に対して、より論理的な回答ができるようになったのだ。

・優秀なチームコーチが行うべきこととは何か？
・このチームのニーズに合うチームコーチをどのように見極めるか？

さらに本書で特筆すべきは、「スーパービジョン（監督）」を取り上げている点だ。残念なことに、現在は大多数のコーチがスーパービジョンを受けていない。また、たとえ受けていたとしても、期待どおりの効果を得られずにいる。それは「スーパービジョンを受けること」がどのようなことなのか、彼らがはっきり理解できずにいるからだ。この問題は、チームコーチングという状況（コンテクスト）においていっそう深刻なものになる。チームコーチングでは可能性のかすかなサインを見逃すほど、被害がより甚大なものになるからだ。それだけに、優れたチームコーチは「システミックな意識」をもたねばならない。これは「会議室で起きていることは、チームとその他の利害関係者の間の相互作用や忠誠関係、協調と対立、促進要因と阻害要因といった、より大きな全体像の一部に過ぎない」という意識のことだ。

チームコーチの果たす役割は、そのチームの環境とニーズによってさまざまに変化するものだと私は考える。とはいえ、そのなかには次の重要な役割が含まれるものだ。

(1)チームがアイデンティティを見つけられるよう支援する。
(2)チームが何を達成したいか、なぜ達成したいかを明らかにできるよう手助けする。
(3)チームが「達成の可能性」だけでなく、彼らにはできないこと、またはすべきではないことを受け入れられるよう援助する。
(4)チームにとって重要なプロセスを理解できるよう支援する。トップチームであっても、意思決定方法や集団としての他者との関わり合い方を理解していないチームはあまりに多い（実際私もそのような実例を目の当たりにし、たびたびショックを受けてきた）。チームコーチは、チームがこの種の素人くささや自己満足に陥ることなく、より機能的なプロセスを発展させ、集団的なパフォーマンスを維持できるよう手助けしなければならない。

(5)チームが、チーム内に潜在する創造性にアクセスできるよう支援する。

(6)チームが集団的な回復力を育めるよう手助けする。チームコーチは、チームの集団としての感情状態の改善に気を配り、彼らが成功や挫折に一喜一憂しない方法を学べるよう手助けすることが可能だ。

(7)チームがその進歩を観察できるよう支援する。単にこなした仕事量だけでなく、彼らの学習とプロセスの質（どのようにチームがひとつにまとまって機能しているか）をさまざまな利害関係者たちの視点から評価してもらうことは、大いにチームのためになる。これによりチームコーチは、チームが進捗状況を客観的に見つめ、チームワークを高めるための支援もできる。同時に、チームがその近視眼的な傾向（チームにとって不愉快なフィードバックや、チームの自己イメージにはそぐわないフィードバックを無視したり軽視したりする傾向）に気づき、それらの改善プロセスを生み出す手助けもできるのだ。

本書『チームコーチング』は、これらの課題すべてに取り組んだ一冊である。これは、チームコーチングを専門的に学習する者にとっても、取り急ぎその概念を活用したい者にとっても、貴重なリソースとなるであろう。

謝辞

ピーター・ホーキンズ
英国ヘンリー・ビジネス・スクール教授
バス・コンサルタンシー・グループ名誉会長
リニューアル・アソシエイツ会長

表紙には私の名前が記されてはいるが、この本はチームによって生み出された。それを可能にしてくれた私以外のチームメンバー全員に、この場を借りて感謝の意を表したい。

まずは、チームリーダー、チームコーチ、チームコーチスーパーバイザーとして、私の仕事を指導し、助言し、監督してくれたあらゆる人々に感謝を捧げたい。

本書の内容の大半は、ここ三〇年以上に渡り、私がバス・コンサルタンシー・グループ（BCG）とアカデミー・オブ・エグゼクティブ・コーチング（AOEC）と共同開発したチームトレーニング・コースと、センター・フォー・スーパービジョン・アンド・チーム・ディベロプメント（CSTD）との連携でBCGを通じて実施されたコーチングのクラスに基づいたものだ。これまでに私が実施した指導、助言、相談、スーパービジョン（監督）、トレーニングを受けてくれた人たち全員に深い感謝の念を示したい。私にとって、彼らは常に最高の師だ。彼らがいてくれるからこそ、私はテクニックを開発し、さらなる課題を与えられ、それに挑戦し、励みとなるフィードバックを得ることができるのだ。

本書で紹介した概念は、BCGの同僚たちと共に二五年以上開発と記録を繰り返しながら、コツコツと積み上げてきたものだ。BCGの同僚たちは、チームコーチングという技術に関する考察、執筆、実践を支援し、また必要なときには異議を申し立ててくれた。とりわけ、ジョン・ブリストウ（特に第8章）、ジル・シュウェンク（第11章）、ロビン・コーツとニック・スミス（本書でも数多く引用している"Coaching, Mentoring, and Organizational Consultancy: Supervision and Development"の共著者）、クリス・スミスとフィオナ・エリス（第12章）、AOECのジョン・リアリー・ジョイス（イギリス初のチームコーチング検定プログラムを共に考案した偉大な同僚）に感謝したい。さらに本書の一部に対してコメントをくれたマリアンヌ・トレーシー（ニューヨーク）、レトック・アソシエイツのカースティー・リーシュマン（スコットランド）、ピーター・ビンズ（ブライトン）、そして集団的リーダーシップの追加調査を実施してくれたヘンリー・ビジネス・スクールの私の新たな同僚たちにも感謝したい。親友ミカエラ・フォン・ブリスクは、その愛情深いまなざしで、この本をより読みやすくしてくれた。

同僚であり、すばらしい友人でもあるマルコム・パーレットとジュディ・ライドは、何週間もかけて本書の執筆を支えてくれた。またウェスタン・アカデミーの同僚（ピーター・リーズン、ジョン・クルック、ピーター・テイサン）とCSTDの同僚（ロビン・ショエットとジョアン・ウィルモット）は常に私に支援と挑戦、刺激を与えてくれた。本書のテキスト準備には、BCGの管理スタッフ（特にフィオナ・ベンソン）の惜しみない支援が不可欠だった。

最後に、妻でありパートナーでもあるジュディ・ライドにもう一度感謝の念を捧げたい。彼女の愛情、忍耐、同僚としての支援、さらに多くの貢献があればこそ、私は本書を書き終えることができたのだ。

はじめに

本書は「チームの指導を通じて、効果的な集団的リーダーシップを提供する」という挑戦に意欲を燃やす、すべての人のために書かれた一冊だ。この挑戦が今ほど求められていることはない。しかも、これは緊急を要するタスクでもある。

第1章では、偉大な指導者によって大きな課題が解決されてきた例や、英雄的な経営者によって企業組織が複雑な変容を遂げてきた例を挙げながら、これまで世界がたどってきた道のりを振り返る。そのようにして、人は複雑でグローバルな相互依存から成る、連続的でめまぐるしい変化が起きる世界を創りあげてきた。だからこそ今、個人という枠を超越したリーダーシップ――より効果的な集団的リーダーシップと高業績を上げるチーム――が求められているのだ。

伝統的に、リーダーシップ開発とは「理論および事例を通じて、個人の認識を教育すること」であった。そしてここ四〇年の間に、実際の課題に直面してリアルタイムのアクションラーニングを行い、認知面と同じく感情面にも重点的に取り組むことで、はるかに経験的な学習が可能になった。とはいえ、重視されたのはやはりリーダーシップ開発であり、集団的リーダーシップではなかった。数えきれないほどの書籍やクラス、認定試験などによって、個人コーチングの分野はここ三〇年の間に飛躍的に拡大する一方、リーダーシップに関するコーチングの分野はほとんど無視されてきた。

これまで実施されてきたチーム開発は、一時的な促進を目的としたものがほとんどだった。

メンバーの関係を円滑にすることや、チームの構造や選択、プロセスばかりに焦点を合わせ、最高のコーチング、最高のコンサルタンシー、最高のチーム開発手法をひとまとめにした包括的アプローチに欠けていた。それゆえ、時間をかけてチームの関係性を拡大し、チームの機能やつながり、学習を互いに高め合うことができなかったのだ。

クラッターバックやワーグマンが実施したチームに関する調査では、次のことが明らかになった。「チームの結束力強化（チームボンディング）やチームビルディングのエクササイズを実施しても、そのチームの業績に持続的かつ永続的な改善はもたらされない。だが、チームリーダーか外部のコーチによるチームコーチングを続けると、そのチームには持続的なパフォーマンス改善が生まれる」

チームにとって必要なのは、高度なパフォーマンスがどのようなものかを知ることだ。そうして初めて、彼らは自らのチームパフォーマンスを上げる計画を立て、その計画にコミットできるようになる。そこで第2、3章では、高度なパフォーマンスを上げるチームに不可欠な要素について説明したい。第3章では「成功するチームのための五つの基本原則」を紹介している。それは次のようなものだ。

(1)任務を与える（Commissioning）：チームに委譲された権限を明確にすること。
(2)明らかにする（Clarifying）：チームが彼らのミッション、目的、戦略的目標、価値観、ゴール、役割、プロセスを明らかにし、責任を担うこと。
(3)共創する（Co-creating）：チームが一丸となって機能し、より効率よく新たな思考や行動を共創していくこと。

(4)つなぐ（Connecting）：チームが率いる社員たち、チームが仕える顧客および投資家、チームが仕事をするうえで世話になるサプライヤー、パートナー、監督機関、地域社会とのつながりを密にすること。リーダーシップには、チームが利害関係者たちとの関係性を変容しつつ、そのより広範囲のシステムを刺激し、動機づけ、足並みを揃えさせ、チームの貢献そのものを変容させるという性質がある。

(5)コアラーニング（Core learning）：成功するために、チームが自らを取り巻く環境の変化を上回る（もしくは同程度の）割合で、学習と学習棄却（アンラーニング）をくりかえすこと。そのためには、チームがコアラーニングのみならず、より効率的な学び方の学習にもコミットすることが必要だ。

第4章では、チームコーチングという新たな技術の定義と概要を紹介する。歴史的に見ると、この技術のルーツは組織開発、コンサルティング、チームファシリテーション、コーチング、スポーツ心理学といった分野にあるが、同時にこれらとは明らかに異なるものである。第5章では、「CID-CLEAR」というモデルを用いて、コーチとチームの関係の発展のカギとなる段階について解説する。第6章では、先の五つの基本原則を軸にしたコーチングシステムについて詳説する。それぞれの原則によって、チームコーチ（またはチームリーダー）はまったく異なる焦点とスキルセットを求められることになる。第7、8章では、さまざまな種類のチームに視野を広げてリーダーシップについて解説する。たとえば次のようなチームだ。

・マネジメントチーム
・プロジェクトチーム
・バーチャルチーム
・国際的なチーム
・クライアントまたは顧客対応チーム
・経営陣

第9章では、チームコーチを見つけ、選び、評価し、共同作業する際のアドバイスを、チームリーダー向け、さらにチームコーチングを採用する企業・組織向けに紹介している。またその後の章ではチームコーチのトレーニング、成長、スーパービジョン（監督）に焦点を絞り込み、以下のことを説明している。

・チームコーチにとって重要な素質や性質とは何か。さらに、それらをどのように発展させていくか（第10章）。
・チームコーチのスーパービジョンにはどのようなアプローチが必要か（第11章）。
・チームコーチングに必要なその他のモデル、ツール、メソッドは何か（第12章）。

最終章では、チームコーチングという分野における課題を示したうえで、チームとチームリーダーに対して世界中で急速に高まりつつある要求に、よりよく応えるための展望を示したい。

第1部

高業績を上げるチーム

第1章

なぜ、世界はもっと高業績を上げるリーダーチームが必要なのか

「疑うなかれ。懸命な行動力のある小さな集団が世界をも変革できるということを。まさに彼らこそが今まで世界を変えてきたのだから」

――マーガレット・ミード

トヨタ自動車の渡部捷昭社長（当時）は『タイム』のインタビュー記事において、「なぜトヨタはアメリカのビッグスリーの総計を上回る莫大な利益を上げているのか？　それほど大きな成功を収めている理由は何か？」と質問され、こう答えている。「トヨタでは、皆がひとつのチームとして働いています。われわれはサプライヤーもパートナーと呼び、全員が『われわれが作るべきだ』と考えた商品を作っているのです」

一流金融会社の経営幹部チームと仕事をしていたときのことだ。事前に行われたメンバーとの個別ミーティングを終え、私は愕然とした。チームの視点が「ＣＥＯがいかに間違っているか」ということにあまりに偏っていたのだ。ちなみに、この会社では会長や社長がめまぐるしく交替し、そのたびにライバル同士の熾烈な競争が起こるのが当たり前になっていた。そこで私はそれから数カ月間、彼らの会議や社外での交流の促進に専念した。にもかかわらず、メン

バーの誰かに会社の廊下で呼び止められ、CEOの弱みを耳打ちされることが続いた。とうとう私は次の会議でチームの面々を前にしてこう告げた。

「はっきり言って、私はうんざりしています。あなたたちからCEOの悪口ばかり聞かされるからです」

隣に座っていたCEOはぎくりとして、私をじっと見つめた。その顔にはショックと怒りの色が浮かんでいた。一方のチームメンバーはと言えば、全員が視線を落とし、手元の書類をぼんやりと見つめていた。やや不安を覚えながらも私は言葉を継いだ。

「あなたたちはリーダーとしての権限や責任を上の人に委譲し、『完璧なCEOの登場を待ちわびる』というゲームをしているように思えます。でも私はさまざまな企業と仕事をしてきましたが、これまで〝完璧なCEO〟にお目にかかったことなど一度もありません。今日は『あなたたちは経営管理チームとして、どのようにCEOの弱みの責任をとるつもりなのか』という点について考えてほしいのです」――こうして本当のチームコーチングがはじまったのだ。

「完璧なCEO」や「完璧なリーダー」にまつわる神話は、多くの企業、組織、スポーツチーム、さらには国家の政治にまで広く行き渡っている。私たちは自分たちのリーダーに多くを期待し、彼らが奇跡的なパワーで事態を好転してくれることを心から願う。ところが、その非現実的な期待に彼らが応えてくれないことがわかると、途端に手のひらを返したように批判や非難に転じるのだ。リーダーシップ研究の第一人者であるウォレン・ベニス（南カリフォルニア大学経営管理学教授）は、次のように表現している。

神話が現実に追いつかないんです。私たちは、ローン・レンジャーの神話、すなわち「偉業はたいてい並外れた個人が一人で成し遂げるものだ」というロマンチックな信念にしがみついています。そんなことはないと事実が証明しています。ミケランジェロだって一六人の集団でシスティーナ礼拝堂の壁画を描いたんですよ。それなのに私たちはいまだに、偉大な集団ではなく偉大な個人（男でも女でも）による功績、という目で物事を見ようとしているのです。

ベニスがこう表現して以来、世界の複雑さ、相互のつながり、変化のスピードに関する課題は飛躍的に増え続け、いまや私たち人類は種としての重大な脅威にさらされている。しかも、その脅威はどんどん増大しつつある。〝ヘリガンの失われた庭園〟[注1]や〝エデン・プロジェクト〟[注2]の推進者ティム・スミットは「今後三〇年は、この惑星に暮らす人間の歴史上、最もエキサイティングな時代となるだろう」「その間に、私たちはホモ（＝ヒト）が本当にサピエンス（＝賢い）になるのか、それとも絶滅種の一種として記録に名を連ねるのかを見極めることになるからだ」と話す。また環境保護活動家ポール・ホーケンは、二〇〇九年度にポートランド大学で行った記念講演で次のように語っている。

二〇〇九年度のクラスの皆さん、まずは大事な点からはじめましょう。

あなたがたは、あらゆる生命システムが衰えつつあり、しかもそのスピードが加速されつつある時代の地球に、人間として生きる意味を考えなければいけません。まさに、あぜんとするような状況です……。過去三〇年に出された学術論文で、この主張に反論できるものはひとつもありません。基本的に、人類社会は新しいオペレーションシステムを必要としており、あなたがたがそのプログラマです。それも、あと数十年のうちに必要なのです。

いまや、課題はかつてないほど重くのしかかってきている。朝、私たちが目ざめて鏡の中に見る自分は、この惑星における絶滅危惧種の一種となりつつあるのだ。

これが、私たちが個々の課題（地球温暖化や人口爆発、科学・技術の相互関係、石油資源の枯渇、これまでの一〇〇〇倍のスピードで加速する種の絶滅速度など）に向き合って済む話ならばまだいい。しかし、実際はそれほど簡単な話ではない。なにしろ私たちが直面しているのは、それらすべての課題だけでなく、複雑に相互接続されたシステミックな世界に生じる無数の課題なのだ。しかも、それらは加速度的に発生しているため、どんな専門家もその全体のパターンを把握できずにいる。ましてや、その対処法など知る由もない。

ティム・スミットやポール・ホーケンは前向きにとらえていたものの、この課題に対しては、優秀な科学者個人も、卓越した科学者チームも、世界有数の研究機関から招集された多分野に渡る専門家チームでさえも、納得のいく答えを出せずにいる。世界各国がかつてないほど協力したとしても、政治家たちにはこの課題は解決できないし、圧力団体が複雑なパターンのある側面に焦点を絞って有利に変えようとしても解決できるはずがない。今、世界が抱えている課題を克服するには、私たち〝人間〟という種が規律や国境を超え、国ごと（または自己）の利益を超越し、一致協力するという新たなやり方が不可欠だ。かつてアインシュタインが「問題

注1　もともとはトレメイン家の屋敷とその庭園が第二次大戦後、打ち捨てられて廃墟になっていたのを、エデン・プロジェクトの創始者であるティム・スミットとその仲間達が長い時間と労力をかけて再生したもので、今は観光スポットになっている

注2　世界各地から10万種を越える植物が集められている。バイオーム（生物群相）とよばれる世界最大級のドームの中には生きた生態系が演出されている

を作り出したときと同じ考え方では、その問題を解決することはできない」と指摘したように、私たちは一致協力する中で、新たな思考法を生み出す必要に迫られている。

この本を執筆している間、私は英国のイラク戦争参戦に関する公聴会のニュースに興味深く耳を傾けていた。そして英国が〝人命救助〟という観点から、非常に大きな犠牲（経済面での代償だけでなくイスラム社会とのさらなる対立も含めて）を強いられる戦争を、米国や他の同盟国と共にはじめるに至った経緯を知ることになった。公聴会では、当時の閣僚たちが「質が高く、重要で、困難な議論が最も必要とされているときに、内閣の内部からも外部からも圧力を受け、危険な『集団思考』に陥ってしまった」と証言していた。

トニー・ブレア前首相は、先のマーガレット・サッチャー内閣の失敗を避けるために、自分の内閣には異なる視点を積極的に取り入れようとした。その代表例がロビン・クックとクレア・ショートだ。[注3]だがこの二人の意見が一番必要とされるときに「危険な集団思考」が蔓延し、しだいに二人は孤立し、その意見は軽視されることになったのである。

一方、これと実に対照的なのが、アメリカ南北戦争時のエイブラハム・リンカーン内閣のエピソードだ。歴史家ドリス・カーンズ・グッドウィンは著書『リンカン』（平岡緑〈訳〉、中央公論新社）の中で、リンカーンの〝類いまれな政治的素質〟の例として、一番手強い政敵を閣僚として起用したことを挙げている。彼自身の考えや信念にはっきりと、熱意をもって異議を唱えようとする人々をあえて起用し、重大な議論をさらに深めようとしたのだ。ちなみに、これはオバマ現米国大統領が見習おうとしているアプローチである。

チームにとっての変わりつつある課題

では、リーダーシップという観点から見た場合、こういった地球規模の課題にはどういった意味があるのだろう？　これは、どんなリーダーチームにおいても、チームに関する調査においても、避けて通ることができない重要なテーマだ。この地球規模の課題が、リーダーチームのメンバーおよび彼らの指導や援助に当たる者たちに求めているのは、全員が総力をあげて次のような課題に対処することなのである。

(1) さまざまな利害関係者全員の期待に応えなければならない。

私は、ある大手金融会社のＣＥＯから「周囲は、私がＣＥＯとしてさぞ大きな自由を手にしているのだろうと思っている。だがチームリーダーとして第一線に立っていた頃に比べると、今は自由も力も選択の権利も少なくなってしまった」と打ち明けられたことがある。

このあと彼は、自分が常に会社の予定表に縛られて多忙であること、いつも監督機関や取締役のメンバー、株主、主要顧客、パートナー組織に振り回されていることを説明した。さらに、社内のどの部署からも年一度の訪問を要請されていること、そのうえ一日に信じられないほどたくさんの会議への出席を求められ、そういった会議ではきまってさまざまな利害や視点をもつグループから陳情を受けるのだ、ととうとう述べたあと、ぽつりとつけ加えた。「社内からも社外からも、相反する要求がすべて私の元へ集まってくる。まるで自分が交差点みたいに思

注３　いずれもイラク戦争に反対し、閣僚を辞任した

えるんだ」
これと似たような話を、政府の事務次官や地方自治体のトップたちからも聞いたことがある。これでは、トップに立つ者の在任期間がどんどん短くなっているのも当然と言えるだろう。

リーダーに対する私たちの期待と要求は、かつてないほど高まっている。このことに関して、フーパーとポッターは著書「Intelligent Leadership」（未邦訳）でこう述べている。

> 未来のリーダーにとってカギとなるのは、どれだけ人としての潜在能力を解き放ち、人々の感情的支援を勝ち取れるかということだ。信奉者たちの心をとらえたいならば、未来のリーダーは今よりも有能で、明確な意見を述べ、創造的であり、精神的指導力のある、信頼に足るリーダーにならなければならない。

これを裏付けるのが、Y世代[注4]以下の調査だ。その種の調査では例外なく、これからの世代がリーダーにより多くの期待を寄せるであろうこと、肩書きや役割だけでは尊敬しなくなるであろうこと、リーダー自身が彼らの尊敬を勝ち取るべきだと考えていることが明らかになっている。

(2)ビジネスの運営と変革を同時に行わねばならない。

チームコーチングは、ビジネスを実践する経営幹部チームや取締役会に対しても実施可能だ。こういった幹部チームの多くは、ビジネス運営と同時により広範なシステムの変革も行わなければならないことを十分認識できていない。そもそも、ビジネスの運営と変革という二つの活動には、チームからの異なるアプローチが求められるため、必要となるチームコーチングの種類も自ずと違ってくる。

では「変革型リーダーシップ」とはどのようなものなのか。フィリップ・サドラーは著書「Building Tomorrow's Company」（未邦訳）の中で「価値観とビジョンが共有された状況（コンテクスト）において、急激な変化に対する従業員たちのコミットメントを引き出すためのプロセス」と定義している。

だが私は、この定義は狭義にすぎるのではないかと考えている。主な利害関係者グループのうち、たったひとつのグループ（社員たち）にしか焦点を合わせていないからだ。

私が考える「変革型リーダーシップ」とはこういうものだ。

「努力や価値観、ビジョンが共有された状況において、急激な変化に対する主な利害関係者グループすべてのコミットメントを引き出すための集団的プロセス」――なお、ここで言う〝利害関係者グループ〟の中には、少なくとも、社員や顧客（またはサービスの利用者）、サプライヤー（またはパートナー）、投資家（または有権者）、監督機関、その企業活動が営まれている地域社会、自然環境が含まれる。

「変革型リーダーシップ」は、個人や個々のグループの活動によって達成できるものではない。ところが重圧にさらされている幹部チームは、「主な利害関係者の期待に応える」という責任を、経営幹部個人に割り当ててしまいがちだ。たとえば財務や企業行動の担当重役が投資家たちに気を遣い、人材開発の担当重役は社員たちに、販売担当の重役は顧客に、コンプライアン

注４　1975年から1989年までに生まれ、両親が第二次世界大戦後の生まれである世代

スの担当重役は監督機関に気を遣う……という具合だ。その結果、リーダーチームにおいてはさまざまなリーダーたちの間でシステムや利害にまつわる対立が生じることになる。それを解消するためには、効果的な変革型リーダーシップを通じて、チームをひとまとめにしなければならない。

(3)システム上の対立を克服する能力を高めなければならない。

この「チーム内で利害関係者の対立が再現される」というプロセスは、取締役会においてもよく見られる。多くの企業で見られる最も重要で困難な関係のひとつが、会長と社長の間のそれだ。利害関係者の対立がくすぶっていたり対処されないままだったりする場合、それが「投資家や監督機関のニーズに合わせようとする会長」と「社員や顧客のニーズに合わせようとする社長」の間の個人的な対立や権力争いとして表面化することなどが多々ある。

このように、経営チームは多くの衝突を抱えすぎて機能不全に陥る場合があるが、一方で衝突が少なすぎて有効に機能できなくなる場合もある。私の前提は「チームにおける対立のレベルは、彼らが率い、その内側で機能しているシステムでの対立レベルと同程度であるべきだ。それらを上回っても下回ってもいけない」というものだ。これを実現するために、リーダーチーム（および取締役会）はシステム上の対立を克服するための能力を高めなければならない。

(4)多種多様なチームの一員として生きることを学ばねばならない。

チームにとってのもうひとつの課題は、加速度的に進む世界の相互接続化と組織のマトリックス化だ。今の経営幹部や経営者の中で「ひとつのチームだけに属している人」などいない。CEOならば、取締役会のメンバーと経営幹部チームのリーダー、さらに関連するいくつかの役員会の議長を兼任し、そのうえ業界の委員会やジョイントベンチャー、ワーキンググループのメンバーでもあるケースは十分考えられる。これは組織の上席管理者レベルにも見られる現象だ。だが実際には、リーダーや管理職の大半が、多種多様なチームに所属する状態を負担に感じている。この理由を社会学者や人類学者はこう説く。「私たちは種として、家族や同族に対して忠誠を尽くすやり方を学んできた。その結果、他の集団を簡単に〝脅威〟と見なし、自分の所属する集団を守りたいと考えるようになったのだ」

この話題で思い出すのは、私がまだ若い頃、勤めていた会社の重要な部署のマネジャーに抜擢されたときのことだ。それは同時に、私が経営管理チームの一員にもなったことを意味した。じきに、私は同じ部署のチームメンバーたちから「うちのチームと経営管理チーム、きみはいったいどちらにつくつもりだ?」と訊かれるようになった。そのたびに「もちろん、どちらのチームにも尽力するつもりさ」と答えたものの、それを実践するのは至難の業だった。特に、どちらのチームからも相手チームに対する批判や非難を聞かされたらなおさらだ。実際こういう重圧にさらされると、人はチームメンバーとしてフル活動するよりもむしろ、「チームから権利を委譲された者」という役割を演じてしまいがちだ。つまり、二つのチームの間で〝相手チームに自分のチームの意見を伝える代弁者〟としてふるまい、自分のチームの利益が脅かされたり、要求する必要が生じたりしたときのみ発言する役割のことだ。バリー・オシュリーは、この役割を「トーン（板挟みの）・ミドル」という適確な言葉で表現している。言い換えれば、あるチームともう一方のチームの間の郵便配達人、使者、あるいは仲裁人といった、どのチームにも属さない役割に成り下がってしまうのだ。

(5)より複雑になり、いっそう相互接続が進む世界に対処しなければならない。

私の同僚から聞いた話だ。かつてある企業の経営幹部をコーチングしたとき、彼はその役員からこんな話を聞かされた。「私が自由を感じられるのは、長時間乗っている飛行機の中だけなんだ。あの場所なら、自分が直面しているより大きな課題についても広い視点からとらえられるし、雑念にわずらわされることなく、自分がリーダーとして率いる組織のダイナミクスについて熟考できる。長距離フライトで密閉された飛行機の中にいると、ふだんは自分の内側に埋もれている〝俯瞰した視点〟に立つことができるんだよ」

数年後、私の同僚が再びコーチングを担当したとき、その役員は毎日のように山積する多くの課題に追われ、見るからに憔悴しきっていた。思わず「こういうときこそ長距離フライトが役立つのでは？」と声をかけると、役員はびっくりした様子でこう答えたという。「ああ、あの至福の瞬間のことなどすっかり忘れてしまったよ。今の私は組織的な事情を常に引きずっている。世界中どこを旅していても、メールや電話で色々な要求をされ、ビジネスフローの一部であり続けている。何しろ、私は機内でしか未読メールをチェックする時間がとれないんだから！」

私たちが生きる世界は、現実から遠ざかったり距離を置いたりするのがますます難しくなってきていている。一歩下がり、じっくり熟考し、大局的に見ることがより困難になっている。おそらくそのせいで、経営リーダーたちの間では、守られた空間と第三者の視点を与えてくれるコーチに対するニーズが高まっているのだろう。

(6)バーチャルワーキングの普及に対処しなければならない。

バーチャルチーム研究の第一人者ジェシカ・リプナックは、「二〇〇六年のアメリカでは労働人口の六八％がバーチャルワークをしており、二〇一一年にはその比率が七三％まで上昇するだろう」「また二〇〇六年のアジアでは四億八〇〇〇万人がバーチャルワークをしており、二〇一一年にはその数が六億七一〇〇万人まで上昇するだろう」と記している。人類は何の青写真も持たないまま、バーチャルワークという新たな働き方に対処する必要に迫られているのだ。地球上のさまざまな場所で企業活動が行われ、いまや労働時間は毎日二四時間週七日体制となっている。チームワークの大半は、直接顔を合わせるよりもむしろ、メールや電話、ビデオ会議といった通信を介して行われている。そしてその現状を通じて、私たちは今、単なる「新たなコミュニケーション・スキル」だけではなく、「それらのつながりを通じて信頼を発展・維持させる新しい方法」をも求められているのだ。

人類の歴史を振り返ってみると、チームは同僚や家族を含めた日常の交流をもとに、仕事以外の興味も分かち合いながら、同僚間の信頼の構築・維持を成し遂げてきた。だが、バーチャルチームでこれらの重要な要素をどう実現するべきか、という疑問に対する答えはいまだ見つかってはいない。

(7)〝部分〟ではなく〝つながり〟に存在する課題に対処しなければならない。

前述のとおり、世界における課題はより複雑化し、さらなる相互接続を引き起こしている。組織における主な課題とは、もはや人々の中や「ある一部分」ではなく、人々やチーム、機能、さまざまな利害関係者のニーズの間の〝つながり〟やその関係の上に存在するようになっているのだ。にもかかわらず、人々やチーム、機能、利害関係者の関連性に働きかけるよりも、彼ら自身に焦点を合わせて課題に対処するコーチング手法のほうがはるかに一般的だ。

かつて、あるコーチは私にこう語った。「コーチとして、僕は『自分の仕事はクライアントの耳と耳の間にあるもの、すなわち〝脳〟を変える手助けをすることだ』と教え込まれてきました。でも、今ようやく『自分の仕事は彼らの鼻と鼻の間にあるもの、すなわち〝会話〟を変える手助けをすることなんだ』ってことに気づいたんです！」

それでもなお、人間関係よりも個人に変化をもたらすコーチング手法が今の主流であることに変わりはない。たとえ〝人間関係コーチング〟を実施するコーチがいたとしても、その指導は、クライアントに気づきを与えるための対話や個人間の対立の解決、チームメンバー間でのコミュニケーション促進といった領域に偏りがちだ。だが、本来効果的なチームコーチングのために、コーチは少なくとも次の四つの人間関係レベルに（ほとんどの場合は同時に）注意を払わなくてはいけないのである。

①コーチとクライアントであるチームがどう関わっているか。チーム内において、またひとつのチームとして、彼ら個々人がどう関わっているかを含む。
②チームメンバーが互いにどう関わっているか。
③ひとつのチームとして、彼らが重要な利害関係者（社員、顧客、サプライヤー、パートナー、投資家、監督機関、地域社会）とどう関わっているか。
④リーダーチームがすべての利害関係者とどう関わり、「さらにその先の利害関係者」のために違いを生み出しているか。もはや企業は顧客に焦点を合わせるだけでは不十分だ。価値ある貢献をするために、彼らは「顧客の顧客たち」に焦点を合わせなければならない。つまり、自分たちの顧客が、彼ら自身の顧客たちのために違いを次々と生み出せるようにする必要がある。同じように「スタッフのスタッフたち」「投資家の投資家たち」「サプライヤーのサプライヤーたち」「監督機関の監督機関たち」にも焦点を合わせる必要がある。

私は、あるエレクトロニクス企業の販売チームにチームコーチとして招かれたときのことをよく覚えている。彼らは口々に「私たちの最大の問題は、売上目標をみごと達成しているにもかかわらず、製造部門に足を引っ張られていることです。うちの製造部門ときたら、適切なタイミングで、適切な品質の、適切な商品をスケジュールどおりに納品できないんですから」と語った。それはさぞ欲求不満がたまるだろう、と彼らの話を聞きながら私は思った。そこで私たちチームはさっそく、販売部門の要求を製造部門の人々により明確に伝えるにはどうすればよいか、という課題に取り組んだのだ。

そのあとすぐに、私はその会社の製造部門で働く人と話す機会を得た。その人は私に、「自分たちの最大の課題は販売部門に足を引っ張られていることだ」と言った。私は思わず「なぜ、そんなことを言うのですか？」と尋ねていた。「自分が指導しているチームを守りたい」という気持ちが働いたからだ。すると、相手はこう答えた。「うちの販売部門ときたら四半期売上目標とボーナスに縛られていて、四半期ごとの決算期には、私ら製造チームが納品できないことを承知の上で無茶な営業活動をしてしまうんです。それって、うちの会社に対して不満を抱く顧客を増やして、この先の販売活動をより困難にしているようなものでしょう？　販売部門は、顧客に達成不可能な約束をしているのと同じなんですよ！」——こういった循環パターンを解決する方法はただひとつ。各部門を率いる者たちが、ただ自分の部署の利益を代表するだけでなく、ひとつに結びついたリーダーチームとして機能し、システミックな思考をすることだ。

公共機関になると、課題はさらに大きくなる。ひとつの組織に権限が集中しておらず、数多くの参加団体がさまざまな問題に対処することになるからだ。かつて政府の主要部門と仕事をしたとき、ある大臣は私にこう語った。「英国労働党政権の最大の失敗は、三期連続政権において、ひとつに結びついた政府を作れなかったことだ」

リーダーチームの準備はできているか？

「突きつけられる要求にことごとく応えられるリーダーはもはや一人もいない。だからこそ卓越したリーダーチームが必要だ」「あらゆる組織や国々、そして私たち人類が現在直面している

（さらに今後直面するであろう）課題の対処に関して、チームは個人よりもはるかに大きな可能性を秘めている」という認識は急速に高まり、多方面に広がりつつある。私とスミスの共著書「Coaching, Mentoring and Organization Consultancy: Supervision and Development」からその一例を紹介しよう。

「地方自治体の業績の約三分の一が、そのメンバーと最高責任者による集団的リーダーシップにかかっていることはよくわかっている。だが、われわれはその集団的リーダーシップの評価法をまるで知らない」「個人リーダーの評価法なら知っているが、われわれは集団的リーダーチームの業績を評価する術を知らない」

——英国自治体監査委員会のメンバー

「これまで三社の企業で経営幹部を務めてきたが、どの会社においても、開発に関する最大の課題は、人々の入れ替わりが激しい中でトップチームをいかに育成するかということだった」

——ＦＴＳＥ一〇〇社のＣＥＯ

「われわれはこれまで個人リーダー育成のために多大な努力をしてきた。だが多くの部署において、トップチームの機能は個々のメンバーの機能の総和を下回ってしまっている」

——内閣府上席職員

「成長著しいビジネスが成功するために、どうしても欠かせない要素が三つある。そのうちのひとつが、質の高いエグゼクティブチームの存在だ」

——ベンチャー投資家

卓越したリーダーチームを求める声は急速に高まりつつある。だが、肝心のリーダーチームの準備はできているのだろうか？　この点について、ピーター・センゲはこう述べている。「驚くべきことに、メンバーの平均ＩＱが一二〇を超えているのに、全体ではＩＱ六〇程度の機能しか発揮できていないチームは本当に多い」

ジェームズ・スロウィッキーは、著書『「みんなの意見」は案外正しい』（小高尚子〈訳〉、角川書店）で、「個人の専門家」が「さまざまなグループの平均スコア」よりも正確さの面で劣る例をいくつも挙げている。それらの研究から彼が導き出した結論は次のようなものだ。

「一〇〇人が質問に答えたり、問題を解決したりするときには、平均的な回答がいちばん頭のいい人の回答と同じくらい、あるいはそれ以上に優れていることが多い」

「専門家がどんなに情報を豊富にもっていて手法が洗練されていても、それ以外の人の多様な意見も合わせて考えないと、専門家のアドバイスや予想は活かしきれないということだ」

一方、スロウィッキーは「集団思考」と社会的同調についての膨大な調査結果を披露し、チームがコンセンサス思考を通じて愚かしくなっていく様子についても詳説している。彼はチームや集団が愚かな決断ではなく、賢い判断を下すために必要な条件を探求し、次の四つの条件に行き着いた。

①意見の多様性（それが既知の事実のかなり突拍子もない解釈だとしても、各人が独自の私

的情報を多少なりとももっている）
②独立性（人々の意見は他者の考えに左右されない）
③分散性（人々は身近な情報に特化し、それを利用できる）
④集約性（個々人の判断を集計して集団としてひとつの判断に集約するメカニズムの存在）

これらの条件を支援するプロセスの構築法については、このあと本書でも詳しく探求していきたい。

それにしても、リーダーチームをより集団思考に駆り立ててしまう状況とは何なのだろう？前述のスミスとの共著書において、私はその要因を次のように解説した。

・組織やチームに、既存メンバーに似た人々をチームに採用したり昇進させたりする傾向が見られるため。これにより、チームの多様性はどんどん低下することになる。
・組織文化により、チームの自立性や多様性が低下するため。本来、組織文化は〝社会的一体性を生み出す〟ための機能のひとつではあるが、そうして生まれた集団的な前提や信念により、限定的なマインドセットが創出され、チームの思考や創造性を制約することになる（ちなみに、私たちは組織文化を「どこかの組織で三カ月間仕事をすると、自然と気にならなくなるもの」と定義している）。
・チームに「チームとしての絆や一体感を高めるための活動」を熱心に行う傾向があるため。これにより、「こうふるまうべき」「これは言ってよい」「言ってはいけない」といった基準や不文律が生まれることになる。

・チームの意思決定に、集団的な議論によってコンセンサスを得る傾向が見られるため。結果的に「集団思考」が助長され、創造的な話し合いや思考の分散化が機能しなくなる。たとえば企業の採用活動において、最初に候補者たちにグループディスカッションをさせた場合、皆がグループ内で優勢な意見に合わせようとする傾向が強い。一方、最初に企業側が候補者たちと個別にディスカッションした場合、候補者たちからさまざまな意見が出るため、彼らの個性の違いがよりはっきりとわかるようになる。

本書では、高業績を上げるチームが単に個々のメンバーの役割の合計ではなく、それを上回る業績を上げるためにはどうすればよいかを探求していこうと思う。さらに、彼らが必要としている適切な開発、学習、支援を実施するには、何をどう補うべきなのかも追究していきたい。

リーダーシップ育成とコーチング業界の課題

世界は卓越したリーダーチームを必要としている。しかし、彼らが乗り越えるべきハードルはどんどん高くなっている。だとすれば、当然リーダーとチームメンバーだけでなく、リーダーチームに焦点を合わせた開発支援メソッドの探求が必要になってくるだろう。

だが、遺憾ながら、この点に関しても、世の中の流れは現状に追いついていない。あまりに多くの書籍やトレーニングが、個人のリーダーシップ育成に焦点を合わせすぎているのだ。リーダーシップ育成というビジネス分野（コーチングを含む）は数十億ドルに及ぶ世界的産業となったが、その急速な発展のために、刻々と変化する課題や要求に対処できずにいる。たとえば、英国の労働党政権（一九九七～二〇一〇年）はリーダーシップ育成にかつてないほど多額の資金をかけたにもかかわらず、どの政府部門からも「さらなる集団的リーダーシップが必要」という評価しか受けることができなかった。

ほとんどの人が「リーダーシップ育成」という言葉を、「リーダー育成」という意味で使っている。だが本来、リーダーシップは個人内に存在するものではない。というのも、リーダーシップは常に関係性を通じて生じるため、少なくともリーダーとメンバー、そして彼らの共同努力が必要となるからだ。だが概して、リーダーたちはＥＱ（感情指数）よりもはるかに高いＩＱ（知能指数）を持ち、生まれながらに過度の個人主義者で、協調というスキルがそう高くはない。それゆえ、現行のリーダーシップ育成プログラムでは、こういったリーダーたちを彼らの現在の状況や課題から切り離し、個人面・認知面に焦点を絞った学習を提供しようとしてしまうのだ。

では、真の意味でのリーダーシップ開発の指導には、どのような要素が必要なのだろう？　私たちは成功事例の調査を通じて、次の要素が不可欠であることを発見した。

・リアルタイム：リーダーたちが今現在直面していて「どうしても解決したい」と考えている、実際の課題をベースにする。

・行動面での変容：リーダーたちを新たな洞察と善良な意図に導くだけでなく、実際のワークショップやコーチングセッションを通じて新たな行動や関与へと導く。

・関係性：リーダーたちに同僚との協調を学ばせ、彼ら個人の変化だけでなく、彼らの関係性の変化にも注意を払わせるようにする。
・実際の利害関係者の視点：実際の利害関係者（社員、顧客、パートナー、コミッショナー、監督機関など）からの、リーダーたちに対する課題を含めるようにする。
・アンラーニング：過去の成功体験に基づく限定的な前提やマインドセット、習慣的なパターンにリーダーたちの目を向けさせ、さらに一歩先のリーダーシップをめざすためにその知識を忘れるよう指導する。

ここ一〇年で、コーチングはリーダーシップ育成の重要な要素として急速に発展してきた。だが〝現在のリーダーシップコーチング〟には、ここで挙げた最も効果的なリーダーシップ育成の要素が含まれていない。ほぼすべてが個人のためのものであり、リーダーの自己啓発に焦点を合わせたコーチングなのだ。

実際、私たちはコーチの教育やスーパービジョン（監督）、さらに企業のコーチング戦略のコンサルティングといった幅広い経験の中で、個人というクライアントに焦点を合わせすぎ、企業というクライアントを軽視している個人コーチたちを数多く見てきた。

チームに焦点を合わせたコーチングもごく稀にはあるが、それらもまた「チーム」という名称に縛られたアプローチ、方法論、前提に終始している。関連する書籍やトレーニングでは、チームビルディング、チームファシリテーション、社外での戦略会議（チームアウェイデイズ）、あるいはプロセスコンサルティングが取り上げられることがしばしばだ。

だが、「チームビルディング」はチームの立ち上がりだけに焦点を合わせた手法であり、常に変化にさらされているリーダーチームの支援とは別物だ。また「チームファシリテーション」と「プロセスコンサルティング」はチームパワーを引き出すことに焦点を合わせた手法であり、チームの実際の職務や業績の支援とは別物だ。さらに社外での戦略会議（チームアウェイデイズ）とは、職場から離れた環境でチームを側面支援する手法のひとつにすぎない（これらのさまざまなチームワークの定義については第4章を参照）。

プロセスだけでなく、職務や業績にも焦点を合わせたチームコーチングであっても、チーム内での関わり合いに重点を置く傾向は否めない。そこには「よいチームとは効果的な会議を行い、皆が一緒になってうまくやっているチームのことだ」という、目には見えない信念が感じられる。

事実、チームコーチの多くが次のような活動に焦点を合わせている。

・互いの「マイヤーズ・ブリッグス・タイプ指標[注5]」を知ることで、チームの理解を促す。
・「ベルビンのチーム役割モデル[注6]」の傾向を追求する。
・「チームの結束力強化」のためのエクササイズを実施する。

以上はすべて有益な活動だが、あまりに多くのチームコーチが「チームの個々のメンバーとその人間関係」に焦点を当てすぎている。たしかに人間関係は問題が生じる可能性のあるポイントだが、そこに留まっていては、問題の根本原因の追究も、最善の対処もできなくなってしまうのだ。

「組織の第一法則は、『いろいろあるさ』だ」――システム思考の第一人者バリー・オシュリー

注5　ユングのタイプ論をもとにした性格検査。世界各地で使われている
注6　メレディス・ベルビンはチームワーク理論の第一人者。チームに必要な役割についての研究が有名

は、組織の本質を見事に言い表している。これをもじれば、組織の第二法則は「私たちの個人的体験の九五％は個人に関するものではなく、集団に関するものだ」となるだろう。
これまでのチームコーチングは、個人やその人間関係に焦点を絞りすぎ、結果として、チームの（内外両面での）集団的パフォーマンスの向上を軽視しがちであった。この本では、これまで軽視してきたこの点をいかに達成するかが重要な焦点となる。

結論

ピーター・センゲは、共著書『出現する未来』（ピーター・センゲ、オットー・シャーマー、ジョセフ・ジャウォースキー、野中郁次郎〈監訳〉、高遠裕子〈訳〉、講談社）の中で、ある国連の高官のこんな言葉を引用している。

世界中で多くの問題解決に取り組んできましたが、本当の問題はただひとつだという結論に達しました。過去数百年以上、人間が技術から得た力は想像をはるかに超えて大きくなりました。一方、人間の叡智はそこまで成長していません。今すぐ、この力と叡智の溝を埋めなければ、将来に望みはないでしょう。

人類が生き残るために、「ホモ（＝ヒト）」が本当に「サピエンス（＝賢い）」となるために、私たちは世界や周囲の人々との共存方法を、今まで以上に劇的に変化・発展させる必要に迫られている。テクノロジーの発展により、私たちの世界は次のように変化したのだ。

・一八三〇年には一〇億人だった世界人口が、今日では七〇億人を超えた（二〇五〇年までには九〇億人に達するだろうと言われている）。

・コミュニケーション方式の発明により、地球のどんな部分とも瞬時につながるようになった。

・パソコンをクリックするだけで、世界最大の図書館に蓄えられた蔵書よりも多くの知識を得られるようになった。

・健康、長寿、豊かさ、遠方への移動、ライフスタイルの選択、食生活に関して、いろいろなことが期待できるようになった。

・組織の経営管理、財務、所有権、規則にさまざまな複雑さのレベルが生まれた。

だが、先の引用のとおり、私たちの知恵はこういった変化に追いついていない。そこで私たちは、自分たちが集団的に生み出したこの複雑さに対処してくれることを、一人のリーダーに期待してしまう。だがどう考えても、これらの課題は個人のリーダーの対処能力をはるかに超えている。それゆえ、私たちは彼らに過大な期待をしては「裏切られた」と非難する状態から脱却できずにいるのだ。

グローバル企業はテクノロジー革命の恩恵に預かっただけでなく、その発展・拡大に大きな役割を果たしてきた。だからこそ、今こそグローバル企業はその恩恵のあとに残された膨大な課題に、そして増大しつつある「テクノロジーのパワーと私たちの知恵のギャップ」に対処しなければならない。ペプシコのインドラ・ヌーイ会長は、二〇〇八年のダボス会議でこう述べている。

「私たちが生産的なプレイヤーとして企業を活用し、世界が直面している大きな問題に対処することが非常に重要なのです」

だが、もし形態も規模も異なる企業・組織（たとえばグローバル企業と現地企業、利潤追求型と非利潤追求型など）が立ち上がり課題解決のために貢献するとするならば、彼らはパイオニアとなる必要がある。今こそ、実践を通じて試行錯誤を繰り返し、集団的リーダーシップの新たな形を追求すべきときなのだ。ちなみに、「危機」という漢字には「危険」と「機会」の両方が組み合わされている。私も一九八六年に書いた組織的学習に関する博士論文にこう記している。「危機は新たな学習を構築する熱を生み出すのだ」

第2章と第3章では、チームコーチングによって生み出される具体的な効果を解説したうえで、集団的リーダーチームにまつわる詳細を明らかにしたい。さらにチームコーチに不可欠なスキルと資質を紹介し、彼らを支援するための開発、監督、教育方法を解説しよう。

第2章

高業績を上げるチームと変革型リーダーチーム

「財務管理ではない。戦略ではない。技術ではない。競争における究極の武器はチームワークである。チームワークはそれほど強力で稀少なものである」

——パトリック・レンシオーニ

「チームは、単独で行動する何人かの個人や、やや大きい組織のくくりの中で働く個人よりも高い業績を上げることができる。特に、複数のスキル、判断、経験の組み合わせが要求される状況では、このことが言える」

——カッツェンバックとスミス

イントロダクション

第1章では、世界がいかにより卓越したチームを必要としているかを説いた。第2章では「高業績を上げるチーム」とは何かを詳しく探っていきたい。まず、これまでの調査をもとに、効果的なチームの促進要因と阻害要因を見ていこう。さらに、集団的変革型リーダーシップの本質を解説し、高業績を上げる変革型リーダーチームとは何かを紹介しよう。

チームになる必要はあるか？

高業績を上げるチームは世界中で必要とされているが、それらのチームがこの世の問題すべてを解決してくれるわけではない。それに、そういったチームが生まれるには時間や感情面での投資が必要だ。そこで、まずはあなたがそういったチームを欲し、必要としているかどうか、そのために必要なさまざまな投資をする心の準備があるかを明らかにすることが大切だ。重要なのは、「真のチーム」と「その他のワーキンググループ」を区別することだ。それぞれが必要とされるのはどんな場合かを知り、メンバー全員が自分たちのグループの性質について明確な理解を共有する必要がある。お勧めなのはグループの種類を次のように区別するやり方だ。

・相談を受け、意見を述べるグループ：リーダーが組織の決定の通知やチェックのために、組織内部か、または外部の顧問機関のいずれかからメンバーを招集して生み出す集団。
・報告・情報を共有するグループ：部門別および機能別の長たちから成る集団。自分たちの部門に起きていることを報告し、同僚と情報を共有するために用いられる。
・意思決定するグループ（決定された仕事は他者によって実行される）：これには経営陣や委員会が含まれることもあるが、すべてがそうとは限らない。
・タスク重視のワーキンググループ：特殊なタスクのためにひとつにまとめられた集団。個別の活動と低度の相互依存が必要とされる。

私がチーム育成コンサルタントとして仕事をしていた若い頃、どのグループも「自分たちは真の〝チーム〟なのか？」という議論に多くの時間をかけたがることに気づいた。だがそういう話し合いを重ねても、彼らの集団的な理解やパフォーマンスには何の進歩も見られなかった。そこで私は同僚と共に、そういった状況の改善に役立つ質問表を作った。

(A)離ればなれではできない、私たちが一緒にいるからこそできることとは何か？

(B)個々のメンバーの役割の合計を上回るために、私たちは何を達成する必要があるか。あるいは、どんなことを達成したいか？

(C)私たちの相互依存にはどのような特徴があるか？

もし、(A)に対するメンバーの答えの大半が「われわれはボスにアドバイスをするためだけにここにいる」だったとすれば、その集団は明らかに「相談を受け、意見を述べるグループ」である。また「情報を共有するため」という答えなら「報告・情報を共有するグループ」、「決定を下すため」なら「意思決定するグループ」となり、私はコンサルタントとして、それぞれが効果的なグループになれるよう支援を行うことになる。

ただし、チームメンバーが集団的に達成しなければならない真のタスクを見極められた場合は違う。その場合に限り、私は、彼らが「タスク重視のワーキンググループ」と「高業績を上げるチーム」の一連のつながりのどこに存在するべきかを決める手助けをする。そのつながりの「タスク重視のワーキンググループ側」に存在するのが、集団的な成功のためにさまざまな活動を調整する「グループ」だが、その仕事の多くは単独で行われる。一方、そのつながりの反対側に存在するのが、高いレベルの相互作用と共同の説明責任が必要となる「チーム」だ。なお、このチームにおいては、メンバーがただ組織の一部を代表するだけでなく、全員が組織全体を象徴し、コミットする。

カッツェンバックやワーグマンらのチームに関する研究結果を踏まえ、私たちは「ワーキンググループ」と「チーム」のどちらに近いかの程度を計る表（図2-1）を作成した。チームメンバーに各項目を5点満点（「チーム」の定義に完全に当てはまったら5点）で採点してもらうことで、その集団がより有効に機能するチームになるためにはどの項目に注目すべきかがわかるようになっている。全項目の平均スコアが4点以上あれば、高業績を上げるチームになるための投資をする価値がある、と私たちは考えている。

精鋭チーム

過去五〇年で、精鋭チームに関する研究は、チームの指導やコーチングに関するそれよりも数多く実施されてきた。初期の研究は「組織開発」という領域に関して、米国ではダグラス・マクレガー、レンシス・リカート、ビル・ダイヤー、英国ではジョン・アデア、メレディス・ベルビンらによって行われた。中でも、最も影響力の大きい研究を実施したのがカッツェンバックとスミスである。彼らはチームを次のように定義した。

チームとは、共通の目的、達成目標、アプローチに合意しその達成を誓い、互いに責任を

図2－1　グループとチームの判断表

ワーキンググループ	採点（1・2・3・4・5）	チーム
リーダーの役割が一人に集中している	1　2　3　4　5	リーダーの役割を皆が共有している
説明責任を一人が負っている	1　2　3　4　5	説明責任を個人およびチーム全体が負っている
グループの目的は、組織の「より大きなミッション」と同じである	1　2　3　4　5	チームの目的は、組織のより大きなミッションとも、チームメンバー個人の目的の合計とも違う
成果は個人作業によって生まれる	1　2　3　4　5	成果は共同作業によって生まれる
会議はアジェンダを基本とし、効率的に進められる	1　2　3　4　5	会議では自然発生的な対話が生まれ、オープンな話し合いにより、問題解決が促される
その影響の効果が、他のもの（たとえば会社の財務実績など）によって間接的に測定される	1　2　3　4　5	共同作業による成果の査定により、そのパフォーマンスが直接的に測定される
議論し、決定し、メンバーの誰かに権限を委任する	1　2　3　4　5	議論し、決定し、真の意味での共同作業を行う
メンバーはグループが一緒に集まったときの一部にすぎない	1　2　3　4　5	メンバーは一緒に集まっていなくても、チームの一部である
タスク重視のグループである	1　2　3　4　5	タスク、プロセス、学習重視のチームである

分担する補完的なスキルを持つ少人数の人たちを言う。

私たちはバス・コンサルタンシー・グループにおいて、精鋭チームを独自に調査し、システミックなチームコーチングを発展させるための研究を続けてきた。調査の結果わかったのは、あるグループが「単なるチーム」ではない「精鋭チーム」になるためには、先のカッツェンバックとスミスの定義に次の四つの側面をつけ加える必要があることだった。

1. そのチームが効率のよい会議と内部コミュニケーションをもてるか。
2. そのチームのメンバーが個人的にも集団的にもチームの代表として機能し、チームにとっての主な利害関係者すべてに関与し、影響を及ぼせるか。
3. そのチームのメンバーが個人的にも集団的にも、自分自身や他のメンバーが学び、スキルを開発していけるような「学習システム」として機能できるか。
4. そのチームの感情面が効果的に機能しているか。

精鋭チームとは、感情的にもひとつにまとまって葛藤や対立に対処し、それらを解決し、メンバー全員の機能を調整し、チーム全体に及ぶ感情的サポートを提供しながら、士気とコミットメントを高め合うチームのことを言う。つまり、私たちはカッツェンバックとスミスの定義を次のように拡大したことになる。

チームとは、共通の目的、達成目標、アプローチに合意しその達成を誓い、互いに責任を分担する補完的なスキルを持つ少人数の人たちを言う。一般的なアプローチで必要なのは、士気と一致団結状態を高め合うような効率のよい会議とコミュニケーション、チームにとっての主な利害関係者すべてに対する効果的な関与、そして個人およびチームが常に学習と発展を続けられるような手法である。

この短い定義の中には、有効に機能するチームに必要な一〇の側面が含まれている。それは次のようなものだ。

(1)少人数：チームを簡単に、しかも頻繁に集まれるサイズにすることは重要だ。チームメンバーが自分以外のメンバー全員と関われず、サブグループができ、メンバーの数人が傍観者になってしまうケースは多々ある。はっきりとした人数の上限はないが、こういう状況はメンバーが一〇人を超えると生じる傾向が強い。中には二〇人近いメンバーがいても効率よく機能できるチームもあるが、そのためにはそれなりの働きかけが必要となる。

(2)補完的なスキル：異なる人材を探すことも大切だ。人には元々、自分と似ている人々を採用する傾向があるが、同じ経歴や性格タイプ、偏見を持つ人々を採用するほど、チームの多様性を低下させることになる。チームは意識的に異なる人材を採用し、その補完的スキルを活用して助け合わねばならない。「補完的スキル」はさまざまなタイプがあるが、機能的・技術的スキル、問題解決・意思決定スキル、人間関係スキルが含まれる（詳細を知りたい人はメレディス・ベルビンの著書を参照のこと）。

(3)コミットする人々：コミットメントを「同意」や「すぐに同調しようとすること」と混同しないでほしい。コミットメントとは「集団的努力を大切にしよう」という約束を守ろうとする態度のことだ。

(4)共通の目的：チームは、個人の集まりが別々に活動していたのでは達成不可能なことを、集団的努力で成し遂げようとするときのみ成立する。だが残念ながら、共通の目的を明確に述べ、意欲を高めるような方法で努力を共有できるチームはごくわずかだ。

(5)一連のパフォーマンスゴール（遂行目標）：チームは常に共通の目的を、測定可能で実施可能な結果というパフォーマンスゴールに置き換える必要がある。そういった「チーム独自で測定可能な結果」というゴールがないと、彼らの共通の目的はただ善良な意図だけに支えられる、非常に高邁な大志となってしまうのだ。これらのゴールは、単に個々のメンバーのパフォーマンスゴールの合計ではなく、それ以上でなければならない。言い換えれば、チームが一丸となって作用することによってのみ達成可能なゴールである必要がある。

(6)共有されたアプローチ：チームは最善を尽くして共通の目的を満たし、パフォーマンスゴールを達成するための方法に同意する必要がある。この中には、チームの共同作業にまつわる原則やプロセス、規約、そしてそれらを定期的に監視・再検討するアプローチが含まなければならない。

(7)メンバーの相互責任感：チームの責任はチームリーダーだけが負うべきではない。メンバーが個人としてもグループとしても共同責任をとる必要がある。

(8)士気と一致団結状態を高めるような効率のよい会議とコミュニケーション：チーム会議は、有効な情報共有や議論、意思決定を通じてチームの活動を調整するだけでなく、チームメンバーのコミュニケーションを促進し、士気とコミットメントを高めるものでもある。

(9)主な利害関係者すべてに対する効果的な関与：メンバー全員がチームの代表として機能し、主な利害関係者すべてに関与し、その関与を通じて自らのパフォーマンスを変容させることが大切だ。

(10)継続的な学習と発展：高業績を上げるチームの重要な特徴のひとつは、メンバーが個人としてもグループとしても、常に学習と発展を続けられることだ。

図2－2　チーム業績曲線

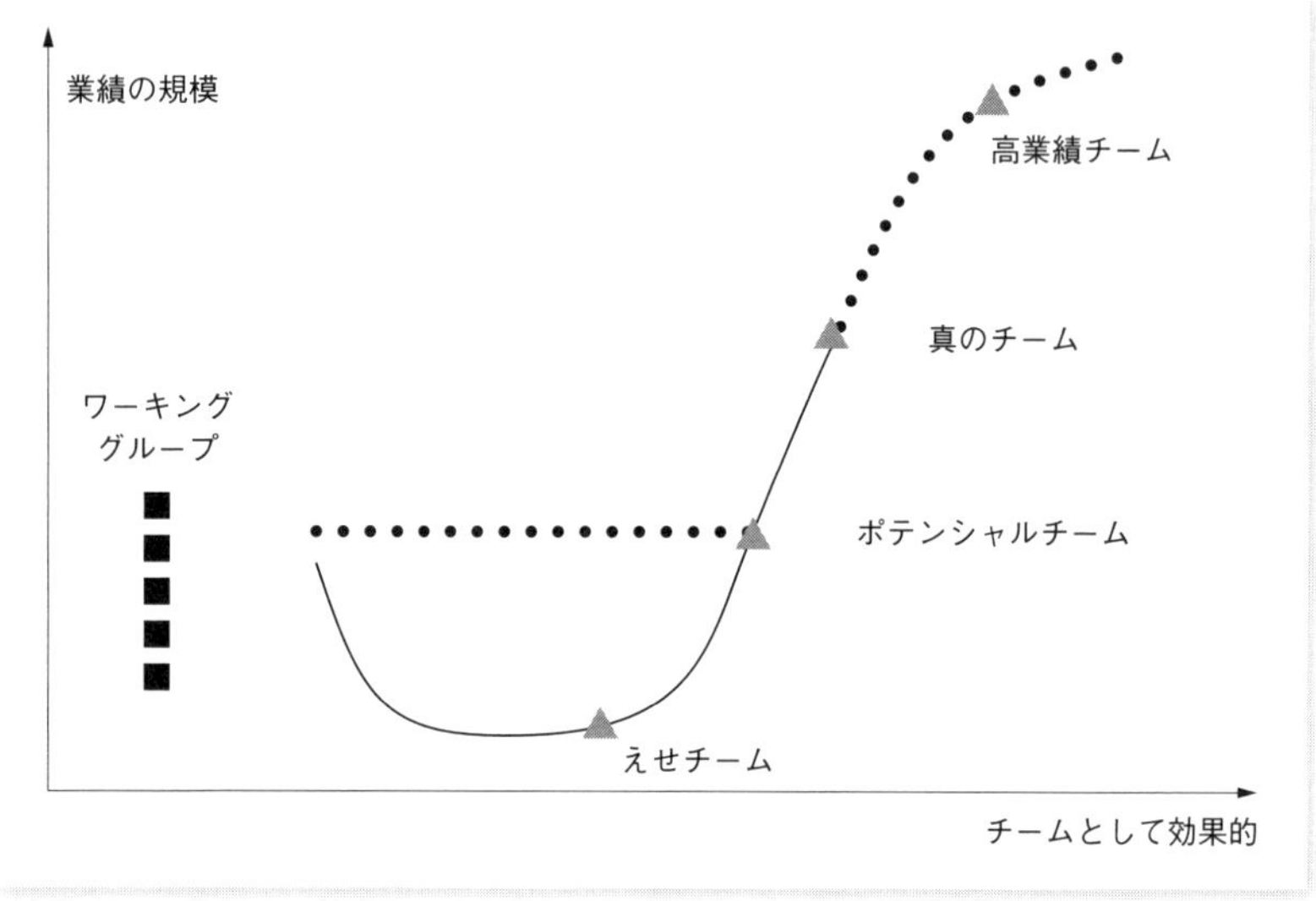

出典：ジョン・カッツェンバック、ダグラス・スミス『「高業績チーム」の知恵』（吉良直人、横山禎徳〈訳〉、ダイヤモンド社）

高業績を上げるチーム

カッツェンバックとスミスは、「精鋭チーム」が「高業績を上げるチーム」に進化するための方法を研究し、発展させた。彼らのモデル（図2－2）は、ワーキンググループがチームになるまでの経緯と、その実現までに必要な時間とエネルギーの投資、グループがチームになるまでの業績の移行を示したものだ。彼らは、高業績を上げるチームを「真のチームの条件をすべて満たし、さらに互いの個人的な成長と成功に深くコミットする集団」と定義した。さらに彼らは、高業績を上げるチームに次のような際立った特徴があることを示している。

・非凡な成果：チームメンバー自身の期待、グループのあらゆる期待を超えた成果
・高レベルの熱意とエネルギー
・喜んでもうひと頑張りする個人的コミットメント
・特別な出来事に彩られた歴史：苦境に打ち勝ち、チームを活気づける節目となった転換点
・通常のチームを上回る楽しさとユーモア

最終的に、彼らは著書『「高業績チーム」の知恵』（吉良直人、横山禎徳〈訳〉、ダイヤモンド社）において、高業績を上げるチームを「『自分たちよりも大きなものに対するコミットメントの度合が非常に強いために、この人たちの存在を受け入れないわけにはいかない』小集団」とシンプルに定義している。このシンプルだが力強い意見は、高業績を上げるチームの指導を望むすべてのコーチに対する挑戦状のようなものだ。「彼らから熱意とコミットメントを引き出すような、魅力的な目標を見つける手助けをするために、私はどのような支援を与えたらよいのだろう？」

高業績を上げる変革型リーダーチーム

変革型リーダーについては数々の書籍が刊行されているが、変革型リーダーシップについて

の書籍はさほど多くはない。ティシーとディヴァナは著書『現状変革型リーダー』（小林薫〈訳〉、ダイヤモンド社）の中で、変革型リーダーの七つの特徴を次のように挙げている。

・変革への推進者として自ら任じている。
・勇気のある人たちである。
・人を信じる。
・価値によって動く。
・生涯にわたって学び続ける人である。
・複雑さ、あいまいさ、そして不確実性に対処する能力がある。
・ビジョンを追う人間である。

私は、変革型リーダーチームには、そのメンバーにも、内外におけるチームとしての人との関わり方においても、これらの特徴がすべて必要だと考える。一九九三年、センゲとコフマンは「Communities of commitment」（未邦訳）においてこう記した。

リーダーシップとは非常に個人的であると同時に、本質的に集団的なものでもある。人間社会がその運命を形作る能力の核となるのがリーダーシップだ。特に、人々の切望に沿って新たな現実を生み出す場合はなおさらである。

ゆえに、変革型リーダーチームは効果的な会議をもつ必要がある。ただし、彼らの仕事でそれ以上に重要なのは、より広範囲に及ぶ利害関係者たちのグループを変容させ、そのグループによって彼らチームも変化することだ。

では、高業績を上げ、変容するリーダーチームにはどのような特徴があるのだろう？　ここからは、まずその種のチームを対象に実施された大規模な調査を参考に、その特徴を探っていきたい。次の章では、高業績を上げ、変容するリーダーチームが常に注意を払うべき「五つの基本原則」に関する私自身のモデルを紹介しよう。なお、本書の後半ではそのモデルを軸に、チームコーチが五つの基本原則それぞれをいかに指導すべきか、それらの基本原則の間にはどのようなつながりがあるかを詳説している。

非常に優秀なリーダーチームに関する最も有益な調査は、ルース・ワーグマンらによって実施された。一九九八年以来、彼らは世界中の一二〇以上の経営リーダーチームに関するデータを調査・分析してきた。これらのチームは、小企業から巨大な多国籍コングロマリット（ＩＢＭ、シェル、フィリップス・エレクトロニクス、ユニリーバなど）まで、多くの種類・規模のものだった。その膨大なサンプルを詳しく検討し、彼らは一二人の経験豊かなトップチームコンサルタントおよびコーチたちと共に、次の三つの基準でチームの評価を実施した。

(1)チームのパフォーマンスが、社内および社外でチームから最も影響を受ける人々の期待水準を満たしている、または超えているかどうか。

(2)チームメンバーが、将来を見据えてチームとしての性質を強化するために、今いかに協力し合っているか。熱意を共有し、互いにスキルを高め、連携のための方法を考え出し、重大な損失が生じる前に誤りを見抜いて対策をとり、顕在化したチャンスに気づいてそれを利用できているか。

(3) チームでの経験がチームメンバー各人の学習と自己成長に役立っているか。

ワーグマンらは著書の中で「これら有効性に関する三つの基準のすべてに高い得点がついたチームは稀である（しかし、存在している）。一般的なのは、三つの基準のどれか少なくともひとつが不十分なチームである。残念ながら、すべての基準で得点が低かったチームもある。一番多いのは、まあまあうまくいっているチームである」と述べている。

優れたチーム、平均的なチーム、思わしくないチームを判別したあと、彼らはそのような違いを生み出す要因を探った。経営トップとチームメンバーに対する突っ込んだ面接を行い、さらに各メンバーに詳細な質問表（チームの目的、チームの構造とメンバー構成の特徴、使える資源、チームリーダーが提供する実践的なコーチングの量に関するアンケート）に回答してもらったのだ。この大がかりな調査から、彼らはリーダーチームが有効に機能するための三つの必須条件と、三つの促進条件を割り出した。それが図２－３である。

彼らはこの調査から「必須条件を整えることができないのであれば、経営リーダーチームなど作らないほうがましである」という結論を導き出している。逆に言えば、もしあなたが高業績を上げるリーダーチームを生み出したいなら、これら三つの必須条件への投資は不可欠、ということだ。それでは、彼らが提唱した六つの条件を見てみよう。

図2－3　経営リーダーチームが有効に機能するための六つの条件

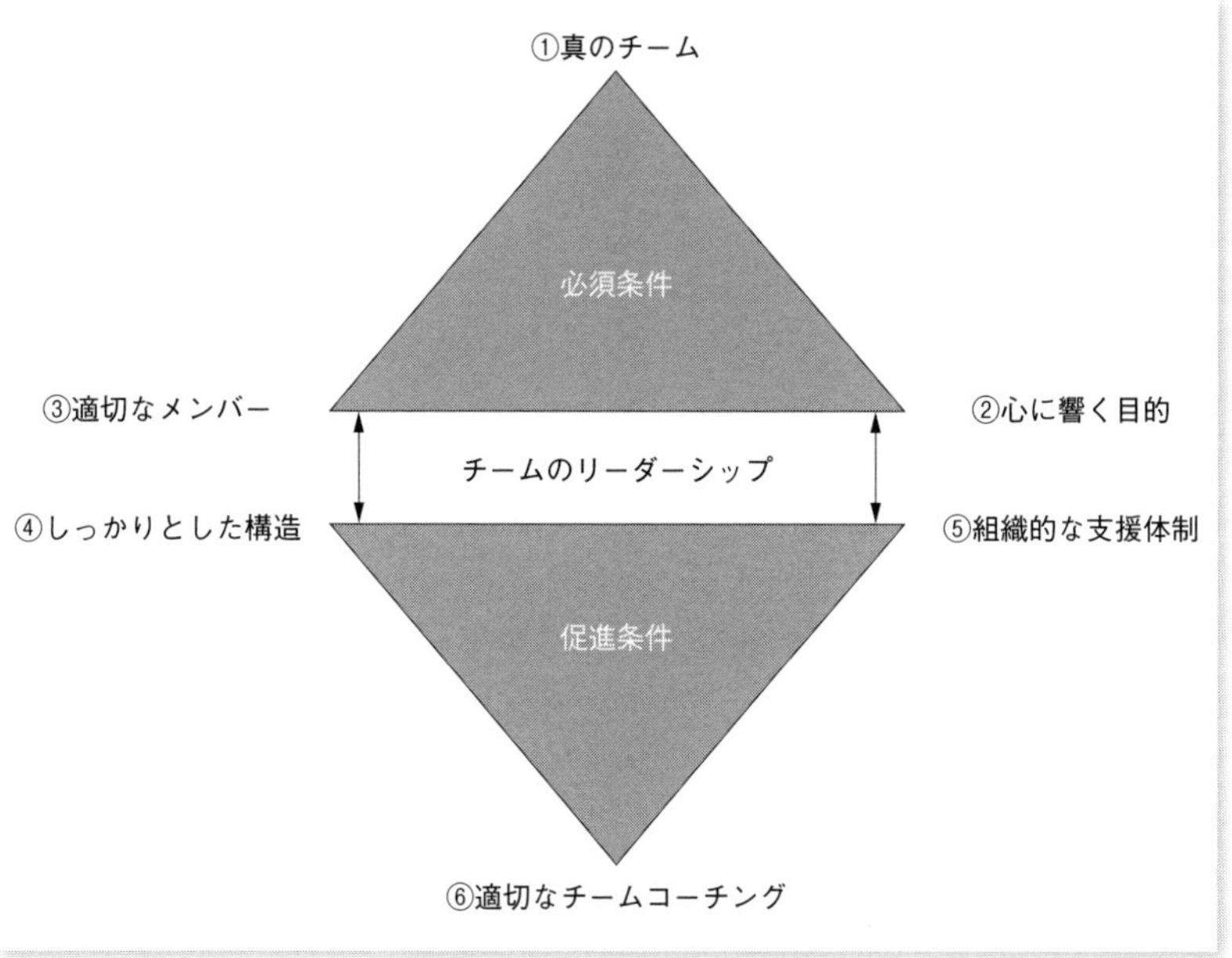

出典：ルース・ワーグマン他『成功する経営リーダーチーム　6つの条件』（ヘイグループ〈訳〉、生産性出版）

(1)真のチーム（リアルチーム）

彼らがまず指摘したポイントは、カッツェンバックとスミスが指摘した「チームとワーキンググループの違い」に類似している。ワーグマンらによれば、本物のリーダーチームに必要なのは次の三点だ。

・相互依存関係：これは、真のチームでは、チームメンバーが協力し合う必要のある〝集団的な仕事〟が行われていることを意味する。さらに、ワーグマンらはこう強調している。「相互依存の感覚は、会議が終わっても消えてなくならない。リーダーもメンバーも、協力を続け、互いの助言や支援を求め、互いに対して責任を持つ」

・境界の明確性：真のチームでは、誰がチームメンバーであるか、誰がそうでないかという明確な境界が必要だ。ワーグマンらは調査を通じて、「誰がチームメンバーかという問いに対する答えが全員一致したのは、調査対象チームの七％以下にすぎなかった」ことを指摘している。

・安定性：ワーグマンらは「集団は、適度な期間、安定したメンバー構成がなければ、チームになることができない」と述べている。だが彼らは同時に、今日では世界的企業のリーダーチームやCEOが常に変化にさらされていること、それゆえ経営リーダーチームにつきものの不安定性をうまく管理する方法が重要であることを認めている。

(2)心に響く目的

ワーグマンらは「チームの目的は単に個々のメンバーの役割の合計ではなく、会社の目的そのものでもない」と主張したうえで、すべてのリーダーチームがこの質問を自問すべきだと説いている。「組織の中に人材は数多しといえども、このチームしかできない仕事とは何だろうか」

(3)適切なメンバー

非常に優秀なリーダーチームでは、CEOが自分の直属の部下だけでなく、心に響く目的に責任を持ち、企業規模の責任を負う集団的リーダーチームに貢献するようなチームメンバーを選別している。さらに、最良の人材を選ぶためには次のような能力を有しているかどうかに留意する必要がある。

・必要なスキルと経験
・経営リーダーとしての自己イメージ
・コンセプチュアル・シンキング[注7]
・共感力と誠実さ
・チームプレイヤー

最良の人材を選ぶのは最初の一歩に過ぎない。その適切なメンバーたちにどのような貢献および態度を期待しているか、彼らのどのような個性を最大限活かせばチームが前進できるかを明確にし、それらのことを常にCEOを含めたチームメンバー全員へフィードバックをし、フォローをする必要がある。

(4) しっかりとした構造

この条件に含まれるのは、①適切な人数であること（彼らが勧めるのは八、九人以下）、②明確なチームの課題（明確に規定された不可欠な課題）、③建設的な行動規範（会議においてもそれ以外においてもチームがいかにふるまうべきかについての規範）を最初に作ること、④そうした規則の順守にメンバーたちが互いに責任をもつようにすることである。

注7　しっかりした構造のある納得できる概念を考える力

(5)組織的な支援体制

非常に優秀なリーダーチームになるためには、そのチームの仕事に不可欠な情報、教育、物的資源、そしてチームメンバーがチームとしての責任を遂行したことを認知し強化するような業績管理と報酬制度が必要である。

(6)適切なチームコーチング

「最良のチームは継続的にコーチングを受けている」「すべてのCEOが対外的な仕事に重点を置き、チーム外の幅広い対象にエネルギーを注いでいるが、すぐれた経営リーダーチームを率いているのは内部、すなわち自分たちのチームの発展にも同様に力を注いでいるCEOだけであった」ことを示している。最高のチームコーチングはCEOによってのみ成されるわけではなく、メンバー同士による後押しも必要だ。また、チームを次のレベルへ導くには外部のコーチの手助けも有効である。これら六つの条件を満たすチームが、コーチング文化を発展させてきたのだ。

結論

「精鋭チーム」から「高業績を上げる変革型リーダーチーム」になるまでの旅路は困難が多く、大変な苦労を強いられる。慎重に選別され手厚くサポートされたチームのほうが、一人の英雄的指導者よりも、今日の複雑化する企業組織をみごとにリードできる可能性がはるかに高い。

だが、一人のスーパーヒーローの神話をスーパーチームはすべてを彼ら自身でやり抜き、私たちのあらゆる期待や投影を背負ってくれる、という神話に置き換えることには用心しなければならない。成功するチームに不可欠なのは、「変革型リーダーシップの五つの基本原則」（次章で詳説）の実践と、絶え間ない学習と発展、そして質のよいチームコーチングだ。

次章では、質のよいチームコーチングについて詳しく述べたい。

第3章 成功するチームのための五つの基本原則

「組織のすべての人間におなじ方向を向かせることができれば、どの業界でも、どの市場でも、どんな競争相手に対してでも、どんなときでも、圧倒的な優位に立てる」

——ある成功した企業創設者の言葉

パトリック・レンシオーニ『あなたのチームは、機能してますか？』（伊豆原弓〈訳〉、翔泳社）より

イントロダクション

第2章では、色々なタイプのワーキンググループと「チーム」の本質的な違いは何か、精鋭チームの決め手となる要素は何か、高業績を上げる変革型リーダーチームに不可欠な要素は何かを探ってきた。

「うちのチームを〝高業績を上げるチーム〟にするために、私は具体的に何から取り掛かったらよいのだろう？」——あなたがチームリーダーやチームメンバーなら、こんな疑問を抱いているかもしれない。この章では、私が発見した、高業績を上げるチームに不可欠な五つの基本原則を紹介しよう。このモデルは、私が三〇年間多種多様なチーム（特にリーダーチーム）と仕事をしてきた中で開発したものである。

私は「適切な人々を採用し、そのチームメンバーが互いに理解を深め合い、よい関係を築き、仕事に関する意欲を高められるようなチームビルディングを行えば、そのチームのパフォーマンスは上がる」という信念のもとに、チームに関わる仕事をはじめた。そしてチームコーチとして経験を積むにつれ、それが一般的な前提であることに気づいた。そこで数多くのチーム促進プロセス（チーム活動や社外での交流の促進、よりよいフィードバックの実現、チームメンバーの性格タイプやチームでの役割の相互理解の促進、チームにおける対立の解消、プロセスコンサルティングの提供など）を積極的に取り入れようとしたのだ。だが実際のところ、チーム内のダイナミクスに焦点を合わせざるを得ないケースが多々あった。チームが達成すべきものは何か、その目標やゴール、役割が不明確なままだと、仕事の混乱から生じるチームの対立を解消できず、いくらチームプロセスを促進しようとしても空回りしてしまうのだ。

同時に、私は「チーム内の関係が良好なだけでは、チームのパフォーマンスに劇的な改善はみられない」ということにも気づいた。基本的に、チームパフォーマンスは、そのチームの利害関係者全員との集団的な関わり方によって大きく左右されるものだ。チーム内が円滑に機能することは必要ではあるが、高業績を上げるためにはそれだけでは不十分だ。にもかかわらず、内部に焦点を合わせようとするチームがあまりに多すぎる。この点を踏まえ、私は実験的にチームの焦点を「インサイド・アウト」に変化する（まずは自分たち自身を見つめ、そのあと利害関係者たちを見つめる）方法、さらに「アウトサイド・イン」に変化する（まずはそのチームが役立つべき人々を見つめ、そのあと彼らのチームに対する要求および欲求を見つめる）方法を試してみた。そこではじめてチームが効果的に機能し、利害関係者のさまざまな要望に応える方法の探求が可能になったのだ。

九〇年代、私と同僚らは「組織全体の文化を変化させる」という大がかりなプログラム支援のために、ある国際的な大手金融会社の全チームと仕事をする機会に恵まれた。当時、この会社のチームの大半は「自分たちのゴールは数値目標の達成であり、社内競争で業績を残すことだ」ととらえていた。組織的変革のためには、各チームの焦点を社外競争で業績を残すことへ変化させる必要があった。言い換えれば、すべてのチームが自分たちにとって重要な顧客や投資家、スポンサー、経営幹部、パートナー（またはサプライヤーやサポート部門）を明確にして焦点を絞り、それら関係者のために最大の利益を生み出せるような支援をしなければならなかったのだ。

私たちが各チームに要請したのは、

(1)自分たちにとって重要な利害関係者を精密に図示する
(2)チームとして利害関係者たちに優先順位をつける
(3)最も優先順位の高い利害関係者の代表者に対して、チームメンバー（一人か、または二人一組のどちらかで）がインタビューを実施し、チームの業績に関するフィードバックをもらう

という作業だった。さらにインタビューをしたメンバーたちには、そのやりとりにおける発見をプレゼン資料にまとめ、社外のワークショップで発表してもらった。

そのワークショップにおいて、私たちは彼らにロールプレイングをするよう促した。インタビューをしたメンバーたちに「利害関係者の役割」を演じさせ、残りのメンバーには彼ら自身（つまり「利害関係者を会議に招いて、彼らチームに関するフィードバックをもらう役割」）を演じてもらったのだ。このロールプレイによるフィードバックは、彼らがあらかじめ準備していたプレゼン資料よりもはるかに実りあるデータを生み出すことになった。

ロールプレイング終了後すぐに、私たちは双方の役割のメンバーたちそれぞれに、「もしあなたが誰もいない廊下に出たとしたら、今終了した会議についてどんな感想をもらしますか」という質問をしてみた。その結果、両者間のダイナミクス（力学的関係）に関する二次的なフィードバックが得られることになった。それは驚くべき内容だった。利害関係者役のメンバーたちは次のようにコメントしたのだ。

・彼ら（＝チーム）は丁寧に応対してくれたが、こちらの要望に応える気はなさそうだ。
・彼らは自分の立場を守るのに必死な様子だった。
・彼らと自分では、立ち位置がまるで違うように感じた。
・こんな会議は時間の無駄だ。彼らはこちらの話に真剣に耳を傾けてなどいない。

一方、彼ら自身の役のメンバーたちは次のようなコメントをした。これは、まさにクリス・アージリスとドナルド・ショーンが「防衛的ルーティン」（個人、組織の部分、もしくは組織全体が、脅威あるいは当惑の経験を避けること）と呼んだ態度である。

・まあ、あの人たち（＝利害関係者たち）の言いそうなことだ。
・あの人たちは、うちの社に不満を抱いた顧客を話題にしていたが、それ以外の顧客は違うはずだ。

・否定的な意見ばかり言っていた、あの人物の名前を控えておくべきだ。あれは明らかにトラブルメーカーだ。

この一連のプロセスを通じて、チームは、利害関係者のフィードバックからは重要なメッセージを見つけ、ロールプレイングからは重要なダイナミクスを見極めることが可能だ。利害関係者全員に対してこのプロセスを実施すれば、チームは豊富なデータとより深い理解を手にし、今までとは別のやり方を模索できるようになる。

五つの基本原則

「高業績を上げるチームに不可欠な五つの基本原則」を割り出すために、私はまず四ボックスモデルを考案した。これは「内部および外部の焦点」と「タスクおよびプロセスの焦点」の間に働く相互関係を把握するために、これら二つの次元を結びつけるモデルである。このモデルは、チームが外部タスク、内部タスク、内部プロセス、外部プロセスという四つの領域それぞれを調査するときのためのものだ。その後私は、高業績を上げるチームが、これらの領域間の相互関係に焦点を合わせると同時に、集団的能力を発展させ、「離陸したヘリコプター」のように俯瞰した視点から、四つの領域をつなぐより幅広くシステミックな全体図を見渡していることに気づいた。この性質は、彼らが常に学習・発達を続け、機能と業績の両面で飛躍的なレベルアップをするうえで欠かせないものだった。そこで、私は先のモデルの中心に核となる五つ

図3－1　高業績を上げるチームの五つの基本原則

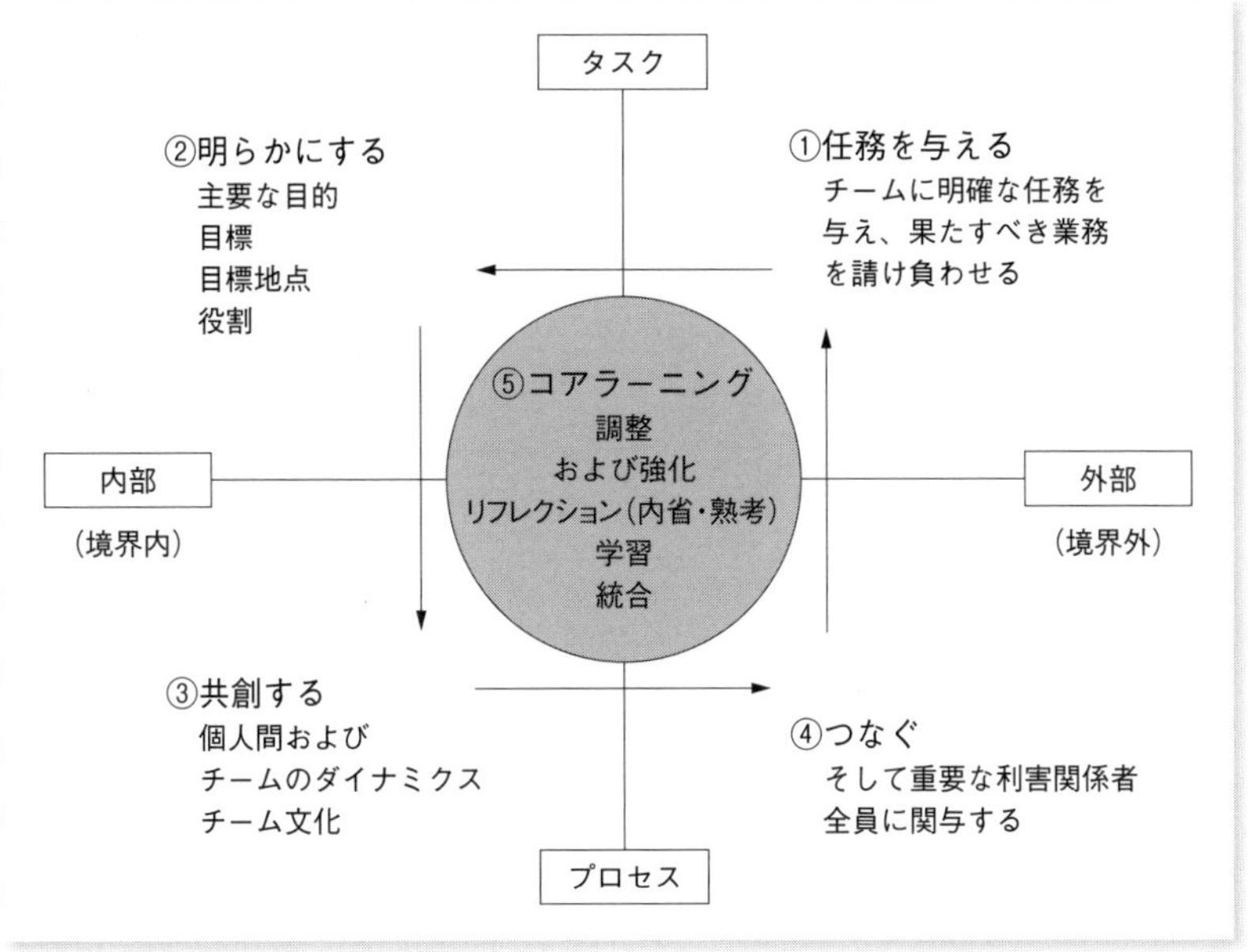

めの領域を追加し（図3－1参照）、この「五つの基本原則モデル」をさまざまなリーダーチームに用いるようになった。その結果、それぞれの領域には次のような明らかな基本原則があること、ひとつか二つの原則は満たしていてもその他の原則は満たしていない（あるいは気づいてもいない）チームがあることを発見したのだ。

では、五つの基本原則を具体的に解説していこう。

(1) 任務を与える：Commissioning

チームが成功するためにはまず、その任命者たちから明確な任務を与えられる必要がある。

なお、この場合の「任務」には「明確な目標」と「チーム業績評価の目安となる成功基準の定義」が含まれる。これらの任務を明らかにした経営陣（これはリーダーチームの場合、その他のチームであれば経営幹部）は、次に「そのミッションを遂行できる」と思う適切なチームリーダーの任命を行うことになる。続いて、そのチームリーダーが適切なチームメンバー（適切な性質および多様性を持ち、一緒に仕事をすることで〝個々のメンバーの合計〟以上の業績を生み出せる人々）の選出を行うのだ（ジム・コリンズは著書『ビジョナリー・カンパニー2』（山岡洋一〈訳〉、日経BP社）で、このプロセスを「適切な人をバスに乗せること」と表現している）。こうして外部から権限を与えられ、メンバーが集められた段階で、チームが新たに誕生することになる。

(2)明らかにする：Clarifying

新たに誕生したチームが最初にすべきなのは、チームのミッションを明らかにし、進展させることだ。後述するが、ミッションを共創するこのプロセスを通じて、チーム全体の帰属感や明晰さがさらに高まることになる。なお、この場合の「ミッション」に含まれるのは、チームに関する次のような点である。

・目的
・戦略的目標および目標地点
・コアバリュー（中核の価値）
・規約および仕事手順

・役割および期待
・成功のための魅力的なビジョン

(3)共創する：Co-Creating

メンバー全員が明確な目的や戦略、プロセス、ビジョンを承認することと、それらを実践することとはまったくの別物である。ミッションを「単に心地よい言葉を並べただけ」で終わらせるのではなく、「業績にプラスの影響を及ぼすもの」にしたいのなら、チームは常に、創造的で生成的な共同作業を行うことに集中しなければならない。言い換えれば、これはチームが楽しみながら「個々のメンバーの合計」以上に機能できるのはどんな場合かを探求し、さらに自分たちのネガティブなパターンや自己限定的な概念および前提を探り、それらを解消していく状態である。

(4)つなぐ：Connecting

任務を与えられ、成すべきことを明らかにし、一緒に仕事をする方法を共創することは不可欠だが、それだけではまだ十分とは言えない。チームが違いを生み出せるのは、彼らが集団的にも個人的にもつながり、あらゆる重要な利害関係者と関与した場合のみなのだ。この新たなやり方を通じて、チームは利害関係者との関係を変容し、自分たち自身および組織の業績を改善できるようになる。

(5)コアラーニング：Core learning

この五番目の基本原則は他の四つよりもさらに重要で、全体の核となるものだ。この領域において、チームは一歩下がり、自分たち自身のパフォーマンスおよび多様なプロセスを熟考し、次の仕事のサイクルのための学びを強化することになる。また、この原則は、チームメンバー各自のパフォーマンスと学習の支援・発展にも関わってくる。「チームとしての集団的学習」と「チームメンバーとしての個人的学習」は密接な関係にあり、高業績を上げるチームでは、このどちらのプロセスもうまく機能しているものなのだ。

高業績を上げるリーダーチームになるためには、これら五つの基本原則すべてにおいて優れている必要がある。基本的にはある原則から別の原則へ移行することになるのだが、その一方で、これらはひとつのサイクルとして連続していることを覚えておいてほしい。

チームの仕事が刻々と変化する状況においては、チームや特にチームリーダーが再び任務を与えられる必要も当然出てくるだろう。選挙のたびに、政治家が有権者から新たに権利を委任される必要があるように、リーダーチームもさらなる変容や変化のためには、経営陣や利害関係者たちから新たに権限を委譲される必要があるのだ。そうなると次に必要なのは、チームとしてのミッションを再び明らかにすることであり、新たな課題遂行のために有効な方法を再び共創することであり、重要な利害関係者と再びつながって変化をもたらすこととなる。

このモデルは直線的というよりはむしろ循環的なもので、円滑に進むためには順番を超えた「内的な流れ」が必要となる。このことを図解した四つのダブルループのフローは対話と反復の領域をつなげる様子を示している。

基本原則を結びつける

【基本原則⑴と⑵を結びつける――コミッションとミッションを一致させるための対話】

リーダーチームが、経営陣や投資家たちから明確な認可が与えられることは稀だ。政府や地方自治体であっても、長として選出された政治家から「これがきみたちのミッションだ」とはっきりとした委任を受けることはまずないだろう。

私はかつてメンタルヘルスに関する大手国際機関で、リーダーチームのトレーニングを担当したことがある。そのとき真っ先に気づいたのは、その機関のカリスマ性たっぷりの女性代表が、何度尋ねられても私の質問――「あなたは私と私のチームに何を期待していますか」――にまったく答えられない、ということだった。

優れた起業家精神を持つ多くのリーダーたちと同じく、彼女もまた「自分の直感にマッチしない点を指摘すること」は得意だったが、「前もってこうすればよいと思う点を説明すること」は苦手だったのだ。このあと私はその代表に、私なりにこうだと思った自分の任務とその遂行計画をまとめた原稿を送り、「間違っている点や理解不足な点があれば訂正してほしい」と頼んだ。彼女から赤インクで訂正された原稿が戻ってきて、私はそれを元に再度原稿を書き直し、また次の赤インクによる訂正を待った。このやりとりを三度繰り返すうちに、私たちは互いに満足して署名できる契約書類を作成できただけでなく、両者間の信頼と明確さを高めることができたのだ（ちなみに、私はこのプロセスを「赤インクによる上向きマネジメント」と呼んでいる）。

以来三五年間、私は官民両方において経営リーダーチームを数多く見てきたが、彼らは例外なく、経営陣から明確な指示がもらえないことに不満を抱えていた。「どうして経営陣は私たちに何も教えてくれないのか？」「それなのに、なぜ私たちにすべてを決めさせるんだ？」と訴え、不満が不満を呼ぶサイクルを繰り返していたのだ。

経営陣あるいは他の任命者たちの間の対話や反復のプロセスを健全なものにするためには、任務を与える側がチームに対して、「成功」に対する考えを明らかにすることが不可欠だ。「成功」とひと口に言ってもさまざまな次元が考えられるが、少なくとも以下は含まれるべきであろう。

・財務実績に関するもの――資本金、収益、採算
・アウトプットに関するもの――商品、サービスなど
・評判に関するもの――顧客満足、ブランド評価など
・イノベーションに関するもの――新商品、新サービス、新しい思想を示すリーダーシップ
・人々に関するもの――報酬、つなぎ留め、育成、士気、生産性
・ビジネスの変容および業界における位置に関すること

これらは十分に明らかにされなければならない。そうして初めて、ＣＥＯは自信をもってチームを任命できると同時に、その組織をリードし、重要な利害関係者たち全員と関わり合えるよ

うになるのだ。

リーダーチームが次にすべきは、明らかにされた権限を元に、自分たち自身のミッション（目的、戦略、コアバリュー、ビジョンなど）を生み出すことだ。これらは、彼ら全員が自信と責任を持って達成できるものでなければならない。カッツェンバックとスミスは著書『「高業績チーム」の知恵』において、共にチームのミッションを生み出すプロセスの大切さを次のように強調している。


「チームの目的はチームの共同作業のための継ぎ目となるものだ。それは誇りと責任を呼び起こす。良いチームは子供に世話と養育が必要なように彼らの目的を大切にする。当然彼らはその目的を形成するのに時間を費やす。しかしチームとして機能するようになってからも行動すべきことを明らかにするために目的に戻ってくる。チームはこのように目的な明確にする活動を期限なく続けるのだ」（監訳者訳）

さらにリーダーチームは経営陣に対し、彼らから委譲された任務に具体的にどう応えるかを示す必要がある。ある意味、これは彼らから与えられた骨に肉付けをし、その期待を具体的なロードマップに置き換える行為だと言えよう。

同時に、リーダーチームは経営陣に対して強力に働きかけ、彼らの期待と現実のギャップを埋め、すべてが達成可能ではないことを気づかせ、目的に優先順位をつけることと成功に必要なリソースを提供することへの同意をとりつけ、潜在的リスク（またはチャンス）や戦略面での衝突に共に対処していかねばならない。

この種の対話には次の質問が役立つ。

「私たちの計画の頓挫や失敗につながる理由の上位五つは何だと思いますか？」「私たちがすでに知っていることでこの一年以内に私たちが再び発見するだろうことは何だと思いますか？」

さて、いよいよ次は行動サイクルに突入することになる。共に合意したミッション実践のために努力を重ね、「何が機能し何が機能しないか」「当初の戦略では予想できなかったことは何か」を急速に学習していく段階だ。基本原則(2)と(3)の間のダブルループに移ることになるが、引き続き、任務を与えられたグループとの対話が必要なことは言うまでもない。彼らと共同で見直しとリフレクション（内省）を行い、コミッションとミッションの質を上げていくことになる。

【基本原則(2)と(3)を結びつける――政策方針を実行に移すための対話】

コミッションとミッションを一致させると同時に、リーダーチームは、自分たちの切望と日々の業務を一致させる必要もある。自分たちが行おうとしていることとその実際のやり方を一致させ、レトリックと現実の間の亀裂を常に埋めなければならないのだ。

かつて、私があるリーダーチームをコーチングしたときの話を紹介しよう。ワークショップで自分たちのコアバリューをいくつか挙げたあと、チームメンバーが次に議論したのは「これらをオフィスの壁に張り出したり、全社員のパソコンの壁紙にしたり、コーヒーマットに印刷したりすべきか」ということだった。私は思わずこう言って彼らの議論を遮った。「待ってください。今あなたたちが挙げたコアバリューは、この会社のコアバリューとは違います。あなたたちが『こうありたい』と強く願う自分たちの価値観を下書きしたものに過ぎず、しかも、それらをちゃんと実践できるかは、まだあなたたち自身にもわからないんですよ」

しばらく議論を重ねたあと、彼らはやはり「下書き」のままのコアバリューをCEOのオフィスの壁に掲げることにしたが、同時に今後はチーム会議の最後に必ず、私の手助けを借りながら、自らの下した決定にそれらのコアバリューがどの程度反映されているか、自分たちがそれらのコアバリューをどの程度実践できているか（もしくはいないか）を見直すことに決めた。それらの経験に教えられ、彼らは一カ月後、コアバリューを書き直すことになったのだ。

政策方針と行動の間のダブルループにより、絶え間ない戦略プロセスが生み出される。これこそリーダーチームの機能の中核を成す要素にほかならない。

【基本原則⑶と⑷を結びつける――利害関係者と共創する】

ある大学の経営リーダーチームの話だ。

彼ら一二人のチームメンバーは現在直面している課題を解決すべく、大学審議会と評議員会と共に会議を重ね、新たなミッションを共創した。だが、スタッフに実施した調査結果を見て、彼らはショックを受け失望してしまった。というのも、まさに大学を支えている上席研究員や幹部職員の多くが、彼らの新たな戦略を理解すらしていなかったのだ。

チームメンバーたちは急きょ、スタッフとどうコミュニケーションをとれば新たな戦略を「売り込める」かを探ろうとした。そんな彼らに対し、私はこう進言した。「今この時点で、スタッフたちとコミュニケーションを図っても、事態をさらに悪化させるだけですよ」「もしスタッフたちが現在の問題や課題を認めていないなら、それを解決することもできないでしょう。こちらからのコミュニケーションは控えて、彼らにもっとこのプロセスに関与してもらってはどうですか?」

第1章で強調したように、チームにとって必要なのは単独で行動することよりも、自分たちを取り巻く社会環境という状況の中でいきいきとした対話を重ねることだ。さらに大切なのは、その関係が〝チームの利害関係者〟のコミュニティだけでなく、〝チームの利害関係者の利害関係者〟を取り巻く状況にまで変化を及ぼせるようにすることである。

高業績を上げるリーダーチームは、利害関係者たちとの境界を越えて、彼らともチームとして共創できた場合にのみ成立する。これに対し、前述のエピソードが示すように、成果が上げられないリーダーチームは「問題を調査し、選択肢を探り、前進するための方法を決定したあと、チームメンバー各人がその解決法を利害関係者のコミュニティに〝売り込もう〟とする」という罠に陥ってしまう。これでは相手が抵抗するのも無理はない。対照的に、高業績を上げるチームは、次の領域に渡るさまざまな関与のダブルループを生み出していくことになる。

⑴まずチームは自分たちの利害関係者の要求および切望に耳を傾け、その利害関係者の利害関係者（そのスタッフにとってのスタッフ、その顧客にとっての顧客、その投資家にとっての投資家）の要求および切望を調査する。

⑵⑴の結果はチーム全体で共有し、そういったさまざまなグループの要求を、チームとして

の要求および切望といかに一致させるかを探求する。チームが成功するためには、彼らの利害関係者も成功する必要があるからだ。

(3)チームメンバーは利害関係者と共に、三者（チーム、その利害関係者、その利害関係者の利害関係者）が満足のいく〝ウィン・ウィン・ウィンの関係〟を創出するための方法を探求する。これにより、彼ら全員の共同努力が生み出される。

(4)(3)の結果をチーム全体で共有する。こうして新たに生じたさまざまな利害関係者との関係をつなぎ合わせることで、チームはさらに有益な情報（次の段階へ前進するために彼らと共創すべきものは何か、チームとしていかに作用する必要があるかなど）を得られる。

大切なのは、チームとその利害関係者の間の境界（または接点）におけるダイナミクスに絶えず注意を払うことである。なお第5章では、チームコーチがその種のダイナミクスに注意を払うための方法を紹介している。

【基本原則(4)と(1)を結びつける――利害関係者と任命者の対話】

国民の健康づくり戦略を担当するリーダーチームが陥ったジレンマの話をしよう。

そのチームは年に一度、すべてのサービス請負業者（地域住民に健康サービスを提供する契約を交わした団体）の業績を見直すようにしていた。すばらしい業績を上げた業者は契約更新をするが、そうでない業者は契約を打ち切ったり、チーム側からさらなる改善を要求するようにしたりしていた。そうするうちに、チームは、業者の判断基準を年々高くしなければならないことに気づいた。というのも、患者の要求や人口動態、医療改革、良質の専門的診療は常に変化するものだからだ。問題は、そういう環境的変化にさらされるのが常に請負業者であり、チームが年に一度、「彼らはどれだけ改善したか」という観点からその業績を判断しなければならないことにあった。

そこで、チームは改善策として、年に何度か二種類の会議を開き、さらなる対話を持つようにした。ひとつはチームとサービス購入者（地域住民）の間の「パープル会議」で、この会議では、購入者から請負業者に対する要望を言ってもらい、チームの新たな基準づくりに役立てるようにした。もうひとつは、チームと請負業者の間の「グリーン会議」で、この会議では、チームが「パープル会議」で得た情報を請負業者に与え、共に戦略的フレームワークのアップグレードを図るようにしたのだ。

五つの領域において連続的な変化プロセスは作動しない。それは「利害関係者にとっての利害関係者」のところでいったん流れが止まってしまうためだ。だが、彼らを含めた、より広範囲に及ぶ環境的状況と、権限を与える側の人々をつなぐのは必要不可欠なことである。

たとえば、優れた経営リーダーチームの中には非常勤役員がいて、顧客や投資家、パートナーらと直接会って彼らが必要としている変化や改善点を調査・学習させている。また、ほかの優れたリーダーチームは、システムのあらゆる部分の代表者が集まれるような大規模なイベントを催し、互いに学習し、より大きな全体像を見て、共に戦略を練るようにしている。

このような活動形態こそ、基本原則⑷と⑴を結びつけるものにほかならない。では最後に、基本原則(5)に目を向けてみよう。

【基本原則(5)と(1)〜(4)を結びつける】

基本原則(5)は、他の四つの原則を反映させた、より高レベルのものである。高業績を上げるリーダーチームは、他の四つのいかなる領域でも機能しながら、忙しい合間を縫ってさらに学び続けるものだ。それまでの実績を評価し、各領域の内部および（または）その間のパターンを熟考し、チームを取り巻く社会環境という状況の内外両面においてチームがどう機能しているか学習できる。

多くの場合、このプロセスは仕事の現場から離れることで得られるスペースでチームが一歩下がり、ヘリコプターで高く上がり、新たな視点から見ることで起きる。

ひとたびこれを経験すると、チームは、チーム文化やより広範囲に及ぶシステムに関する、さらに突っ込んだ質問に焦点を合わせられるようになる。たとえば「チームとして、どのような行動や感情パターン、前提、信念、マインドセットを心がければ、自分たちの利害関係者に役立ち、ひいてはチームを成功に導くことができるだろう？　逆に、それを妨げる行動や感情パターン、前提、信念、マインドセットとはどのようなものだろう？」と考えられる。

前述の大手金融会社の例からもわかるとおり、コアラーニングを促進するイベントでは、内向きの対話に終始することを避け、その他の領域からの意見を積極的に取り入れなければならない。チームの視点を「アウトサイド・イン」に変化させ（つまり、まずはチームが役立つべき人々に焦点を合わせ、次に彼らのチームに対する要求や欲求を見つめる）、利害関係者がチームをどうとらえているのか、会議室の外の現場では何が起きているのか、任務を与える任命者側はチームをどう見ているのか、などを聞き出す必要があるのだ。

コアラーニングにまつわる原則は、社外での研修や特別なイベントのためだけのものではない。チーム会議でも毎回取り入れるべきものだ。次に、ユニークで創造的なやり方でそのことを実践したチームの実例を紹介しよう。

・あるリーダーチームは、会議テーブルに常に三つの空席を用意することにした。一席は顧客のため、もう一席は社員のため、最後の一席は投資家のためである。こうすることで、チームメンバーはいつでも自分自身の立場を離れ、重要な利害関係者の立場に立って意見を言えるようになった。場合によっては、三つの空席のうちの一席をCEOのために用意することもあった。

・別のリーダーチームは、会議の最初に毎回、CEOから四つの領域に関する次の質問をしてもらうようにした。

「今月、私たちの顧客やサプライヤー、社員からはどのような意見が出ただろう?」［基本原則(4)］

「先月の会議以来、メンバー各人が達成したこととは何だろう?」［基本原則(3)］

「経営陣が喜んでいたこと、あるいは懸念していたことは何だろう?」［基本原則(1)］

「私たちのミッションと設定した目標を再度照らし合わせてみよう。私たちはどのように、期待に反する行動をとってしまっただろう?」［基本原則(2)］

・ある国際的な大手金融チームは、会議の最後に毎回、チームリーダーから次の質問をしてもらうようにした。

「私たちがこのクライアント企業に関して生み出した新たな組織的洞察と学習の中で、彼らにとって本当に価値があるものとは何だろう？　また私たちが発見した中で、この業種のその他のクライアント企業にとって有益な、新たなビジネス面での洞察とは何だろう？」

――なお、この質問の答えは、個人では知り得ない、チームだからこそ創出できた新しい学びでなければならない。

・数多くのリーダーチームに私たちが紹介したのが「ハーフタイム・チームトーク」という手法だ。これは半分の時間を過ぎたところで会議を中断し、各メンバーに「この会議の前半で私にとって有益だったのは～」「後半で変わってほしいと思うのは～」という意見を述べてもらうやり方である。それぞれの意見について議論はしないが、こうして各メンバーの意見に耳を傾けることで、チームは会議後半で、気づきと態度両面における変化を共創できるのだ。

結論

ビジネスに携わる人の大部分が、何らかのチームに所属し、大半の時間をチーム会議に費やすことになる。次に、私が見てきた「効率の悪いチーム」の特徴をいくつか振り返ろう。

・チーム内部に焦点を合わせすぎ、「なぜこうなるのか」「それについてどうすべきか」といったチームにまつわる議論に終始してしまう。
・すべてを個人化しないと気が済まず、チームの目標や目的について話し合う重要な会議が意地の張り合いになってしまう。
・経営陣の裏をかくことに全精力を傾け、彼らのコミッションが間違っていて、自分たちのミッションのほうがはるかに優れていることを証明しようと躍起になってしまう。
・常に自分たちの顧客、パートナー、社員を非難ばかりしている。
・非常に効果的なミーティングを行い、高レベルの同意に達したにもかかわらず、ひとたび会議室を出ると、会議の決定事項にコミットし、最後までやり遂げようとするメンバーが一人もいない。

これらのチームはそれぞれ、五つの基本原則のどれかひとつの領域か、あるいは二つの領域間の「裂け目」にはまり込んでしまっている。だが71ページの図3－1を活用すれば、どのチームも今の沈滞状態からはいあがり、より大きな全体像を見ることができるのだ。

次のようなチームと仕事をするとき、私はこの上ない喜びを感じる。
・自分たちに求められているものを正確に知っている。
・自分たちの集団的目標に情熱を傾け、「個人および集団として最高の働きをした場合のみ、その目標が達成できる」という自覚を持っている。

・チームメンバーが会議を楽しみにしており、自分だけでなく、他のメンバーの成功や失敗、学習にも大きな興味を抱いている。
チームメンバー間だけでなく、経営陣および利害関係者との間にも真の意味のパートナーシップが築かれている。
・仕事を「学習するための冒険」ととらえ、どんな失敗も「新たな学習のための機会」と感じ、いかなる試練も「創造性を生み出すきっかけ」ととらえている。

この種の体験は、単なる偶然や「メンバーと気が合うから」といった単純な理由だけで生じるものではない。五つの基本原則がきちんと網羅されており、なお重要なことに、それらのバランスがとれているからこそ生じるものなのだ。

第2部

チームコーチング

第4章　チームコーチングとは何か

「私たちの調査から得られた意外な事実は、メンバー全員が個人の能力を向上させるための個人コーチングを受けても、チームの力はあまり向上しないということである。確かに、個人コーチングは重役たちそれぞれがよりよいリーダーになるためには役立つ。しかし、それは必ずしもチームを改善するわけではない。チーム開発は、個人がよりよいチームプレイヤーになれば達成されるものではなく、まったく別の能力の向上が求められるのである」

――ワーグマンら

イントロダクション

私たちはここ二〇年の間に、個人コーチングの飛躍的な成長を目の当たりにしてきた。コーチングを活用する企業の割合も、コーチの資格をとる人の数も、トレーニングや認定機関、専門機関、そして関連する調査や出版物の数も急増した。その急速な進歩に比べると、現在のチームコーチングはそこから二〇年ほど遅れていると言わざるを得ない。現に、個人コーチング黎明期に見られたのと同じ問題がいまだ未解決のままだ。たとえば、次のような問題である。

・いかなる場合にどんなチームコーチを頼めばよいのか、クライアント側が混乱してしまう。

・用語が整理されておらず、基準となる定義がない。

・専門的な調査や出版物、モデルやアプローチがほとんどない。
・きちんと確立された教育プログラムや認定機関がない。

個人コーチング同様、チームコーチングもさまざまに異なる分野や職業から発展してきた。違いは、チームコーチングの大半が、今まで「チーム開発」と呼ばれ、組織開発の一分野として扱われてきた点だ。最近になってようやく、次の三つの主要な要素を新たに統合したチームコーチングが出現したのである。

(1)チーム開発のための伝統的なコンサルティング手法
(2)コーチングのさらに新たな分野
(3)優秀なスポーツチームやプロチーム研究からの学習

この章では、これら三つの先立つ流れについて解説し、現行のさまざまな定義やアプローチを紹介したあと、チームコーチングの定義を探っていきたい。そのうえで、これらの土台をもとに構築すべき分野を提案すると同時に、チームコーチングの領域と焦点の拡大を試み、システミックな状況での集団的チームについて解説したい。

チームコーチングの歴史

組織開発にまつわる初期の研究は、米国NTL[注8]のレヴィンや英国タヴィストック研究所[注9]によって実施されてきた。初期の研究の大半は、たとえば「Tグループ[注10]」やビオン研究グループ（タヴィストック）、独立大学院（ヘンリー・マネジメント・カレッジ）などのプログラムに、

注8　National Training Laboratory＝ナショナルトレーニング研究所は1946年、クルト・レヴィンによって創設された
注9　精神分析で有名な英国の研究所
注10　トレーニング・グループの略。NTLで提唱された

組織の経営幹部を参加させる形で行われた。研究者たちはそうして集団の機能やダイナミクスの性質についての経験的な学習を行ったのだ。その後、この研究はシャイン、バーク、ベックハード、ハリス、アージリス、ショーンらによって引き継がれ、発展していくことになる。組織開発にまつわる研究が盛んになるにつれ、その一部として組織内でのチーム開発に目が向けられるようになっていった。

「チーム開発」という概念は、米国のダグラス・マクレガー、レンシス・リカート、ビル・ダイヤー、そして英国のジョン・アデアやメレディス・ベルビンらによってさらに発展することになり、チームビルディングやチームの結束を高めるための社外研修、その他のさまざまなチーム開発活動へとつながっていったのだ。

この「Tグループ」から「チーム開発」への発展について、ビル・ダイヤーは共著書「Team Building」（未邦訳）でこう記している。

実践者たちがTグループ手法をワークユニットに適用し、さまざまな経験を積むにつれ、Tグループ手法そのものが徐々に変化し、新たな環境との差を取り入れるようになっていった。それは、ワークユニットがより効果的で、協力的で、問題解決型のユニットに成長し、現状から抜け出し、ゴールを達成できるよう支援する必要があったからだ。こうして方法論が体系化されていないTグループから、より焦点を絞り込んで明確に定義付けされたプロセス、言い換えれば、相互依存する人々の集団を協力させ、問題解決を促すためのトレーニング手順への移行が見られるようになったのである。

今、私たちはまさにこれと同じ状況にある。つまり、いまやチームコーチングは「チーム内部の業績やプロセスに焦点を合わせた伝統的なチーム開発［基本原則(2)と(3)］」から、「五つの基本原則すべてに焦点を合わせたシステミックなチームコーチング」へ移行しようとしているのだ。

チーム開発が発展し現在に至るまでの間に、「組織開発」というより大きな分野では数多くの重要な開発が行われ、それがチームコーチングの発展につながった。中でも最も重要なのが、センゲやホーキンズ、ペドラー、ボイデル、バーゴインらによる組織学習だ。これにより、これまでの組織の考え方やマネジメント方法、リーダーシップ開発が劇的に変化したのである。今から五〇年前、リーダーシップやマネジメントのためのトレーニングと言えば大半は次のようなものだった。

・仕事の現場から離れた、教室で行われる。
・トレーニングに出席するのは個人である。
・専門家によって教えられる。
・学習の中心となるのは、理論と、過去の成功と失敗のケーススタディである。
・認識力を重視した教えである。

これとは対照的に、今、一般的なのは「リーダーやマネジャーが実際の課題に直面し、境界を越えてチームを組んで他者と共に働き、試行錯誤を繰り返しながら最も重要なレッスンを仕事の現場で学ぶ」というやり方だ。効果的なリーダーシップおよびマネジメント開発に必要なのは、次に挙げる要素である。

・認識力および感情にまつわる学習。
・経験的で、具体的なアプローチ。
・実際の重要な課題に対処すること。
・同僚との協調による集団的な学習。これにより、個人間のみならず集団としての関係も発展する。
・アクションラーニングのサイクル（行動、リフレクション[注11]、新たな思考、計画、リハーサル、新たな行動）の繰り返し。

とはいえ、経験が必ずしも効果的な学習を与えてくれるとは限らない。人は誰でも役立たない行動を何度も繰り返し、「今度こそ違う結果が出るかもしれない」などと期待してしまうものなのだ！　経験を学習に変えるためには「思慮深い行動実践者になること」「実りある学習方法を身につけること」が不可欠だ。しかし、これを独力で成し遂げられる人はめったにいない。ある国際的な大手サービス会社は全社的に、開発にまつわるポリシーを掲げている。それによれば、開発は次の要素を含む必要がある。

・学びの七〇％は現場から
・学びの一〇％はワークショップ・会議・クラスから
・**学びの二〇％は理論的と実践的な学びを融合するためのコーチングから**

コーチングの歴史はチーム開発のそれよりも新しい。コーチングは一九七〇年代初期に、経営学習論、心理学、スポーツコーチングの分野から出現したが、二〇世紀末から二一世紀はじめにかけて急速な発展をみせた。これまでコーチングは主に「一対一の関係における個人開発」に焦点を合わせており、チームコーチングへの興味が高まってきたのはごく最近のことにすぎない。

とはいえ、経営リーダーのコーチの大半がすでに、チームコーチングの手法（リーダーがいかに自分のチームを指導し、発展させ、コーチするかに焦点を合わせた手法）に注目しており、実際多くの個人コーチが、そういった経営リーダーにより、チームコーチングのために招かれているのが現状だ。

スポーツチームのコーチングでは、「個々のメンバーの合計を上回るチームプレイをいかにして実現するか（基本は個人個人が最高のプレイをすることだが、それが全体を高めるような方法である必要がある）、そしてチームの士気を常に保ち（場合によっては回復し）、集団的パフォーマンスをいかに高め続けるか」に重点が置かれる。これにより、さまざまなアプローチ（成功の視覚化、プラス思考、潜在能力を解放するための「インナーゲーム」の活用、集団的な動きのリハーサル法、パフォーマンスに関するリフレクションとフィードバックなど）が生み出されることになった。

中でも個人コーチングに大きな影響を及ぼしたのが、ティモシー・ガルウェイが著した『インナーゲーム』シリーズ（後藤新弥〈訳〉、日刊スポーツ出版社）だ。彼の主張はジョン・ウィットモアやマイルズ・ダウニーらエグゼクティブコーチング指導者に大きな影響を与えた。

私の同僚ジョナサン・ネイマー（企業やスポーツチームのコーチングを行う企業〝Lane 4〟のパートナー）は、次のように記している。

注11 経験を振り返り、分析し、理解するための内省的思考方法

ここ三〇年で、スポーツ心理学者と一流アスリートたちの間だけで行われていたコンサルタント業は、ビジネスコンサルタント業として大きく発展した。その先駆けとなったのは、精神統合に詳しい二人の心理学者ジョン・セイヤーとクリストファー・コノリーの著書『スポーティング・ボディマインド』（浅見俊雄他〈訳〉、紀伊國屋書店）であろう。この本の画期的な概念は（おそらく）ヨーロッパで初めて、フォード自動車のような一流企業にも、トッテナム・ホットスパー[注12]のようなプロのスポーツチームにも採用されることになった。

最近では、世界のトップアスリートによる企業も設立されている。たとえば「Lane 4」は、自身もオリンピック金メダリストである最高責任者エイドリアン・ムーアハウスがスポーツ心理学者グラハム・ジョーンズと協力し、「高いパフォーマンスを可能にする環境についての学習とレッスン」を目的として、一九九五年に設立した企業だ。彼らのレッスンから、そして「スポーツのパフォーマンス」というメタファーを通じて提唱された個人および集団パフォーマンスのモデルから、コカコーラやネスレなど数々の有名企業が多くを学んでいる。

二〇〇二年、ワインバーグとマクダーモットは「企業とスポーツチームが高度なパフォーマンスを生み出すにはどんな要素が必要か」という調査を実施した。具体的には、ビジネスリーダー一〇人とスポーツチームのリーダー一〇人に、リーダーシップやグループの団結、コミュニケーションに関する詳しいインタビューをした結果、彼らが発見したのは「一致団結」のレベルだった。興味深いことに、高度なパフォーマンスを生み出す要素で不可欠なものとして、彼らが挙げたのは「各メンバーが相互にリーダーシップをとるスタイル」だった。

しかも、どのリーダーも「できるだけ全員参加のやり方が好ましいと思っている」と答えたのだ。チームの団結力は通常、リーダーシップの発揮によってビジョンが共有されることでもたらされる。経営者は社員参加型のやり方、つまりチームにビジョンを見直させ、改めて組織ビジョンに戻ることによってチームの結束力を強化できることから学ぶことができる。

スポーツ選手（特にチームスポーツをする人たち）は一瞬の決断――誰にパスをすべきか、どんな動きをすべきかなど――を重ねることで、より効率のよいプレイができることが証明されている。監督はなるべく「競技ラインから離れた場所」にいて、選手たちの決断を奨励することで、彼らからさらなる創造性を引き出すことができる。その結果、フロントラインの選手たちの相互作用がより活発になり、チーム全体のパフォーマンスがさらに上がるのは言うまでもない。

この端的な例が一九七〇年代、サッカーW杯でオランダ代表が用いた「トータルフットボール」という戦術だ（この戦術をみごと使いこなしたことで有名なのが、元オランダ代表であり、アヤックス・アムステルダムの監督を務めたリヌス・ミケルスである）。

この戦術では、チームプレイヤーの役割が交換可能で流動的なものとなり、ゴールのきっかけを作った者はゴール得点者と同じように評価されるのだ。ただし、「トータル」というコンセプトゆえ、選手各人がどの役割をこなしても同程度のクオリティで、同じ効果を生み出せなければならない。「トータルフットボール」は、チームに関する暗喩の中でも最もわかりやすく適切なものであると言えるだろう。これを組織に当てはめた「トータルビジネス」は、

注12 英国のサッカーチーム

いったいどうなるのだろう？　――考えただけでワクワクしてくる。

企業・組織のチームにおけるダイナミクスは「適切な人々が、適切な仕事を、適切なタイミングでやることで実証される」という点で、スポーツチームのそれに似ている。たとえば、サッカーのゴールキーパーが突然「センターフォワードをやれ」と言われたり、ラグビーのフォワードが「ウィングをやれ」と言われたりすることはあり得ない。同じように、CFOが突然「マーケティング部長の役割を〝完璧に〟こなせ」と言われることもあり得ない。ただし、「相互に作用するチームスポーツ」と「共同で作用するチームスポーツ」の違いを考えると、対比が際立ってくる。選手の役割がさまざまなラグビーやサッカー、バスケットボールのチームは「相互作用型」と考えられ、その集団的パフォーマンスを最大限高めるためにはさらに高度な相互依存関係が必要となる。一方、個々のメンバーに同レベルの技術やプレイ法が必要となるクリケットや野球、ゴルフのチームメンバーは「共同作用型」と考えられ、個々のメンバーのパフォーマンスの合計がチームの成功を決めることになる。この違いが不明確だったため、これまでビジネスチームやそのリーダーに対しても、次の質問がされることはほとんどなかった。

「あなたたちはどんなチームですか？」「どういうチームになりたいですか？」「あなたたち自身や利害関係者、顧客に最高に役立つチームとはどういうチームだと思いますか？」

〈ジョナサン・ネイマー、「Personal Communication」〈未邦訳〉〉

チームコーチングへの関心の高まりは、個人コーチングやリーダーシップ開発という手法の限界に気づいたから生じたものと言えよう。それらは強力な個人リーダーを生み出す手助けにはなったが、まとまりのない機能不全のリーダーチームも生み出してしまったのだ。実際、私たちも多種多様な業種で仕事をするうちに、トップチームにおける集団的リーダーシップの欠如に対する不満が高まっていること、リーダーチームの効果的な育成に対する要望が高まっていることに気づくようになった。

これらの傾向が高まり、経営リーダーチームのためのチームコーチングを希望する企業が急増するようになった。しかし、今現在、それらは次のようなバラバラな形で実施されている。

・各チームメンバーに個人コーチングを行い、その一環としてチームのためのコーチングセッションも行う。
・リーダーチームのためのイベントを社外で数回行う。
・チームコーチが、そのチームのすべて（または数回）の定例会議にプロセス・コンサルタントとして関わる。
・上記の手法ををミックスして行う。

チームコーチングに関する限定的な前提

こうした混乱の一因は、チームやチームコーチにまつわる根深くて限定的な前提にもある。私はスミスとの共著書[注13]において、チームコーチングがしかるべき注目を浴びず、今現在、個人

注13 Coaching, Mentoring and Organizational Consultancy: Supervision and Development（未邦訳）

コーチングほどの発展を遂げていない理由を探求した。その結果、チームで仕事をする方法についていて救いがたいほどの前提があるということが分かった。図4－1は、私たちが仕事をするうえで、チームメンバーとチームコーチの両者に見られた限界のある思い込みをまとめたものだ。チームコーチングという分野の発展・成熟のためには、この表で示したような具体的な回答が不可欠だと考えた。

この種の限定的な前提が一般化したのは、経営幹部チームコーチングに理論面での発展が欠如していたからであろう。二〇一〇年、本書を執筆しているこの時点で「個人コーチやOD（組織開発）コーチ、スポーツコーチのトレーニング」と「チームコーチング」の違いは明確化されていない。今までのチームコーチングは、いくつかの分野でトレーニングを積んだ人たちが、それらのアプローチを組み合わせた独自の手法で実施される傾向にあった。これにより、チームコーチングというサービスを提供する側にも購入する側にも混乱が生じ、その解釈に関して大きな不一致が生まれてしまったのだ。

チームコーチングの定義

チームコーチングの発展にともなって、専門用語の明確な定義が必要となっている。それにより、サービスの購入者もどんな種類のコーチングが可能なのか、自分たちが必要としているコーチングはどのタイプなのかをよりはっきりと理解できるからだ（チームコーチの探し方や選び方、共同作業の仕方、外部のコーチを使うべき場合と内部のコーチを使うべき場合などに

図4－1　チームコーチングにまつわる思い込み

限界のある思い込み	回答
チームコーチングを行う必要があるのは、チームの立ち上げ時期だけだ。	最高のチームは、解散するまで学習と開発を継続する。
チームコーチングを行う必要があるのは、事態が困難になったときだけだ。	それではもう手遅れだ（もし、あなたが離婚裁判の場にいたとしても「事態が困難になったときに対処を考えればいい」と言えるだろうか？）。
チームのパフォーマンスは、チームメンバーのパフォーマンスの合計によって決まる。	チームのパフォーマンスは、各メンバーの合計以上にも以下にもなり得る。大切なのは、チームの付加価値に焦点を当てることだ。
チームコーチングとは、チームメンバーが良好な人間関係を築けるよう支援する手法である。	チームコーチングはメンバー同士だけではなく、チームがあらゆる利害関係者と関わり、より大きな組織のミッションと一致できるよう支援する手法である。
チームコーチングとは、チームがよりよい会議をもてるようにすることである。	チームの成果が出るのは、チーム（またはその一部）が集団的タスクに従事し、チームにとっての利害関係者と関与したときだ。チームの会議は訓練の場であり、成果と直接の関係はない。
チームコーチングは日常を離れた社外でのみ可能なものだ。	チームコーチングは日常を離れた社外でも可能だが、その核となる成長は、互いに熱心に仕事をし、自分たちの利害関係者たちと関わったときに生じる。
チームコーチングとは、チームメンバーが信頼し合えるよう手助けする手法である。	「人間同士の絶対的な信頼」は実現不可能なゴールだ（作業チームにおいては特に）。「チームメンバーが自らの疑念を明らかにできるくらいに互いを信頼し合えること」のほうが、より有益なゴールとなる。
対立のないチームを生み出す手助けができれば、そのチームコーチングは成功である。	対立が多すぎても少なすぎても、チームのためにはならない。すばらしいチームはより広範囲のシステムの中で、対立するニーズを通じて創造的な仕事ができる。
チームをコーチできるのは、そのチームと共に同じタスクに取り組んでいる者だけだ。	チームとはひとつの事業を共有していることを意味しているが、それはお互いに親密な関係がなく仕事をしているメンバーでは成し遂げることができないものだ。
チームコーチングを行うこと自体に価値がある。	チームコーチングの価値が生まれるのは、それによってチームの仕事の成果が改善され、さらに彼らが仕える組織（またはシステム）の成果に貢献できた場合のみである。

ついては第9章参照)。このセクションでは、チームコーチングの一部と見なされている数多くの手法を取り上げ、その違いを明確にしていきたい。取り上げるのは次の手法だ。

(1)チームメンバーのグループコーチング
(2)チーム開発
(3)チームビルディング
(4)チームファシリテーション
(5)プロセスコンサルタンシー
(6)チームコーチング
(7)リーダーチームコーチング
(8)変革型リーダーチームコーチング
(9)システミック・チームコーチング

では、それぞれを詳しく説明していこう。

(1)チームメンバーのグループコーチング

書籍においても実務においても、「チームコーチング」と「グループコーチング」の混同は非常に多く見られる。グループコーチングとは、グループという状況内での個人コーチングのことであり、その状況において、グループメンバーが一人ずつ交代で「重要なクライアント」となり、それ以外のメンバーたちは「その人物のためのコーチングのリソースの一部」となる。

アクションラーニングもこれと同じで、「グループコーチングのメンバー（通常四〜七人）が一人ずつ交代で自分が現在直面している課題を述べ、話し合いの司会役が一人いて、その他のメンバーがその人物を指導する」という形式が一般的だ。多くの場合、グループコーチングでは「個人」が、アクションラーニングでは「提案された課題」が重視されることになる。ただし、どちらの場合においても、焦点が「自らの仕事の課題に最高の対処ができるよう個人を支援すること」に当てられていることに変わりはない。

グループコーチングはまた、チームという状況でも実施可能だ。個人は同じチームのメンバー全員にコーチされることになる。マンフレッド・ケッツ・ド・ブリースは著書「Leadership group coaching in action」（未邦訳）の中で、卓越したリーダーチームにグループコーチングを用いたすばらしい事例を紹介している。詳細については第12章で詳しく取り上げたい。チームという状況でのグループコーチングは、チームコーチングの準備段階（あるいは要素の一部）として有益な場合もあるが、基本的にはチームコーチングとはまったく異なるものだ。というのも、チームコーチングにおいては「重要なクライアント」はそのチームの個人メンバーというよりは、むしろチーム全体であるからだ。

(2) チーム開発

チーム開発とは、外部からの支援の有無にかかわらず、チームがその能力や可能性を高めるために実施する共同作業プロセスのことを言う。チームが共に働くにつれ、どのように成熟していくかを示す研究やモデルは多い。そういった多くの理論が示しており、また私たち自身の経験からも言えるのは「チームはいくつかの段階を経て成長していく」ということだ。ただし、これらの段階を「あらかじめ定められもの」「決まりきったもの」と見なすべきではない。

　ほとんどのグループは、まず自分たち自身の境界やメンバーシップ、グループのルールや期待に対処することからはじまる。これは、シュッツ[注14]が「仲間性」、タックマンが「形成のステージ」と呼んだ段階だ。チーム開発においては、これらは「契約」の段階で取り組まれることが多い。具体的には、どのようなプロセスを経て、何に焦点を合わせるのか、何を決定し、明確にする必要があるのかを探ることになる。自らの共同プロセスを明確にする時期を過ぎると、チームは互いに調整し合い、新たに集団的に作用しながら、暗黙の基準やルールを作り出す段階を経ることになる。これがタックマンの言う「統一のステージ」だが、多くの場合、チーム内のパワーや権威を試す段階を経てやってくる。これにより、「一番いい仕事をするのは誰か?」「一番結果にこだわるのは誰か?」「最もたくさんの課題を抱えているのは誰か?」「一番洞察力のある、奥深いコメントをするのは誰か?」といった競争状態が生まれる場合もあれば、チームリーダーの権威が問われる場合もある。これは、ビオン[注15]が「闘争-逃走」、シュッツが「権威」、タックマンが「混乱」と呼んだ段階だ。

　これらの段階にうまく対処できた場合に限り、チームは安定することになる。最も生産的な仕事をし、メンバー同士を敬う雰囲気が生まれ、チームリーダーに依存したり競争心を抱いたりすることのない良好な関係が築かれていく。ただし、チームに新メンバーが加わったり、チーム自体が新たな局面を迎えたりした場合、再び「形成、統一、混乱」のステージが出現することになる。

チーム開発は、多種多様な形態での実施が可能だ（野外体験研修、絆を強めるような楽しいイベント、チームの行動の自己分析、作業プロセスの見直し、社外での戦略会議など）。ただし、カッツェンバックとスミス、ワーグマンらの調査によれば、この種のチームの結束力強化およびチームの行事が、チームの業績に好影響を及ぼした実例はほとんど見当たらないことがわかっている。

(3) チームビルディング

チームビルディングは、チーム開発の初期段階においてチーム支援のために用いられるプロセスのことであり、それゆえ「チーム開発のサブカテゴリー」と見なすことができる。これは具体的には、タックマンが「形成」と「統一」と名づけた段階に焦点を合わせた活動のことだ。チームビルディングという名のもとに行われる活動の多くが、チームの結束力強化、チーム理解、メンバー同士のよりよい関係構築に集中している。チームビルディングのセッションの中には、屋外でのチャレンジ教育や社会活動への参加など、メンバーが共に何かに「関与する経験」を積むエクササイズが含まれる場合もある（第6章を参照）。

(4) チームファシリテーション

チームファシリテーションは、ある特定の人物（たち）にチームの促進を依頼し、メンバーがタスクに集中できるようチームプロセスを管理してもらうやり方だ。ファシリテーターは、

注14　ウィリアム・シュッツは対人関係を「仲間性」「統制」「親愛性」の３つの次元でとらえた
注15　ウィルフレッド・ルプレヒト・ビオンは精神分析家

チームにまつわる幅広い領域の援助を求められることになる。たとえば、次のようなものだ。

・ある特別な対立や困難の解決
・チームの機能の仕方や関わり方の見直し
・戦略や計画手順の実現
・社外での会議の実施

これ以外にもさまざまな形のチームファシリテーションが考えられる。だが一般的に、チームファシリテーションは、「チームファシリテーターを招いて特定のプロセスを機能させること」に重点が置かれ、チームの中身やチームパフォーマンスに重点が置かれることはない。

(5) チームプロセスコンサルタンシー

チームプロセスコンサルタンシーはチームファシリテーションの一種である。チームコンサルタントがチームの会議やセッション計画の場に同席し、「どのように」タスクを行うかについてのリフレクションと再検討をチームに促す手法だ。チームコーチングを提供するこのやり方は、エドガー・H・シャインが古典的名著『プロセス・コンサルテーション』（稲葉元吉他〈訳〉、白桃書房）において初めて発展させ、その後ピーター・ブロックが同じく名著「Flawless Consulting」（未邦訳）においてさらに発展させた。この二冊はチームコーチ必読の書だ。どちらも、チームはとかく「タスクや現在の課題は何か」にとらわれがちだが、チームコーチは「どのようにチームの機能や関係を高めるかを熟考するようチームに促すこと」にもっと集中すべきだ、と強調している。

シャインは著書の中で、プロセス・コンサルテーションを次のように定義している。「プロセス・コンサルテーションとは、クライアントとの関係を築くことである。それによって、クライアントは自身の内部や外部環境において生じている出来事のプロセスに気づき、理解し、それに従った行動ができるようになる」。彼はプロセス・コンサルテーションを、その他のコンサルテーションや人間関係を円滑にする手法とはっきり区別し、例として「情報購入型（専門家モデル）」や「医師－患者モデル」との違いを解説している。つまり、プロセス・コンサルタントとは、常にパートナーシップ、援助、共同探求の精神を忘れず、クライアントと共に歩む者のことなのだ。一九八七年の論文でシャインはプロセス・コンサルテーションが最も効果を上げるのは次のような場合だと述べている。

①何かがうまくいっていないにもかかわらず、クライアントが自分の問題が実際には何であるか、あるいはどう対処すべきかがわかっていない場合。
②クライアントが、コンサルタントからどのような種類の援助が与えられるのか、自分を助けてもらうためにどのような種類の援助を求めるべきなのかがわかっていない場合。
③クライアントが、問題が実際には何であるかを知ることだけでなく、診断を下すプロセスにも参加することで恩恵を得られる場合。
④クライアントが「建設的な意思」を持っており、その意思がコンサルタントの建設的な介入による目標や価値によって高められる場合。
⑤その状況で最終的にうまく働くのは何であるかを知っているのが、クライアントだけであ

る場合。

⑥いかにして診断を下し、自分自身の組織の問題を改善するかを、クライアントが自力で学習できる場合。

今日のチームコーチングでは「問題、診断、解決」といった言葉を用いることが少なくなり、「うまくいってないこと」と「すでにうまくいっていること」の焦点のバランスをとるようになっている。とはいえ、プロセス・コンサルタントが用いる多くの手法が、クライアントに寄り添い、彼らが自身の能力を改善するのに有効であることに変わりはない。プロセスコンサルティングにおいては、会議の前にも途中にも後にも、さまざまなフィードバックや質問プロセスが必要となる。またチームがそれまでのプロセスを内省できるような、建設的な介入も必要だ。

(6)チームコーチング

「チームコーチング」という言葉を耳にする機会が増えている。それだけ個人コーチングからチームワークの分野への進出を狙うコーチたちやコーチング業界の成長にあやかりたい、と願うコンサルタントたちが急増している証拠だ。ただし、この言葉が非常に大ざっぱな使われ方をしていることに注意しなければならない。とにかく、コーチングに関するあらゆること（自分のチームを率いるリーダーのコーチング、同じチーム内の複数の個人に対するコーチング、チームビルディング、チームファシリテーション、チームプロセスコンサルタンシー、一度限りの行事やワークショップなど）に用いられているのだ。

最近になってようやく、数人の重要な著述家たちにより、チームコーチングの領域や定義の明確化が行われるようになった。ハックマンとワーグマンは、チームコーチングを「チームのプロセスに取り組むものだ。それはメンバーがチーム全体のリソースを活用して仕事を成し遂げられるよう、チームに直接関わることを意味している」と定義した。このことからもわかるとおり、チームコーチングは、チームメンバー個人だけでなくチーム全体とも関わり、チームをタスクに集中させ、リソースを最大限活用できるように援助することを重視しているのだ。

またハックマンとワーグマンは、チームコーチングの機能をパフォーマンスとプロセスの結合として定義した。彼らは「コーチングがチームに提供する機能は介入である。三つのパフォーマンス・プロセスのそれぞれでプロセスロス[注16]を抑え、プロセスゲイン[注17]を促進する。三つのパフォーマンス・プロセスとは、すなわち人々が取り組む努力（モチベーション）、業務遂行戦略（コンサルテーション）、そして知識とスキルのレベル（教育）を言う」と主張している。

これは、私とスミスによる「スーパービジョン（監督）」の定義――「質（パフォーマンス改善）、開発（教育）、リソース（動機づけ）の三つの機能を管理すること」――に似たものと言えるだろう。

デヴィッド・クラッターバックは、チームコーチングを「リフレクションと対話を通じて、チームがパフォーマンス達成までのプロセスやパフォーマンスそのものを改善できるよう援助すること」と定義している。彼は著書「Coaching the Team at Work」（未邦訳）の中で、チームコーチングにおいてパフォーマンスとプロセスの焦点を結合させる方法を非常にわかりやす

注16　チームメンバー同士の関わりが、チームの戦略やメンバーの才能を台無しにしている状態
注17　チームメンバー同士の関わりが、共同作業のための適切な戦略を生み出し、メンバーの知識とスキルを活発に活用している状態

く示し、チームの継続的学習について詳しく解説している。

ただし、私は彼の本を読み、掘り下げ不足だと感じたことが二点あった。

ひとつめは、彼がチームの学習サイクルの「リフレクション」ステージの重要性のみを強調していた点だ。これに対し、私は、チームコーチングは「リフレクション」だけでなく、チームが「リフレクション、新たな思考、計画、行動、そして再びリフレクション」という学習サイクルをスムーズに繰り返す手助けをしなければならない、と考えている。もっと具体的に言えば、チームコーチは、チームが最近の経験を熟考する支援だけでなく、新たな思考を生み出す（集団的経験の意味を理解するために参照枠を変化させることを含む）支援をする必要もある。さらに、チームが集団的課題に新たな方法で関わり、新しいやり方でリハーサルをするためのチーム戦略や計画の策定を手助けする必要がある。それにより、チームは個人的にも集団的にも新たなコミットメントと共に、再びタスクへ集中できるようになるのだ。

二つめは、クラッターバックの定義に、より広範囲に及ぶシステミックな状況で、チームが数多くの利害関係者たちとどう関わるかが含まれていない点だ。チームコーチングの多くの解釈に見られるように、彼の定義もまた「インサイド・アウト」からの焦点（「チームの関係が良好ならば、タスクもよりよくこなせるようになる」）に傾きがちである。これに対し、私は、チームコーチは「アウトサイド・イン」からの視点でチームを支援する必要もあると考えている。なお、これは本書全体の大きなテーマでもある。

私はスミスとの共著書において、チームコーチングを「自らのミッションを明確にし、内外

図4－2　チームコーチングの一連のつながり

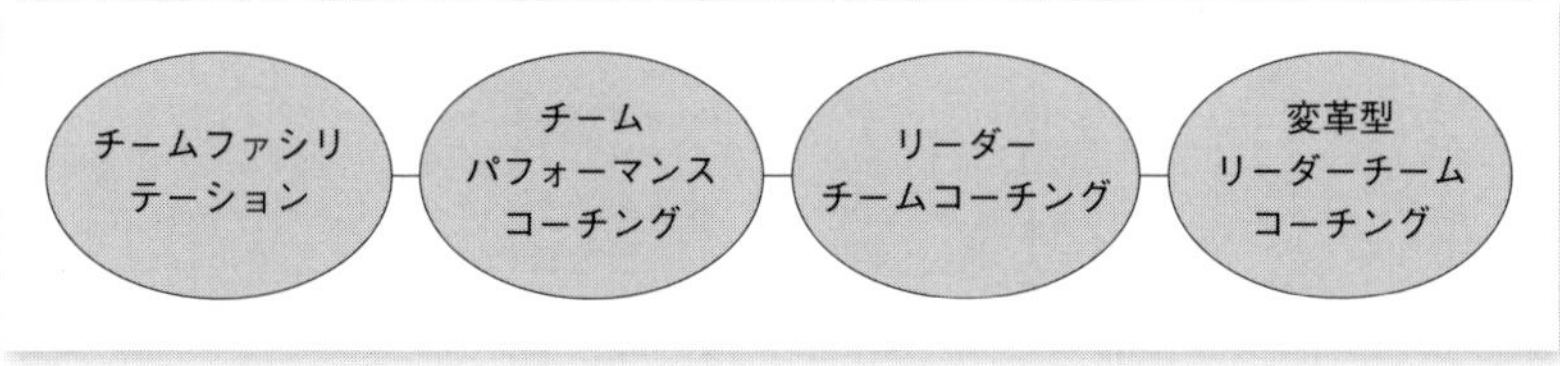

における関係を改善することで、チームに個々のメンバーの合計以上に機能できるような力を与えること。チームリーダーに自分のチームをどのようにリードするのかをコーチングすることとも、グループ内の各人をコーチングすることとも異なる」と定義した。この定義において、私たちは、チームがその目的と内外における関係性に注目することの大切さを強調しようとした。というのも、この点に対する注目がいまだに不十分だと感じているからだ。さらにこの本において、私たちは、コーチングにおける「スキル――パフォーマンス――ディベロップメント（発達）――トランスフォーメーショナル（変容）」という一連のつながりを示し、それ以来「トランスフォーメーショナルコーチング」という概念を発展させてきた。同様に、チームコーチングの一連のつながりを提案したいと思う。

図4－2を見てほしい。私は、チームコーチングにはこの一連のつながりがあると考える。すなわち、チームコーチがチームのプロセスには責任を取るがパフォーマンス改善には責任を取らない「チームファシリテーション」、コーチがチームのプロセスとパフォーマンス改善の両方に焦点を当てる「チームパフォーマンスコーチング」、そして「リーダーチームコーチング」と「変革型リーダーチームコーチング」の四つは連

続体なのだ。

(7) リーダーチームコーチング

リーダーチームコーチングは経営リーダーチームだけでなく、いかなるチームにも適用できるチームコーチングだ。この手法では、チームが直属する者たちに対していかに集団的なリーダーシップを発揮するか、さらにチームが自分たちの主要な利害関係者グループにどのように影響を及ぼすかに焦点が合わせられる。

第2章では主に組織の経営リーダーチームを中心に話を進めたが、リーダーシップとは、いかなるレベルにも存在しなければならないものだ。目の前にあるタスクだけでなく、多数の利害関係者グループとどう関わり、チームの成果と利害関係者たちの成果の両方でパフォーマンスの改善を共同創造することに焦点を当てるとき、チームはリーダーチームになるのだ。

(8) 変革型リーダーチームコーチング

変革型リーダーチームコーチングは、いかなるレベルであれ、リーダーシップをとるあらゆるチーム向けのチームコーチングだ。この手法では、チームが「自分たちのビジネスをどのように運営したいか」だけでなく、「そのビジネスを今後どのように変化させたいか」にも焦点が合わせられる。近年では、組織のいかなるレベルのリーダーチームも、この二つに焦点を合わせる必要が高まりつつある。あるCEOは、これを「荒れ狂う海で船の舵取りをしながら、同時にその船の修理を行わなければいけない状態」だと表現した。それゆえ、コーチには二重焦点の視点が必要になってくる。そういう視点に立つことで、現在のパフォーマンスに関してチームをコーチングすると同時にチームの変容をどのように生み出すかのコーチングも可能になる。第6章では、この二重焦点のコーチングの例を紹介しよう。

(9) システミック・チームコーチング

チームはメンバー同士で会うだけでなく、さらに外へ出て、自分たちに違いをもたらしてくれるすべての重要な利害関係者と関与する必要がある。この「利害関係者」には社員だけではなく、その企業の顧客やクライアント、パートナー組織やサプライヤー、投資家や納税者、監督機関、そしてその企業が機能している地域社会や環境も含まれる。チームおよびその状況にまつわるこれらの集団的でシステミックな側面こそ、チームの業績を高めもすれば、低めもするものなのだ。そのうえ、チームは自分たちの直接の利害関係者たちを超え、その先の利害関係者たちにも焦点を合わせる必要がある。偉大なリーダーが他者に対してリーダーシップを発揮できるように、偉大なリーダーチームは、自分たちの利害関係システム全体に対してリーダーシップを発揮できるのだ。

私はこれまで次のようなプロセスを通じて、幅広いチームコーチング手法を徐々に改良していった。

・数カ国のチームコーチたちに、最近の成功事例についての調査を実施した。
・実際の仕事を通じて、クライアントからうまく機能したもの、機能しなかったものは何かをフィードバックしてもらい、チームに働きかける手法を少しずつ改良していった。

・バス・コンサルタンシー・グループやチームコーチングのワークショップにおいて、同僚たちと非常に有益な対話を重ねた。

私がこの手法に「システミック・チームコーチング」と名づけたのは、これが二つの意味においてシステミックであるからだ。まず、焦点が主として集合体としてのチームやその目的、パフォーマンス、プロセスに合わせられ、チーム内の個人やその人間関係の発展は二次的なものと見なされているからだ。次に、システミックな状況におけるチームに焦点が当てられるということだ。その状況でチームは彼らの利害関係者に関わりながら協力して働いているのだ。私は、このプロセスを次のように定義した。

システミック・チームコーチングは、チームメンバーが一緒のときも離れているときも、チームコーチがチーム全体に働きかけるプロセスのことである。チームコーチングはそうすることで、彼らの集団的パフォーマンスと共同作業のやり方を改善する手助けをし、同時に彼らが集団的リーダーシップを発展させ、すべての主要な利害関係者グループに効果的に関わり、共により幅広いビジネスを変容させる支援ができる。

この定義をよく見ると、次のいくつかの重要な要素が浮かび上がってくる。

・「チーム全体に」：チームコーチングはチームメンバー数人に対するコーチングとも、チームリーダー個人にチームの指揮法を教えるコーチングとも違う。
・「チームメンバーが一緒のときも離れているときも」：中には、メンバーが一緒にいるときのみがチームであるかのように考え、行動するチームもある。しかし、メンバーがそのチームの代理として活動している場合、たとえ会議と会議の間であってもチームは機能しているものなのだ。このことに関して、私は次のたとえを使うことがある。「チーム会議とは、サッカーチームが試合に備えて練習を積むトレーニング場のようなものだ。ゆえに、チームにとっての試合は〝チームメンバーがそれぞれの役割を担い、チームを代表して表に出るための場〟ということになる」

・「彼らの集団的パフォーマンスと共同作業のやり方を改善する手助けをし」：クラッターバックやワーグマンらが指摘しているとおり、チームコーチングはプロセス改善の手助けだけでなく、チームの集団的パフォーマンスにも影響を及ぼすものでもある。

・「彼らが集団的リーダーシップを発展させ」：「チーム会議に出席しているときだけ、自分はチームのメンバーである」といまだに考えている経営幹部はたくさんいる。だが前章で示したとおり、高度なパフォーマンスを上げるリーダーチームは、チームとして共に過ごす時間をその集団的能力の育成のために活用することで、残りの時間はビジネスのあらゆる側面を調和のとれたやり方でリードし、その企業のビジョンやミッション、戦略、コアバリューと一致するような経営の統合や変容を生み出すものなのだ。

・「すべての主要な利害関係者グループにより効果的に関わり」：集団的リーダーシップとは、単に企業内での経営や変容を意味するだけでなく、そのリーダーチームがさまざまな利害関係者と調和がとれ、一致団結した変革型の手法で関わることをも意味する。これらの利害関係者には、顧客、サプライヤー、パートナー組織、社員、投資家、監督機関、経営陣、さらにその組織が機能している地域社会が含まれる。

・「共に幅広いビジネスを変容させる」：第1章で述べたとおり、ただ変化する状況に反応したり、指揮責任を託された集団をリードしたりするだけのチームはもはや十分とは言えない。チームはさらに影響力を高め、これまでより大きくシステミックな状況において、より広範囲のビジネスに影響を及ぼすことに責任を負う必要がある。これを実現するために、彼らは「他者（社員、顧客、サプライヤー、投資家など）に対してリーダーシップを発揮するためにはどうすればいいのだろう？」と考えなければならない。

チームコーチングの広がり

ここまで見てきたさまざまな種類の手法は、あらゆるチームコーチングに役立つものだ。後に紹介したコーチング手法ほど、その前に紹介したコーチング手法を含むことになる。たとえば「チームコーチング」は「チームビルディング」「チームファシリテーション」という要素を含んでいる。また「システミック・チームコーチング」は「リーダーチームコーチング」と「変革型リーダーチームコーチング」を含んでいる。まるで、より大きな人形の中により小さな人形が入っているロシア人形のマトリョーシカのようだ。

一連のつながりがあるとはいえ、それぞれの手法の性質や形式を明確にすることが大切である。そうすれば、チームとコーチとの間で期待されていることを明らかにして契約できる。後述するが、チームは自分たちに何が一番求められているかを、必ずしもハッキリと理解しているわけではない。それに、これまで経験したことがないために、自分たちが必要としているチームコーチング手法がわからない場合もある。そういうときこそ、この章の明確な区別が大きな助けとなるのだ。

誰がチームコーチングを行うか

個人コーチングは、大企業において急速に普及しつつある。その手法には次のようなものが含まれる。

・正式なコーチング教育の有無に関わらず、ライン管理者が自分のスタッフをコーチングする。
・さまざまな分野のコーチング教育を経験し、スーパービジョンも受けている社内コーチが、他の部署や部門の個人に毎週数時間ほどコーチングする。
・社外からコーチが迎えられ、経営幹部や有望な社員に特別なコーチングをする。

これと同じパターンが、チームコーチングにおいても徐々に発展しつつある。ワーグマンらの調査によれば、最高経営責任者や経営リーダーたちは、リーダーチームのコーチングの重要性に気づきはじめているという。今後、彼らが自分の個人コーチを、自身が率いるチームの指導役に登用することが増えていくであろう。いまやチームの構築とコーチングは、経営リーダーチーム開発プログラムの一環として定着し、重要なテーマと見なされているのだ。

すでに数社の企業は、チームコーチングの教育を受けた人々（多くは人材担当）や社内学習

図４－３　拡張したチームコーチングの一連のつながり

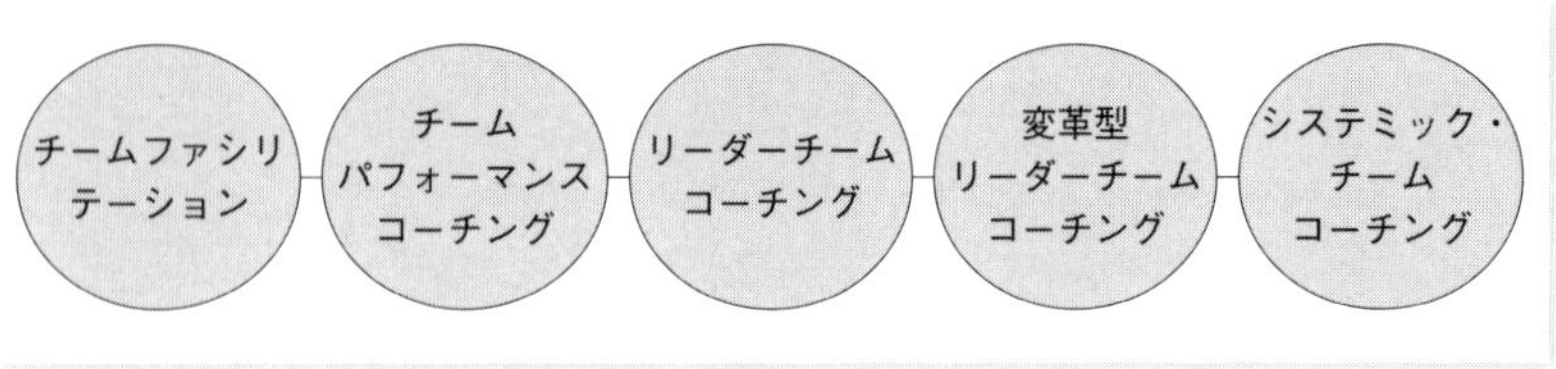

開発コンサルタントによる熟練したグループを作り、必要に応じてすぐにチームとして機能できるようにしている。この種の企業は、経営リーダーチームのコーチングのために社外コーチと契約を結んでいる場合が多い。その一方、社外のさまざまなサービスを使い、多種多様なチームコーチングを受けている企業もある。私の願いは、この本がすべてのチームやチームリーダー、チームコーチのために、さらに〝チームコーチング〟というサービス購入を検討している企業のために役立つことだ。前者にとっては「自分たちは何を提供し実施できるのか」、後者にとっては「自分たちは何を必要としているのか」を明らかにする一助になれば幸いである。

結論

この章で扱ったのは次の点である。

・チームコーチング誕生の一因となった、これまでの流れについて。
・現在行われている、チーム開発のためのさまざまな活動（チームコーチングを含む）とその定義について。
・チームコーチングの種類について。
・システミック・チームコーチングおよびその定義について。

次章では「チームコーチングプロセスの基本段階」と「チームとコーチの間の関係」について説明したうえで、第6章では「システミック・チームコーチングの特徴」と「五つの基本原則を活かしたコーチング法」について解説する。

第5章 チームコーチングのプロセス

「経営リーダーチームは他のチームと同じく、共同作業をよりよく行う方法について、専門家の助言を必要とする。しかし、経営リーダーチームのコーチングは、概して最前線のチームのコーチングよりも難しい。意気盛んで独立独歩型のサラブレッドたちは自分のやり方が正しいと確信しており、たとえリーダーによる軌道修正であってもそれに応じないことが多いからだ」

——ワーグマンら

「時間を経て作られた人間関係を通して、変化はもっとも支えられるということを私たちは知っている。だからこそ私たちはコーチなのだ」

——クリスティーン・ソーントン

イントロダクション

ワーグマンらは一二〇を越すリーダーチームの調査において、「リーダーやその他のチームコーチの教育的介入を受けることなく、自分たちの成功や失敗を解析し、そこから学ぶことができるチームはほとんどないこと」を発見した。さらに、高業績を上げるチームは「平均的なチームや劣ったチームに比べ、リーダーによるコーチングもメンバー同士のコーチングも目立って多い」ことにも気づいた。それでもなお冒頭の引用が示すように、チームをコーチングするプロセスは、困難とリスクを伴うものだ。コーチがチームのリーダーであれ社外コーチであれ、このことに変わりはない。

この章では、チームコーチが最初に明らかにすべきなのは「自分の果たす役割」と「コーチングを受けるチームとメンバーの間の関係のステージ」の二つである、ということを解説する。ちなみに、この関係の段階は「CID－CLEAR」というチームコーチングプロセスのモデルで表される。これらのステージは、チームコーチが社外の人の場合にも、社内教育を受けた人の場合にも、あるいはコーチングの役割を任されたチームリーダーやメンバーの場合にも適用可能なものだ。このモデルをよりよく理解してもらうために、まずはチームコーチが社外の人の場合の説明からはじめ、社内コーチとの違いは何かを解説しよう。あとに続く章ではこのアプローチをさらに拡大し、「五つの基本原則」（第3章参照）に沿ったチームコーチングとはどのようなものかを示したうえで、システミック・チームコーチがチームの学習や取り組みをいかに拡大していくかについて述べたい。

チームコーチの役割

チームコーチの目的は、チームのパフォーマンスや機能、健全性、関与、開発を改善できるよう援助することである（第4章参照）。チームコーチは「チーム会議と社外ワークショップ」および「チームにとって重要な利害関係者との関与」の両方においてチームと共に働くことで、これを実行する。そのためにチームコーチはチームに対して、次のような幅広い手段を用いることになる。

- 診断用ツール
- 観察とフィードバック
- プロセス介入
- チームがある特定の分野を探求し、新たな方法で運営され、取り組めるようにするための促進的な介入
- 的を射た質問
- パフォーマンスに関する挑戦
- ロールモデル行動
- メカニズムの見直し

ただし、チームコーチに以下の役割はない。これは重要なポイントだ。

- チームのリーダーシップをとる。
- チームにビジネスのやり方を教える。
- チームの一部となる。
- チームの内部抗争のどちらか一方の側につく。
- チームメンバーに溶け込む。

C－D－CLEAR関係プロセス

「CLEARモデル」は一九七八年にスーパービジョン（監督）モデルとして初めて開発され、一九八〇年代には個人コーチングモデルとして開発され、かなり後になってからチームコーチングにも適用されるようになった。これは、あらゆるコーチング関係における次の五つのステージを表したものだ。

Contracting（契約）
Listening（傾聴）
Exploring（探求）
Action（行動）
Review（見直し）

私たちは何年もかけて実践を繰り返すうちに、このモデルをチームコーチングに適用するためには、次の「序章段階」が必要だということに気づいた。

・チームの窓口担当者とチームリーダー、さらにチームのスポンサーと共に予備協議を行う段階。
・チームの現在の機能やチームが切望すること、コーチングの必要性などに関して調査を実施する段階。

・チームと共に、チームの現在の状態や開発目標、またコーチングという旅の可能性などに関して診断をする段階。

この結果、開発されたのが次の「CID－CLEARモデル」だ。

Contracting 1（契約1）
Inquiry（調査）
Diagnosis（診断）
Contracting 2（契約2）
Listening（傾聴）
Exploring（探求）
Action（行動）
Review（見直し）

個人コーチングにおいてそうであるように、この流れは決して直線的なものではない。「傾聴」の段階のあとに「契約」の段階に逆戻りする場合もあれば、「探求」と「行動」の段階を何度も繰り返す場合もある。また「見直し」の段階と同時に再び「契約」の段階が生じるときも多い。では、各段階を詳しく見ていこう。

【契約1：チーム立ち上げ段階での予備協議】

多くの場合、チームコーチはチームリーダーやチームのスポンサー、チームの窓口担当者、あるいはその他の個人に呼び出され、チーム開発の支援要請の主旨を説明されることになる。まさにこの初期段階の話し合いから仕事ははじまっているのだ。とはいえ、このチームメンバーとの初期の話し合いを「チーム全体との完全契約プロセス」と混同しないことが大切だ。チームコーチにとって、この段階で役立つのは次の質問である。

・なぜ、あなたたちは今、チーム開発の手助けを求めているのか？　そう考えるようになった経緯を聞かせてほしい。
・なぜ、私（私たち）にチームコーチングを要請するのか？　他にも誰かに声をかけているのか？
・私（私たち）にチームコーチングを要請するのは誰のアイデアか？　関係者全員がそのアイデアに同意しているか？
・あなたたちは前にチーム開発を手助けしたことがあるか？　そのとき「うまくいった」と思うのはどんなことで、「もっとうまくできたかもしれない」と思うのはどんなことか？
・あなたたちはチームコーチングをどのように理解しているか？
・このチームにおいてタブーな話題は何か？
・チームやチームメンバー、チームの利害関係者にとってこのチーム開発が成功したことを、あなたたちはどうやって知るか？

【調査】

調査段階の形式はさまざまなものが考えられるが、基本的に、この「調査」とは、チームやそのパフォーマンス、機能、ダイナミクス（チームメンバーと彼らの人間関係、チームと彼らの任命者および利害関係者との関係）に関するデータと印象を収集することだ。この段階において、チームコーチは次の活動をひとつ以上実施することになる。

・チームの各メンバーに対し、設問式インタビュー（事前に大まかな質問事項を決めておき、回答者の答えによってさらに詳細を尋ねていく調査法）を行う。
・チームについて、またチームが必要としているものに関する質問表を各メンバーに渡す。
・チームが関わる主要な利害関係者全員に、チームにまつわる「三六〇度フィードバック」実施のためのツールを送る。
・最も重要な利害関係者数人とさらなる対話を持つ。たとえば経営リーダーチームと仕事をする場合、私なら取締役会にもインタビューをすると同時に、そのチームの監督下にある人々からもフィードバックを集めるだろう。

設問式インタビューには以下のような機能がある。そのため、実施時にはこれらのバランスに気を配ることが大切だ。
・チームメンバー各人との人間関係および同盟関係を構築する：インタビュー実施により、チームメンバーは「自分の意見を十分聞いてもらった」と感じるようになる。同時に、あなたも彼らの現実を理解し、彼らからチームコーチとしての信頼を得ることができる。

・チームの質に関する比較可能なデータを集める：このためには、インタビューのたびに同じ具体的な質問をする必要がある。

・チームにまつわる予期せぬ緊急課題やデータを明らかにする。

・チームメンバー各人に、あなたがなぜチームコーチとして招かれ、どのように仕事をするつもりなのかをよりよく理解してもらう。

インタビューをはじめる際には、そのインタビューの目的および境界を述べ、これが両者（チームコーチとメンバー）にとって価値がある、と同意してもらう必要がある。私は常に「特定の個人に関するいかなるデータも明かさないこと」と「ひとつ以上の情報源から得られた、チーム全体に関する集団的なテーマ、パターンや問題は皆で共有するつもりであること」を事前に説明するようにしている。すべてのコーチング関係においてそうであるように、この初期段階のインタビューにもCLEARモデルが適用される。つまり、コーチは「契約」を交わした以上、メンバーの話を「傾聴」し、何が現われるかを「探求」し、インタビュー後にメンバーとコーチ両者がどのような「行動」をとるかに合意し、最終的にそのプロセスを「見直す」ことになる。コーチングの序章段階とはいえ、これは非常に意義深いプロセスであると同時に、実際のコーチングのはじまりでもあるのだ。

メンバー個人へのインタビューは例外なく、しっかりとした人間関係の基盤を生み出す。その基盤があればこそ、チームコーチはチームとコーチング関係を築き、チームに直接投資をすることが可能になるのだ。なお、チームコーチングがはじまった後に新メンバーがチームに加わった場合、その人物にも他のメンバーと同じようにインタビューを実施する必要がある。

この段階で、チームコーチが用いる質問表には以下のものが含まれる。

・「あなたたちはどんなチームか?」に関する質問表（第4章参照）
・バス・コンサルタンシー・グループの「高業績を上げるチームの質問表」（第12章参照）。

この質問表は、各チームメンバーに一八のチーム機能（現在のパフォーマンスおよび成功するために必要な変化について）を五点満点で評価するよう求めるものだ。

・五つの基本原則にまつわる自己採点質問表（第6章参照）
・ディスクリプタ分析（第12章参照）を含む、チームに関する三六〇度フィードバック
・ベルビンのチーム役割分析（第12章参照）
・チームのMBTI性格分析質問表（第12章参照）

この段階で、チームメンバーに過重な負担をかけるのは間違いだ。まだ知り合ったばかりだというのに、あまりにたくさんの質問ツールを使いすぎてはいけない。はじめにチームのニーズに関する建設的な会話を行い、そこから得られた情報をもとに質問ツールを厳選するのが望ましい。他の診断ツールはこのあとのプロセスで必要が生じたときに使用すればよい。

チームコーチとしてのこの段階での目標は、チームに関する十分なデータ（チームと契約をし、共に診断を下し、その診断を元に「コーチングの旅」のデザインを共創できるくらい十分なデータ）を得ることだ。どの質問表を用いるべきかについては、図5-1を参照してほしい。

チーム機能に関するデータと同時に、チームのパフォーマンスに関する正確なデータの収集

図5－1　メンバーへの質問表

質問表	いつ使うべきか
「あなたたちはどんなチームか？」に関する質問表	チームになることにコミットすべきか、ワークグループのままであり続けるか、チームが決めかねている場合
バス・コンサルタンシー・グループの「高業績を上げるチームの質問表」	チームがさらなる探求を切望するリアルチームであり、高度なパフォーマンスを発揮するようになるためのコーチングを必要としている場合
五つの基本原則にまつわる自己採点質問表	どの領域に焦点を合わせたコーチングを必要としているのか、チームがわかっていない場合
ディスクリプタ分析を含む、チームに関する三六〇度フィードバック	自分たちが任命者や利害関係者たちからどう見られているかという、チームに関する属性データが不足している場合
ベルビンのチーム役割分析	チームがうまく機能していない、または内的リソースを活用しきれていないことが明らかな場合
チームのMBTI性格分析質問表	「このメンバーで関わったり、コミュニケーションをとったり、共同作業をするのは難しい」とチームメンバーが自覚しており、チーム内に高レベルの誤解が生じている場合

も必要だ。この種のデータはすでに存在していることが多く、それらはチームコーチも入手可能なものだ。たとえば次のようなものが挙げられる。

・チームのバランススコアカードと、各目標に対する彼らのパフォーマンスの度合い
・チームが掲げている重要な結果目標と現在の進行状況
・顧客、サプライヤー、パートナーおよび（または）投資家からのフィードバック
・このチームがどう見られているかを示す社員

の意識調査（チームが彼らに与えた価値は何か、彼らはそのチームにどう変わってほしいと考えているか）
・チームに関する、前回の三六〇度フィードバック

【診断およびデザイン】

三つの情報源（パフォーマンスデータ・質問表・インタビュー）から得られたデータは、分類・分析をする必要がある。これはチームに関する決定的な結論を下すためではなく、チームコーチングへの焦点を含む新たな仮説を発展させるためだ。

「適度な精鋭チーム」から「高業績を上げるチーム」への旅に出るために、この分析を実行する場合、私たちは「高業績チームの五つの基本原則」を用い、そのチームがよく機能している領域はどこか、反対に課題を抱えている領域はどこかをマッピングする。こうすることで、五つの原則のうち、どの順番でチームコーチングを実施するかを決める手助けになる。ただし、もし機能不全に陥ったり危機的状況にあるチームのコーチングに招かれたりした場合は、これとは異なるフレームを活用すべきだろう。このような状況は、そのチームが基本原則(3)に対処する必要があることを示している。ゆえに、その他の基本原則よりもまず先に、どのようにチームが共創し、一致協力するかに取り組まねばならない。

パトリック・レンシオーニは著書『あなたのチームは、機能してますか?』（伊豆原弓〈訳〉翔泳社）において、「架空のリーダーチームが新たに女性のCEOを迎えてどう変わったか」を

図5－2　チームの五つの機能不全

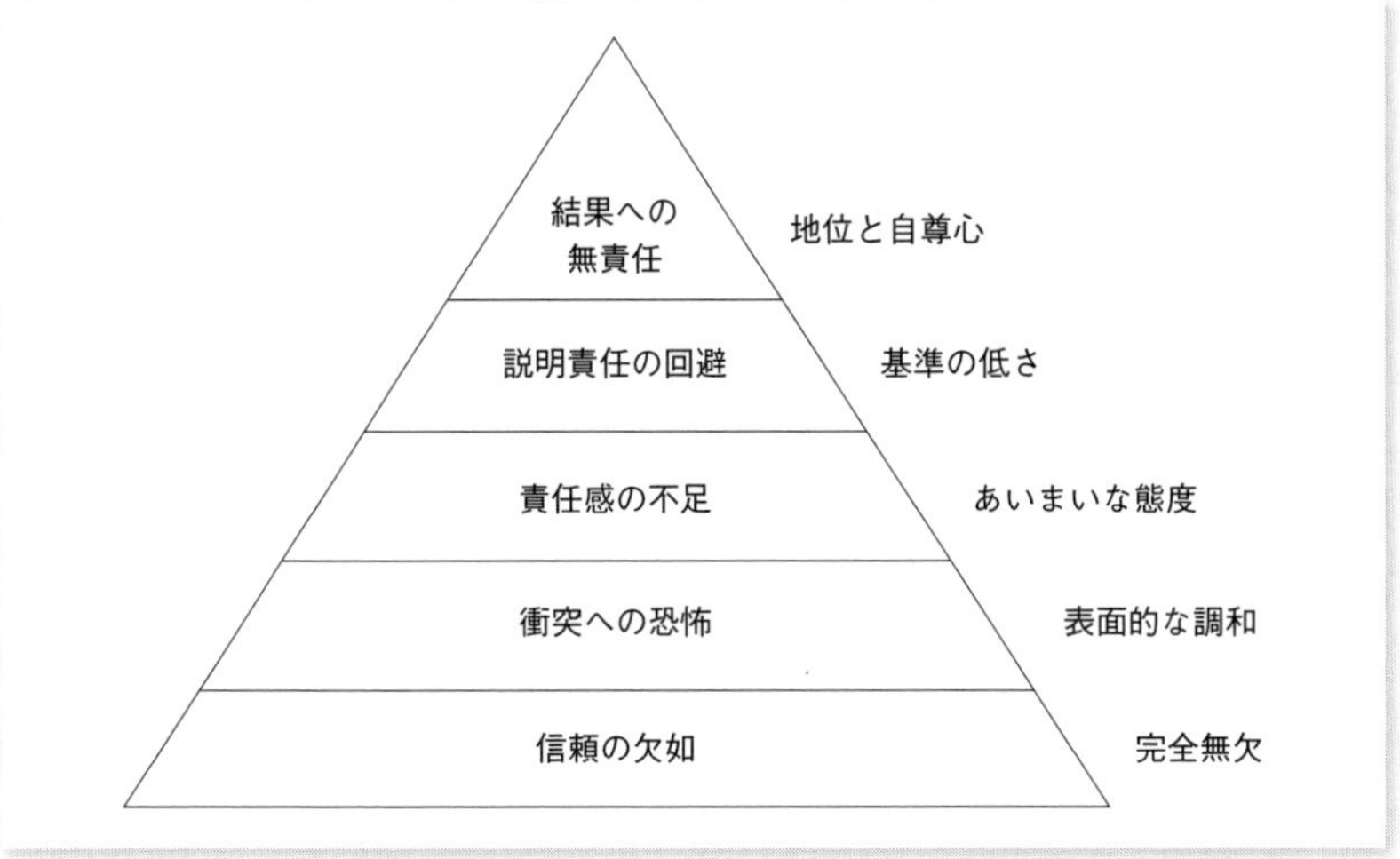

出典：パトリック・レンシオーニ『あなたのチームは、機能してますか？』（伊豆原弓〈訳〉、翔泳社）

わかりやすく描いた。その中で、彼は常に注意を払うべき「チームの五つの機能不全」というシンプルなピラミッド型モデル（図5－2）を用いている。ピラミッドの内側がその機能不全を示す「一般的なサイン」であり、外側が「各機能不全の原因」だ。なお、レンシオーニは同著において、チームがこれらの機能不全を発見して対処するために役立つ質問表も示している。

ペトリューシュカ・クラークソンは、このような機能不全のチームは「危機、混乱、衝突、あるいは欠陥の状態にあるために助けを求めることが多い」と指摘し、「これらの状態はコンサルタントから〝無条件反射的な反応〟か〝熟慮の末の有益な反応〟のどちらかを引き出す可能性がある」と述べている（次ページ、図5

－3参照）。

こうして最初に診断をすれば、チームコーチはその結果に基づき、「コーチングの旅」の可能性を描くこともできる。ただし、これは下書き的なスケッチに過ぎないことを肝に銘じてほしい。なぜなら、この旅はチームと一緒に共創すべきものであるからだ。

【契約2：成果およびチーム全体への関与方法にまつわる契約】

初期段階での契約、調査、診断を実行したら、次に来るのは、チーム全体と会議を持ち、チームコーチングの目的やプロセス、プログラムに関して完全な契約を結ぶための段階だ。会議をはじめる際には、チームとチームコーチが、次のような〝初めての会議の目標地点〟を共有するようにするとよい。

・チームの現状に関する見解を一致させる。
・〝コーチングプロセスの最後に自分たちがどのようなチームになっていたいか〟というイメージを一致させる。
・〝コーチングを通じて対処し、集中すべきことは何か〟を決定する。
・〝最も大きな価値を達成するために、自分たちはどのように共に働く必要があるか〟という方法を見極める。
・〝どのようなコーチングの旅にしたいか〟を決める。

すでに調査を行い、初期段階での症状分析を実施していた場合は、ここでその結果をチーム

図5－3　チームに現われる問題

		コンサルタントの 無条件反射的な反応	コンサルタントの 熟慮の末の有益な反応
チームが見せる症状	危機	指導する 気休めで安心させようとする 救おうとする 非現実的なことを請け負う	傾聴する 感情を見極める 危機の原因を調査する 危機の本質を探究する 感情面での現実を知ろうとする
	混乱	混乱に巻き込まれる 混乱を単純にとらえすぎる ひとつの参照枠で受けとめようとする 混乱と戦う 誰かの側につく	行動を控える 問題を明らかにする 役割を明らかにする 任務を明らかにする モデルおよびマップを提供する 選択肢を探る 影響または結果を予測する
	衝突	衝突を病的なものと考える 衝突を怖れる 過小評価する 無視する 誰かの側につく	その経緯を学ぶ 衝突を歓迎し、理解しようとする 衝突に対処するためのモデルを作る 意見の違いを大切にする すべての関係者の正当性を確認する 「衝突の場」と「仲裁人」を提供する
	欠陥	彼らのせいにする 「すでに解決済みの問題」として扱う 症状を解決しようとする 自分好みの解決法を彼らに提案する 教育的解決が必要だと考える	彼らの強みを明らかにする これまでに機能したことを探す 機能しなかったことを見極める 彼らが今いる場所からはじめる 彼らの要求と欲求を明らかにする 役立つ関連情報を提供する

出典：ペトリューシュカ・クラークソン「Change in Organisations」（Whurr Publishers）

全体に伝えるとよいだろう。ただし、その伝え方には十分注意を払わなければならない。望ましいのは、チームコーチのフィードバックをチームが鵜呑みにしたり、拒絶したりすることがないよう、チームを〝共同診断者〟として扱うやり方である。ゆえに、整いすぎて要点がわからないレポートを作り上げて結果を伝えるよりも、相手の好奇心を駆り立てる「かぎ針」や「入口」がいくつもあるような伝え方のほうがよい。この段階での目的は、単に「ありのままを伝えること」だけでなく（もちろん、これも必要だが）、関与および共創のための真のエネルギーを生み出すことにもある。

一番簡単なのは、とりまとめた各データの整理や分類、優先順位付けをチームにやってもらう方法だ。たとえばあなたがチームコーチとして、調査を通じて明らかになった「このチームの業績を高める主な要素」と「低下させる主な要素」のリストを作成していた場合、以下の手順を踏むことになる。

①チームを三人ずつのグループに分かれてもらう。
②各グループに「このチームの業績を高める主な要素」と「低下させる主な要素」のリストのコピーを渡す。
③グループに、それぞれのリストに一つずつ要素を書き加えてもらう。
④各グループ内で、リストの重要な要素に優先順位をつけてもらう。
⑤自分たちのグループのリストを他のグループとも共有する。
⑥チーム全体でリストの重要な要素に優先順位をつけ、最終リストとしてまとめる。

「高業績を上げるチームの質問表」(第12章参照)も、これと似たプロセスで実行可能だ。
①平均的なスコアの領域とスコアにばらつきがある領域をチームに見てもらう。
②メンバーに五枚の星形シールを渡す。
③各メンバーに「チームが集団的技能を向上させ、その切望を達成するために焦点を合わせるべきだ」と思う項目に一個以上シールを貼ってもらう。
④コアの高かった項目をリストアップする。
⑤チームを三つのグループに分け、新たな視点で優先順位の高い領域を探ってもらう。
⑥その領域ですばやく成果を上げるためにチームにどんな行動がとれるか、その領域に対処し進歩を維持するためにチームコーチからどのような援助が必要かを、チーム全体が同意するまで話し合ってもらう。

「チームの現在の状態」と「望ましい違いを生み出すために必要な要素」に関する見解をチーム内で共有・確立できたら、次にコーチがすべきは、チームがコーチングの旅を通じてどんな達成を望んでいるか(特にいかなる成功を望んでいるか)について同意するよう導くことだ。そのためには、一緒に次のような文章を完成させるようチームに促すとよい。

・もし(　)なら、私たち個人にとって、このチームコーチングは成功したと言える。
・もし(　)なら、私たちチームにとって、このチームコーチングは成功したと言える。
・もし(　)なら、私たちの会社にとって、このチームコーチングは成功したと言える。

・もし（　）なら、私たちの（クライアント／顧客／利害関係者）にとって、このチームコーチングは成功したと言える。

このあとコーチがすべきは「その成功達成のために、メンバーとコーチの両者から必要なものは何か」とチームに問うことだ。これにより、「契約2」の重要な領域――チームとコーチの間の関係および共同作業プロセスに関する合意――に足を踏み入れることになる。この合意には次の要素が必要だ。

(a)現実的な要素
(b)境界
(c)倫理
(d)事業提携
(e)より広範囲に及ぶ組織との契約

では、それぞれの要素について解説していこう。

(a)現実的な要素

契約を結ぶときには、現実的な要素を明確に取り決めなければならない。たとえばセッションの時間や頻度、場所、セッションの中断や延期を許可する条件、さらに報酬についても明確にする必要がある。

(b) 境界

チームコーチングの契約には、守秘義務に関する明確な境界が含まれるべきだ。多くのコーチやチームにとって、機密保持は敢えて触れる必要のない語り尽くされたテーマと言えよう。たとえば、チームコーチの中には「この会議で話し合ったことは他言無用」などと、チームメンバーに口頭で伝えたりほのめかしたりする人もいる。だが、それは自ら罠にはまるようなものだ。そんなことを公言しても、コーチング関係の境界を超えて外部と情報を共有せざるを得なくなるような、予期せぬ状況が生じることも十分考えられるからだ。

チームコーチングにおける大きな課題は、チームメンバーの個人コーチングとの線引きをどこにするかだ。私は「チームをコーチングし、なおかつそのうちのメンバー数人もコーチングする」というやり方はあまりに複雑で困難だと考えている。ただし、チーム全員がそのことを知っているならば、「チームとチームリーダーをコーチングする」というやり方は採用してもよいだろう。

この場合、コーチとしてのあなたが、チームリーダーとの会議における境界線を明らかにする必要がある。その会議でチームリーダーに、他のチームメンバーに関する判断や彼らから個人的に教えられた情報を伝えるようなことがあってはならない。いかなる形式のコーチングであっても、「ここで話し合ったことはすべて秘密だ」「ここで話し合ったことはすべて秘密ではない」と言うのは、どちらも不適切なことと言えるだろう。守秘義務に関する境界を明確にしたいなら、コーチは、「コーチング関係の境界を超える必要に迫られた場合にどんな種類の情報が必要となるか」「それはどのような環境か」「それらの情報はどのような方法で伝えられるか」

「その情報を受け取る人は誰か」といったことを明らかにすべきだ。すべての状況を網羅できるわけではないが、そういった一歩踏み込んだ探求により、コーチはチームから「裏切り者」として見られるリスクを軽減できる。もうひとつ有益なのは、チームコーチとしての自分の「スーパービジョン（監督）」の方法とその機能を明らかにするやり方だ。さらに私はこの段階で、チームメンバーと共有したことはすべてプロらしく監督すること、彼らの状況に関する噂話などは一切しないことを請け合うようにしている。

(c) 倫理

プロとしての倫理的な行動基準を明らかにしておくことも重要だ。これについては第10章で詳しく取り上げたい。というのも、私たちは〝倫理〟をチームコーチングの重要な性質のひとつと見なしているからだ。

(d) 事業提携

事業提携の形成は、互いの期待を共有することからはじまる。重要なのは、「チームが最も望むコーチングのスタイルは何か」、また「彼らがコーチングを通じて集中したいと願うのはどの領域なのか」を話し合うことだ。このとき、チームコーチは自分が望ましいと思うチームコーチングのスタイルや、チームに対する自分の期待をはっきりと述べる必要がある。有効なのは、チームに、過去にどんな種類のコーチング（またはその他の形式の援助や開発）を受けたか、うまくいったことといかなかったことは何か、彼らがこの関係でどのような違いを生み出し、より効果的なものにしたいと思っているかを尋ねてみるやり方だ。

優れた事業提携とは、ずらりと並べたルールや同意に基づくものではなく、両者間の信頼や敬意、善意の高まりの上に成り立つものだ。契約により、「両者の関係は今後発展する可能性がある」「この契約を満たすために、いかなる沈滞状態に陥っても判断や防御をすることなく、それを熟考や学習、関係構築のための機会として見なければならない」というフレームが提供されることになる。このことをチームにより明確に伝えるためには、立ち上げの段階で、チームに〝このコーチング関係を失敗させる要因は何か〟〝それにどうやって対処すればよいか〟を考えるよう促すやり方が有効だ。

希望や不安、期待の共有と同じく、チームとの話し合いを通じて、チームコーチングの旅がどう展開するかを探求することも役立つ。この時点で、コーチは最初に自身で考案した「チームコーチングの旅の予想マップ」をチームと共有するとよいだろう。

おすすめなのは、この契約と共同会議によって生じた要素がそのマップにどういう影響を及ぼすか、さらにマップに必要なその他の要素は何かという話し合いにもっていくやり方だ。このプロセスをもっとわかりやすくしたいなら、「旅の予想マップ」を大きな用紙に書き出すとよい。そうすれば、用紙の上にポストイットを貼るなどのやり方で、チームコーチもチームメンバーもどんどん意見をつけ加えられるからだ。

事業提携において役立つこととそうでないことをチームと共に探るためには、チームコーチがプロセスを促進したり、チームの定例会議に出席したり、さまざまな利害関係者たちに関与したりした場合に何が起こるかを話し合うとよいだろう。具体的には、以下のようなことだ。

・いつ、どのようにコーチが介入するか
・会議と会議の間はどのようにコンタクトをとるか。
・チームコーチはチームリーダー、または人事部長と話し合いを持つかどうか。もしそうなら、その結果をチームメンバーと共有し、話し合うか否か。

(e)より広範囲に及ぶ組織との契約

最後になったが、決して軽んじてはいけないのが、より広範囲に及ぶ組織との契約だ。個人向けエグゼクティブコーチング発展の最大の要因は〝三者間契約〟を活用したことにある。つまり、コーチングが個人だけでなく、その組織の学習と開発にも役立っていることを示すために、コーチがコーチングを受ける人だけでなく、その人物が所属する、より広範囲の組織システムの代表者と会うようにしたことだ。チームコーチングではまだ十分に発展していないが、この手法は間違いなく重要なものと言えよう。このやり方をチームコーチングに当てはめた場合、チームコーチは〝チームに関する三六〇度フィードバック〟および(または)〝組織にとって主要な利害関係者たちとのインタビュー〟をまとめ、その結果をチームと共有し、コーチングプロセスにおいて利害関係者たちの期待に確実に応えるにはどうすればよいかをチームに尋ねることになる。

あるいは、チームメンバーに主要な利害関係者たちへのインタビューを行わせ、その利害関係者たちから「チームの現在のパフォーマンスをどう見ているか」「チームにどんな変化・発展を期待しているか」を聞き出して共有するやり方もある。いずれにせよ、この「契約2」の段階において、私たちは「任務を与える」「つなぐ」という基本原則の一環として、主要な利害関係者を契約会議に関与させることになるのだ（詳細は次章参照）。

チームコーチングを成功に導くためだけでなく、チームメンバー同士が円滑に交流する方法を具体的に示すためにも、明確な契約が必要不可欠なのである。

【傾聴】

チーム開発とコーチングにまつわる明確な契約が成立したら、今度は「CLEARモデル」に沿った「傾聴」のステージへと移ることになる。これは、「契約」の段階で明らかになった課題がどこにあるかをじっくりと観察する段階だ。この段階において、コーチはさまざまに異なるレベルからチームの話に耳を傾けることが求められる。大切なのは、別レベルからチームメンバーの話を聞く余裕を持ち、チームワークに関するデータを正確に理解することだ。それができないと、コーチはこの段階で途方に暮れてしまうことになる。なお、私たちは「関与の四つのレベル」（次ページ、図5－4参照）を活用し、チームコーチが次の項目に耳を傾けることを奨励している。

・チーム内で報告されたり話し合われたりしたこと。さらに、それらのこととチームが合意したミッションとの関係（詳細は次章参照）。
・チームの行動パターン。
・メンバーの感情的な表情およびそれに類するサイン（メタファーおよび非言語コミュニケーションに注意を払う）。

図５－４　関与の四つのレベル

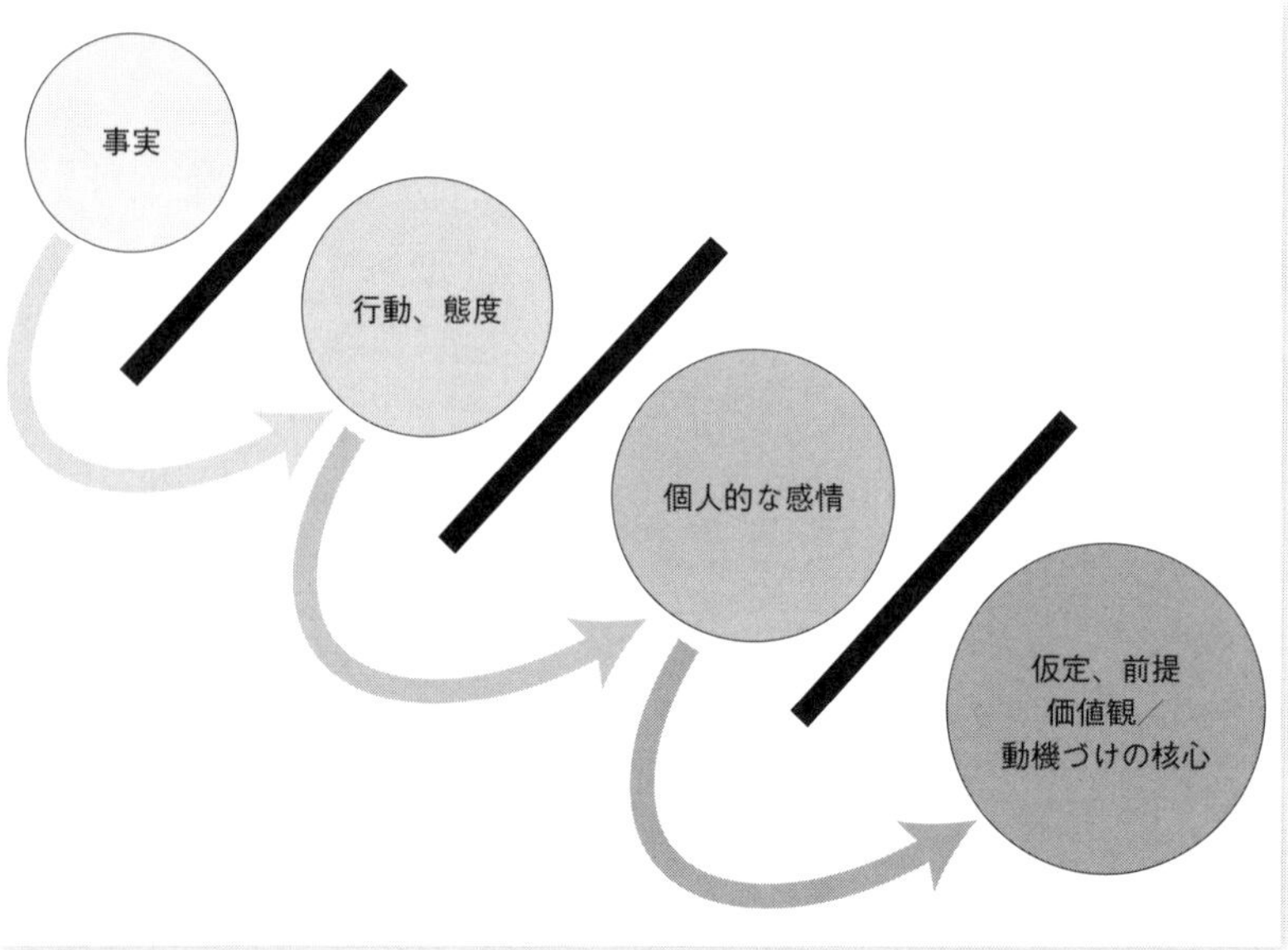

・発言および言い方の根底にある、チームおよびチームメンバーの前提、マインドセット、動機。

この傾聴プロセスは能動的なものでなければならない。この段階でチームコーチに求められるのは、チームが自らの停滞や中断のパターンに気づけるよう援助をすることだ。そのためには、前向きな相互作用を支援し増幅するようなやり方で、チームの言語・非言語両面でのコミュニケーションから聞き取ったカギとなる事柄を、彼らの前で再現する必要がある。

チームコーチはこの段階で、新参者であり部外者であるという特権を活用し、以下のような素朴な質問を意図的に問いかけることもできる。

・あなたたちの会議の目的は何か？
・あなたたちは互いにどんなことを期待しているか？
・この会議があなたたちやあなたたちの利害関係者たちに本物の価値を生み出すことを、あなたたちはどうやって知るか？
・もしこのチームがあなたたちの希望どおりに機能したとすれば、具体的に、今とは違うどんなことが起きると思うか？

【探求および実験】

これは、「調査」「傾聴」を通じて明らかになり、「契約」でチームが探求することに同意した課題を詳しく調べる段階だ。同時に、これはチームが新たな機能方法を実験する段階でもある。なお、次章では「五つの基本原則」のそれぞれを用いた調査的な介入の実例を紹介している。

もしも「診断」「契約」の段階を通じて、チームの基本ミッションが不明確なことが明らかになった場合、私たちはおそらく、まずはそれを明確にするためのワークショップを、次にチームに権限を与える立場の人々との合同会議を開くようチームに提案するだろう。そうすることで両者が互いの期待を明らかにし、自分たちが共通のミッションを負っていることを確認できるからである。これは、基本原則(1)「任務を与える」に焦点を合わせたやり方だ。では、もし組織から明確な任務を委託されているにもかかわらず、チームが自らの目的やゴール、行動計画を明らかにできていない場合、この「探求」の段階でチームコーチはどうすべきだろうか。ここですべきは、チームがそのミッションを、いくつかの目標を掲げた具体的な戦略計画に置き換えられるよう手助けすることだ［基本原則(2)「明らかにする」に焦点を合わせたやり方］。

他にも、チーム内の人間関係やチームダイナミクスに集中する必要があるチームもあれば［基本原則(3)「共創する」］、重要な利害関係者との関係に集中する必要があるチームもあるだろう［基本原則(4)「つながる」］。また基本原則(5)「コアラーニング」の視点から一歩下がって、その他の四つの原則のすべてを評価し、内省し、学習するのに時間を要するチームもある。

【行動】

新たな機能方法を探求・実験したら、次にチームコーチがすべきは、チームが気づきから行動へと移行する手助けをすることだ。「どうすれば彼らはこれまでと異なる行動をし、よりよいパフォーマンスを実現できるだろう?」という視点に立つことが大切である。

ワークショップを通じて、チームは多くの洞察とエネルギーを生み出せる。しかし、実際にそれらに優先順位をつけ、新たな行動や態度で示さなければ、それらは簡単に忘れ去られてしまうだろう。ゆえにこの段階でコーチに求められるのは、チームがすばやく確実に、全力で行動を起こせるようなテーマを生み出すことである。そのために有用なのが「三方向分類エクササイズ」だ。次の手順に従ってほしい。

《三方向分類エクササイズ》

(1)チームコーチは、次のタイトルが書かれた三枚のフリップチャートを用意する。

①私たちが自らの足場とし、しっかり維持しなければいけないものは……

②私たちがやめなければいけないものは……

③私たちがはじめなければいけないものは……

(2)チームを三つのグループに分け、それぞれに大きな用紙を渡し、テーブルにつかせる。各グループに①~③のテーマのどれかを割り当て、そのテーマに関するブレインストーミングを行い、出てきたアイデアを手元の用紙に書き留めるように指示する（このとき、アイデアとアイデアの間に空間をあけるようにしてもらうこと）。五分経ったら、各グループに対し、今アイデアを書き込んだ用紙は残したまま、右隣のテーブルに移るよう指示する。

(3)各グループに、テーブルに残されている用紙（前のグループのアイデアが書き込まれたもの）を読み、それらのアイデアがさらに具体的になるような書き込みをするよう指示する。なお、この段階では、用紙に書き込まれたアイデアを消してはいけない。許されるのはそれらのアイデアに肉付けするさらなる項目の付け足しだけだ（例：前のグループが用紙に「コミュニケーション」と書き残していたら、次のグループは「誰と誰の間の何に関するコミュニケーション？」という質問をつけ加える）。五分経ったら、各チームに対し、再び用紙は残したままで右隣のテーブルに移るよう指示する。

(4) (3)と同じ作業を指示する。ここでもメンバーに許されるのは、これまで用紙に書かれていない項目（すでにある項目よりも具体的な書き込み）をつけ加えることだけだ。五分経ったら、各チームに対し、再び用紙は残したままで右隣のテーブルに移るよう指示する。これで各グループは最初のテーブルに戻ってきたことになる。

(5)各グループに、用紙に追加された項目を読んだうえで、その中でチームにとって重要と思うものから優先順位をつけるよう指示をする。あるいは、チームメンバー全員に五枚の星形シールを渡し、どの用紙でも構わないので、自分たちのチームに必要だと思う項目三つにシールを貼るよう指示をしてもよい（希望があれば、五つの項目にシールを貼るようにしても構わない）。こうして目に見える〝投票〟を行うことで、チームが自らの方向性と優先順位をどう見なしているかが明らかになる。

チーム全体がその方向性と優先順位に関して同意に達したら、次にすべきは、その種の変化を起こすための具体的な行動の決定だ。これはかなりの重労働となる。私たちはしばしば、このプランニングに次の「六つのＰモデル」を取り入れるよう指導している。

①目的（Purpose）：問題解決の成功要素となるもの。成功の評価のために私たちが用いる尺度。

②原則（Principles）：チームのコアバリューを踏まえ、その変化がどう実行される必要があ

るかを文章で記したもの。

③範囲（Parameters）：その変化を生み出すための行動の境界。時間的および人的制限と同じく、対処不可能な事柄。

④プログラム（Programme）：必要とされる活動のタイムテーブル。

⑤人々（People）：チームのためにその問題を引き受け、変化を生じさせる人々。

⑥プロセス（Process）：それらの人々の取り組み方。さらに、彼らとチームの残りの人々との関わり方。

私たちは数々の実践を通じて、チームが新たな行動にコミットするだけでは不十分だということに気づいた。「意図はよくても成功するとは限らない」からである。それゆえ、私たちは〝早送りリハーサル〟という概念を生み出した。これは次の手順で実施される。

・チームコーチとして、まずチームに変化を望む領域における重要な項目をピックアップさせる。

・次に、チームに具体的で、測定可能で、達成可能で、現実的で、期限のある（＝SMART）行動計画を立てるよう促す。

・最後に、チームに「あなたたちはまだこの前段階にいます。さあ、具体的にどうしたらこの変化を起こすことができるでしょう?」と問いかける。これにより、チームはその行動を前もってリハーサルすることになる。

英国の政府部局の行政高官チームと共に働いたとき、チームに最も喜ばれたのは、この〝早送りリハーサル〟だった。そのとき、彼らは〝五つの基本原則の領域すべてに有効な行動をとること〟にコミットしようとしていたのが、私は彼らに「チームにとって今一番問題のある領域を把握し、すぐに新たな行動方法を計画したほうがよい」「あなたたちのゴールは、完璧なやり方でその仕事をやり遂げることじゃない。新たな方法をリハーサルで試して、今すぐに役立つ失敗をすることなのだ」という健全な警告を与えた。すると、彼らはようやく、変化を起こすための具体的な行動を計画しはじめた。それは大変な努力を要する会議だった。私はチームコーチとして、その四〇分間で彼らが一つひとつの行動をリハーサルし終えるたびに会議を中断し、チームメンバーに気づいたことや感じたことを共有するように促した。さらに、リハーサルを通じてうまくいったことは何か、どうすればよりうまくいくかを尋ねるようにした。こうして幾度かの中断を挟むうち、十分なリフレクションが行われ、チームと私は共同でより高度なリハーサルを可能にしていったのだ。

【見直し】

契約、傾聴、診断、探求、新たな行動の計画および実行を済ませたら、チームは「見直し」のプロセスを経る必要がある。すべての学習や変化のサイクルがそうであるように、チームは自らが起こした変化が、チーム文化やより広範囲のシステムのダイナミクスに及ぼすであろう影響を見極め、それに備えなければならない。ワークショップで計画した行動が期待どおりにはいかないときは、失望に備えなければならない。そうやって、絶え間なく変わりつつある自分たちのワークシステムを見直す必要があるのだ。

中には、次のようなさまざまな方法を定例会議に取り入れることで、進歩（または進歩の欠如）の過程を見直すようにしているチームもある。

・会議室にミッション記述書を貼り出し、会議の決定およびプロセスが、自分たちが同意したミッションと一致しているかどうかをチェックする。

・会議時に、チームのバランススコアカードのアップデートを手短に行う。

・チームセッションのたびに、重要で優先順位の高い行動領域に関する見直しを行う。

・〝チーム改善〟という観点から会議の見直しを実施し、各メンバーがチーム会議についてよいと考えていること、次はこうすればもっとよくなると考えていることを共有する。

・チームコーチに、自分たちの定例会議や主なイベントに出席してもらい、その場でコーチングを実施してもらう。

CLEARモデルで個々のイベントを構築する

CLEARモデルの五つの段階は、小規模な会議やワークショップでの指導にも応用できる。たとえばチームリーダーがチーム会議を構築する場合、各段階で次のようなマインドセットが必要となってくるのだ。

・契約：今日私たちは何を達成する必要があるか。今日の時点から見て、成功はどのように見えるか。それを達成するために私たちはどのように協力して働く必要があるか。

・傾聴：さまざまな見方や希望、怖れを包み隠さずすべて話し合おう。チームとして探求の一歩を踏み出す前に、それらをひとつ残らず話し合うようにしよう。

・探求：前進のために必要なあらゆる要素についてブレインストーミングしよう。今日、私たちに実験可能なのはどのようなことだろう。

・行動：私たちがコミットできる行動とは何だろう。その行動はいつ、誰がやるのだろう。その行動をとるためにはどんな支援が必要だろう。どうすれば、今日この会議からその行動をはじめられるだろう。

・見直し：このセッションでうまくいったことは何だろう。次に同じセッションをやった場合、今日よりさらにうまくいくのはどんなことだろう。

中にはこのモデルを次のように活用し、定例会議を再構築しているリーダーチームや経営陣もある。

①今日の会議の成果を「契約」する。

②メンバーの最新情報や新たな挑戦を「傾聴」する。

③いくつかの問題を「探求」する（ここで重要なのは、チーム内で自然発生的に対話が起き、重要な領域にまつわる新たな思考が生み出されることだ）。

④決定が必要とされる項目を取り上げ、とるべき「行動」は何かに焦点を合わせる。さらに暗黙の了解にとらわれることのない、具体的で実証可能なやり方で、その行動の実現にコ

ミットすることを約束する。

⑤チームとして、また個人として、今日の会議において役立ったことは何かを「見直し」て、会議を終了する。

チームコーチとしてのチームリーダー

リーダーチームにおけるチームコーチングは、社外コーチではなく、チームリーダーによって実施されることが多い。リーダーが自らのチームのコーチを務める場合も、「五つの基本原則」と「CID－CLEARモデル」は有用だ。

もしあなたが新たにチームリーダーに任命された場合、大切なのは、最初の数週間を費やし、この章で説明した手法を用いながら、自分で初期の三段階――契約、調査、診断（CID）――を実施することだ。それが終わったら、リーダーとしてチームメンバーを招集し、社外ワークショップや会議を通じて、初期の三段階における自分の発見を彼らと共有し、今度は彼らにチームの機能や業績に対する診断を下すよう促すとよいだろう。同時に、そのワークショップや会議では、これからの数カ月でチームがどのように発展していくか、そのプランのどの部分の責任を誰が負うか、という計画を共同で立てなければならない。次の章では、五つの基本原則それぞれをコーチングにどう活かすかを詳説している。それらは、自分のチームの指導に当たるチームリーダーにとっても活用可能な手法だ。

結論

効果的なチームコーチングの核となるのは、チームとコーチの間に生じる人間関係であり、その関係においてはメンバー全員が常に学習をする必要がある。実際、私はこれまでずっと「チームコーチングの成功を見極めるカギとなるのは、『チームコーチを含めたチーム関係者全員が常に学習し、仕事のやり方を変えていけるかどうか』だ」と主張してきた。それゆえ、私にとっての「よい仕事」とは、自分自身もまた学習を重ね、自らのモデルや手法を変化させ、新たな要素をつけ加え、それらを活用して新たな介入やアプローチを行うことだ。

もうひとつ、チームコーチングの成功を見極めるカギとなるのは、「コーチングの役割が段階的に、持続可能なやり方で、チームメンバーたちによって引き継がれているかどうか」だ。すなわち、チームが社外コーチ（または組織の別の部署からの社内コーチ）からの援助を受けることなく、常に学習を続けながら高業績を上げている状態である。チームリーダーがコーチングをはじめた場合、他のチームメンバーたちがチームコーチングのさまざまな側面を引き受けるにつれ、このプロセスが作動するようになり、最終的にはメンバー全員がチームコーチングの責任を担うことになる。

私のような社外コーチにとって最も報われるのは、コーチングの仕事を完了し（半年から一年かけるケースが多い）、「見直し」の段階に到達した瞬間である。この最終段階においては、チームが共同作業を通じて価値を生み出し続け、共に達成したことを越えて彼ら自身がコーチングを続けていくための振り返りを手助けすることになる。

第6章 システミック・チームコーチング

私はかつて、一三万人の社員と四つの主要な事業部門を抱える、英国政府の最大部局の行政チームのコーチとして招かれたことがある。能力評価の結果、そのチームの集団的リーダーシップに弱点があることがわかったからだ。その高官チームは常日頃からリーダーチームにふさわしい振る舞いを心がけ、週ごとの会議の効率性の改善にも努めていた。ところが、チームメンバーに個別に話を聞いてみたところ、「チームの変化のために何が必要か」「チームコーチングにどのような支援を求めているか」についての意見に大きなばらつきがあることがわかった。それなのに、「契約」のために開かれたチーム会議で、メンバーたちは自分の言いたいことを我慢し、チームとしての意見を一致させようとしていた。結局、私に求めるのは「チームコーチとして毎回自分たちの会議に同席し、そのプロセスを振り返って学ぶよう促し、このチームに必要な違いを生み出すことを手助けをする役割」ということでメンバー全員の意見が一致した。だが先の個別インタビューの結果を踏まえると、私がそのような役割を果たしても、そのチームに効果的な支援ができないことは明らかだった。その高官チームには、これまでとは違う、もっと複雑な「契約」の形が必要だったのだ。

イントロダクション

前章では、チームコーチとチーム間の人間関係におけるステージを詳しく探っていった。本章では、チームコーチが「五つの基本原則」（第3章参照）を活用してチームをどう指導するか、さらにその原則間をつなぐ対話や流れをどう導くかを説明しよう。この実践のために、コーチは色々な人間関係に目を配らなければならない。チーム内（メンバー同士の人間関係）とチーム外（チーム全体と彼らの任命者や利害関係者たちとの人間関係）の両方に焦点を合わせる必要がある。

この章は「本書の中心部」と言っても過言ではない。なぜなら、これはチームコーチングやチーム開発の伝統的なアプローチと「システミック・チームコーチング」の違いを明らかにした章だからだ。第1章では経営リーダーチームが直面している課題について取り上げ、チームコーチングに新たな手法が必要であることを説明した。そして第4章においてその新たな手法――システミック・チームコーチング――を次のように定義した。

システミック・チームコーチングは、チームメンバーが一緒のときも離れているときも、チームコーチがチーム全体に働きかけるプロセスのことである。チームコーチングはそうすることで、彼らの集団的パフォーマンスと共同作業のやり方を改善する手助けをし、同時に彼らが集団的リーダーシップを発展させ、すべての主要な利害関係者グループにより効果的に関わり、共にビジネスをより広範囲のものへと変容させる支援ができる。

前述の高官チームと契約をしたとき、私は困難な状況に直面することになった。新たなクライアントに対し、「あなたたちが私に求める〝チームコーチとしての役割〟は間違っている」と告げるのは、コーチング関係をはじめるに当たってよいやり方とは言えない。だが、チームの同意に従い、彼らが求めるとおりの役割を果たしても、メンバーの潜在的な不満は解消されず、非常に限定的な結果しか出せないだろう。

私は、自分が「パラレルプロセス」(スーパービジョンの場における対人援助場面の無意識の繰り返し)を経験していることに気づいていた。個別インタビューの結果から、多くのメンバーが「チームの意見を一致させるために自分は妥協している」と感じていることを発見していたからだ。これでは、衝突は避けられても非常に緩慢な進歩しか得られない。これこそ、コーチが体験する典型的なジレンマだ。この場合、コーチがチームに指示を与えるやり方も与えないやり方も、どちらも機能しない。この二つを超越する「第三の方法」をとらなければ、ジレンマを解消することはできないのだ。

私は「調査」を実施し、この政府チームの「チームコーチング」と「チームとしての自分たちの役割」にまつわる視点をリフレーミングすることにした。「システミック・チームコーチングの五つの基本原則」の修正版(図6－1参照)を作り、彼らに、チームの集団的パフォーマンスに関する四つの領域それぞれを採点するよう求めたのだ。それから、私は彼らの点数を集計し、各領域の平均点を求め、それを表にまとめてフィードバックした(図6－2参照)。

図6－1　システミック・チームコーチングの四象限

	一緒に働いた場合	離れて働いた場合
根本的変化	2	4
機能上の有効性	1	3

図6－2　システミック・チームコーチングの四象限を採点する

チームの機能を四象限ごとに10点満点（最低点は1点、最高点は10点）で採点する。

	一緒に働いた場合	離れて働いた場合
根本的変化	2 5.3	4 3.8
機能上の有効性	1 6.9	3 5.2

このフィードバックを土台に、そのあと高官チームは熱心に議論を重ねた。そして彼らがたどりついたのは、「チームコーチとしての私の支援により、このチームは今後一年の間に⑴の領域の平均点を6・9から7・9にできるだろう。しかし、それでは私のリソースや彼らのさまざまな投資を最大限活用したことにはならない」という結論だった。そこで私たちは〝より複雑な契約〟のために議論を続け、この四つの領域すべてにおいて私が彼らを支援するにはどうすればよいかを探ることにした。ここで、この高官チームはそれまでの前提（「チーム会議に参加した私からフィードバックをもらう」）を手放し、チーム活動の全領域を指導してもらえるようなコーチングプロセスとプログラムを、私と共にデザインすることにしたのだ。

システミック・チームコーチングの五つの基本原則

第2章において、私は「五つの基本原則」を、高業績を上げるリーダーチームが実践しなければならないモデルとして紹介した（71ページ、図3－1参照）。この章では、システミック・チームコーチがこれらの基本原則をそれぞれどう活用してチームを支援・発展させていくかを、先の高官チームを含めた幅広い実例と共に解説したい。

基本原則⑴任務を与える（そして再度任務を与える）

先の政府チームにおける「調査」では、多くのメンバーが「チームにとって最大の課題は、政治家との間の関係性にある」と回答した。政府のリーダーチームのコーチングにおいて不可欠なのは、政治家と上級公務員との関係に注意を払うことだ。そこで私はこのチームのコーチングの一環として、国務大臣と政務次官たちにも話を聞くことにした。以下のことを明らかにするためだ。

・彼らがこのリーダーチームについて高く評価していることは何か、リーダーチームはどのように省庁を変容していると思うか。
・彼らは、その変容プロセスから何が生まれることを期待しているか。
・その変容が実行される方法について、彼らはこれまでとどんな違いを望んでいるか。
・彼らは、このリーダーチームがどの程度まで効率アップできると考えているか。
・彼らは、このリーダーチームと彼らの間の関係がどの程度改善できると考えているか。

この結果、大臣たちから非常に有益なフィードバックが得られた。そこで私はコーチとして、この結果をチームにどうフィードバックしようかと思案を巡らせた。それまでの経験から、ただ結果をそのままフィードバックすれば、チーム内に「抵抗」と「防御」の両方が生まれてしまうことがわかっていたからだ。

ここで必要なのは、チームメンバーの積極的な関心と好奇心を目覚めさせることだった。私はまず彼らに、「大臣たちは各質問にどう答えたか想像してみよう」と促した。次に、実際のフィードバックを聞きながら「大臣たちにぜひ尋ねてみたい」と思う質問をリストアップするよう要請した。この方法をとることで、私はメンバーに対し、彼らがすでに知っていることと重複しないようなフィードバックを行うと同時に、彼らが「理解したい」と考えている問題を把握し、それを取り上げることができた。その結果、自由に議論をする雰囲気が生み出され、行政府にありがちな一方通行の話し合いを避けることができたのだ。こうして、このチームには「任命者との関係をどう変えていきたいか」を探求する土台が与えられることになった。

「任務を与える」という原則を活かしたもうひとつのコーチング手法は、経営陣とリーダーチームの合同会議を開くやり方だ。かつて、南アフリカのアウトスパン社とユニフルコ（ケープフルーツ）社合併によるケープスパン社設立時にコンサルタントを務めたとき、私は彼らの新たなミッションを生み出すために、経営陣とリーダーチームの合同会議を開いた。その結果、伝統を引き継ぐ両企業から、管理職であるなしに関わらず、非常に多岐に渡る意見が出された。ちなみに、このときの会議メンバーには果樹栽培者、サプライヤー、南アフリカの中核企業の役員、国際マーケティング協会の運営者たちも含まれていた。このようにさまざまな出席者がいたために、より多くの人が結果に責任をもつことになったことは言うまでもない（ただし、このようなイベントで難しいのは、会議室に三〇人以上の人が集まると、政治的な駆け引きがはじまる点だ）。

基本原則⑵明らかにする

この原則は、チームが自らのミッションや戦略、全体の目標地点、目標、役割を明確にするのに役立つ。そのチームにすでに備わっているものにもよるが、チームコーチは、チームが次の項目を発展させる（または再び明らかにする）ための支援を行うことになる。

・チームのミッション

図6－3　ミッションの構成要素

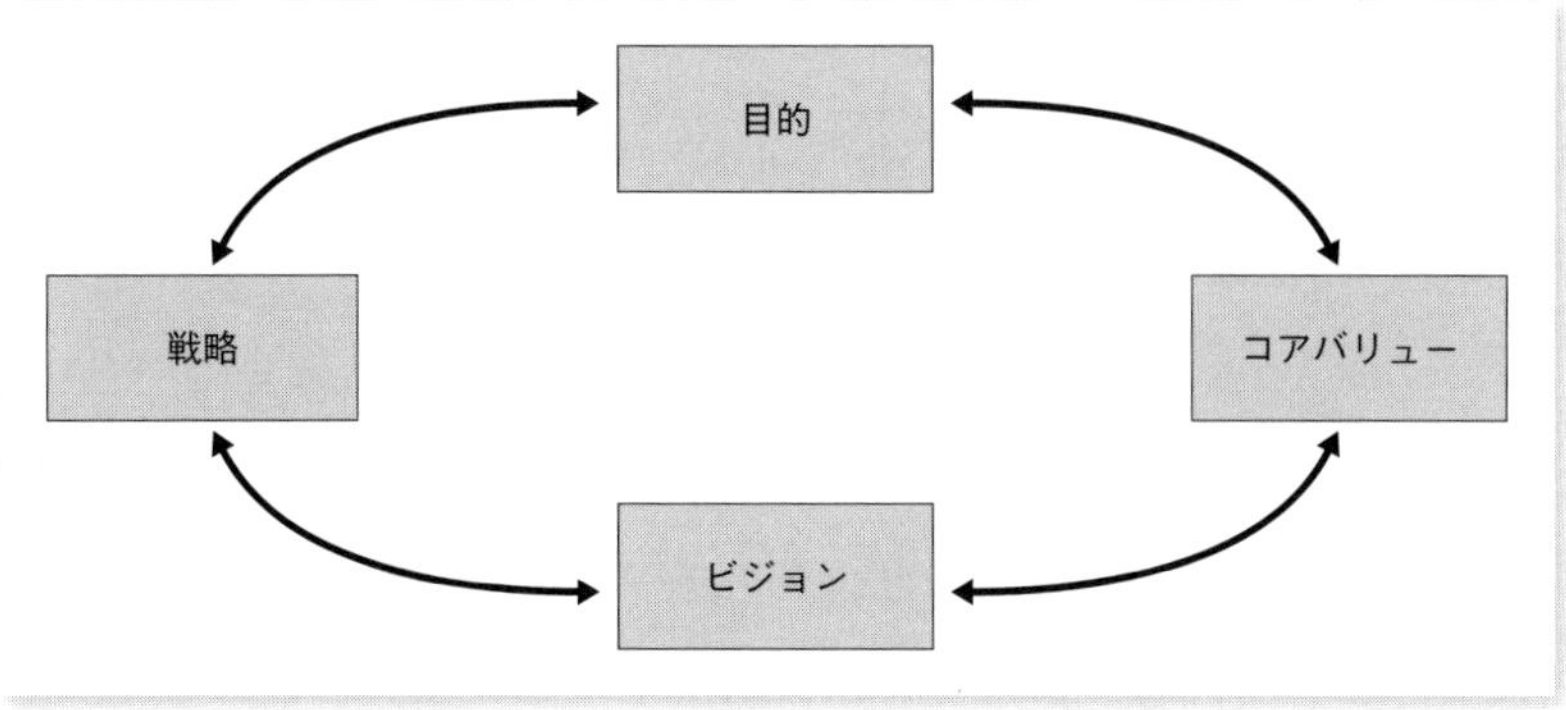

・チーム変容のための戦略
・チーム変容のためのプランと変化のデザイン
・「運営会議」から「変革を起こす会議」への参加姿勢の違い
・変容プロセスのさまざまな側面に対する主な役割および説明責任

組織や部署、あるいはチームのミッションとは、戦略立案のための包括的な枠組みを構築することだ。私たちは、この分野の主な著者たち（センゲやビニーら）による研究をもとに、組織のミッションに関するモデルを開発した（図6－3参照）。

それぞれの要素には次のような意味がある。

・目的：私たちはなぜチームとして仕事をしているのか。私たちの存在理由。私たちが「この世に生み出したい」と望む違い。
・戦略：私たちは何に焦点を合わせるのか。私たちの中核をなす市場や才能、領域。私たち独自の価値命題。私たちのチームの提案により、組織の残りの部分および社外での競争においてどのような違いが生み出せるか。

・コアバリュー：私たちはどのようにビジネスを行うか。〝私たちチームを、私たちの顧客、サプライヤー、投資家、その他の利害関係者をはじめとする、より広範囲に及ぶビジネスといかに関係づけて違いを生み出すか〟に関する原則および態度。

・ビジョン：もし自分たちの目的を達成したら、私たちはチームとしてどうなれるのか。私たちの戦略および振る舞いを、私たちのコアバリューと一致させることに焦点を合わせること。

ピーター・センゲらはビジョンを次のように定義している。

ビジョンとは、自分が生み出そうとしている未来の姿を、あたかもそれが今起きているかのように現在形で描いたものである。ビジョン・ステートメントは、どこに行きたいのか、そこに到達したときはどうなるか、を示すものである。そのビジョンのイメージが細部に至るまで明確に描かれていて、視覚に訴える力が強ければ強いほど、それだけ人を駆り立てる力も強くなる。ビジョンは組織の将来に方向性と形を与え、ビジョンがあれば組織をそこに近づけるための目標設定がしやすくなる。

大切なのは、チームメンバーが協力して自分たちのミッションを共創し、明確にすることだ。このプロセスを促す方法のひとつに、チームメンバーに次の文章を完成させるやり方がある。

最低三つ、最大五つの答えを箇条書きしてもらおう。こうすることで、メンバー全員の考えを具体的に明らかにし、そのバランスをとることができるようになる。

・目的：「私たちの組織の第一目的は……」
・戦略：「その目的を成就するために、私たちチームは、組織の他の部分に恩恵をもたらすような、自分たちならでの能力に焦点を合わせる必要がある。その独自の能力とは……」
・コアバリュー：「私たちのチームのコアバリューとは、私たちが共にどう仕事をして、いかにふるまうべきか、他者との関わりにおいて何をロールモデルとするかを示すべきものである。そのコアバリューを具体的に言えば……」
・ビジョン：「もし私たちのチームが自らの戦略を実行し、自らのコアバリューを実践し、自分たちの目的を成就できたら、私たちが二年後に見たり、聞いたり、感じたりするのは……」

ここで重要なのは、チームメンバーが生み出した意見の多様性を最大限まで高めることだ。その意見一つひとつをその他の意見に積み重ね、最終的にはチームが連帯してこれらの文章を仕上げるようにするとよい。「衆知（集合知）」を最大限に活かし、「集団思考」の危険性（第1章参照）を最小限に抑えるためには、個人で考える時間を与えたあと、さらに〝集団的な共創〟を行うことが必要なのだ（〝個人で考えたあとに誰か一人が完璧な回答を読み上げ、他のメンバーがそれに同意する〟といった状況は避けなければならない）。

具体的には「一人のチームメンバーが一番大切だと思う箇条書きを述べたあと、すぐに他のメンバーが意見を言う」「それが終了したら、今度は別のメンバーが一番大切だと思う箇条書きを発表し、すぐに他のメンバーが意見を言う」というプロセスを繰り返す。中には、経営陣が経営幹部チームにミッション記述書を作成させ、それに対する批判や意見を非管理職に求め、より実のある記述書作りを目指すケースもある。また経営陣と経営幹部チームが別々に相手に対する自分たちの期待やフィードバックを探求し、ミッション記述書を作成するケースもある。こうすることで両者の対話が促され、二つのグループの合計以上の〝第三のミッション記述書〟が生み出されるのだ。この手法を用いれば、両グループに多くの学習がもたらされることにもなる。

どの手法を選ぶにせよ、大切なのは、「コ・ミッション（任命）」の真の意味で「ミッションを共同で作り出す」ことだ。ミッションは、「チーム」と「彼らのスポンサー」という境界を越えた、ある種の集団的な対話を通じて生み出されなければならない。与えられた権限に不満を抱きながら仕事をし、ミッションに責任を負おうとしないチームや、スポンサーや利害関係者の期待と一致しないミッションを勝手に発展させてしまうチームがあまりに多すぎる。

先のケープスパン社に話を戻そう。コミッションとミッションに関して真の意味での同意に達したあと、同社はそれらを明確な戦略、目的、行動計画へと置き換える必要があった。このプロセスの促進に役立ったのが次に挙げる質問である。

・戦略的焦点が異なる領域においても、自らのコアバリューとビジョンを曲げることなく、あなたたちが自らの目的を達成するためにはどうすればよいか。
・あなたたちがゴールに向かっていることを示す、目安となる出来事とは何か。
・次の場合、あなたたちがとるべき主な戦略行動とは何か。
□チーム全体として責任をとらなければならない場合
□チームまたはプロジェクトチームのサブグループに仕事を割り当てなければならない場合
□チームメンバー個人に仕事を割り当てなければならない場合
・どうすれば、チームは常にビジネスに焦点を合わせながら、さらに組織やそのさまざまな部門・部署を変容させるための中核活動にも焦点を合わせられるか。

基本原則⑶共創する

この原則では、どのようにしてチームが共創し、共に仕事を実行するのかに焦点が絞られる。これには、リーダーチームのパフォーマンス機能と能力も含まれる。基本原則⑵において、チームは自らのミッションを明らかにし、仕事手順と目標に関して合意に至った。それに続くこの段階のコーチングに必要なのは、次に挙げるような活動だ。

まずはチームのバランススコアカードを確認し、来年度のための、具体的で計測可能な目標は何かを考えてほしい。もしスコアカードがない場合は、チームで協力して作り出すようにしよう。レンシオーニの「チームの五つの機能不全」モデルが示すとおり、ピラミッドの一番上にくるのは「結果への無責任」、その次にくるのが「(全体の目標を達成するための)説明責任の回避」だ（131ページ、図5－2参照）。もしここでチームが、これら少数の主な目標の達成にコミットできなければ、そのチームが高業績チームになるのは非常に難しいだろう。このスコアカードを土台にすれば、チームは「目標達成のためにチームとしてどう機能しなければならないか」「それらの目標を上回る成果を上げることは可能か」も探求できる。さらにこの段階で、チームコーチは、チームが文化の側面（目標に対するパフォーマンスを促す側面は何か、妨げる側面は何か）を見極める支援をすることもできる。

チームはこのようにして、自分たちチームに関する開発プランを創出することになる。ただし、その中には「彼ら自身の手でできる開発」と「チームコーチから支援を受けるべき領域」が含まれている。では「チームコーチから支援を受けるべき領域」とはどの領域なのか、具体的に解説しよう。

【チーム会議】

チーム会議の際には、チームコーチはチームに対し、次のような支援をするのが望ましい。

・「情報交換のための議題」「議論のための議題」「決定のための議題」をはっきりと区別することで、チーム会議における議題のスリム化を促すようにする。さらに、会議以外の場でもチームが効率的に情報交換できるように支援する。

・プロセスコーチとして経営幹部会議に出席し、チームの有効な機能を妨げるダイナミクスが働いた場合は介入するようにする。

・会議中に、チームがそれまでのプロセスを振り返るための「小休止」を入れるようにする。

また会議後のリフレクションで、チームメンバーとコーチの両者が、今日の会議でうまくいったことは何か、次回の会議の効率をアップさせるためには何が必要かを熟考し、意見を述べるようにする。

【チーム機能を探求するための社外活動】

仕事の現場を離れた研修や活動を通じて、チームコーチは、チームが自らのチーム機能を探求する援助ができる。チームの成熟度やダイナミクスにより、次のようなさまざまな次元に焦点を合わせることが可能だ。

・チーム文化に焦点を合わせる：どんなチームの文化にも、彼らのパフォーマンス目標達成を促進する要素と阻害する要素が含まれているものだ。

・チームメンバーの人間関係や理解の違いに焦点を合わせる：チームコーチはさまざまな心理測定法を活用することで、チームがそれぞれ異なるＭＢＴＩタイプ指標、ベルビンのチームロールモデル、文化的違いを適確に把握できるよう支援できる。さらにそれらの結果をもとに、メンバーの優先傾向や関与方法の違いにより、チーム機能にどんな影響が及ぶか探求するよう促すことができる。

・チームパフォーマンスの機能に焦点を合わせる：チームメンバー全員に「高業績を上げるチームの質問表」（第3章参照）を埋めてもらい、平均点および点数のばらつきをチームにフィードバックする。これにより、チームは自分たちが最も探求・改善しなければいけない領域はどこか、チームパフォーマンス改善のために、個人として、また集団としての行動にどのような違いを生み出す必要があるかを決定できる。

・より奥深いチームダイナミクスに焦点を合わせる：チームコーチは数多くの手法を活用し、チームが、そのより奥深くに隠されたダイナミクスを探求する支援をすることができる。これには「チーム・スカルプト」（第12章参照）や「少人数のグループに分かれ、一年後にこのチームはどうなっているかを絵や漫画で表現する」といった手法が含まれる。これにより、チーム文化および彼らの不文律、基準、前提を探求できるのだ。

・今後の方針の決定に焦点を合わせる：以上のいくつか（またはすべて）を見直したら、チームコーチングはチームに対し、自分たちが続けるべきこと、止めるべきこと、これまでとは違うやり方ではじめるべきことを決定するよう促すことができる（第5章「三方向分類エクササイズ」参照）。

私たちはバス・コンサルタンシー・グループで「チームにおいて、個々のメンバーの合計を上回る機能を止めてしまう要素は何か」という調査を実施した。その結果、明らかになったのは次の八つの障害だった。

(1)集団的焦点があいまい：集団としての焦点が明確でなければ、チームの機能のあらゆる面において衝突が生じる。

(2)〝二者択一〟で議論を進めようとする：私たちが今まで仕事をしたどのチームも、次のような二者択一を繰り返す傾向が見られた。

「われわれは有機的成長を目指すべきか、それとも他社の買収・合併によって成長すべきか」

「われわれは中央集権化すべきか、それとも分散化するべきか」
「われわれはこの利害関係者と対決すべきか、それとも良好な関係を維持すべきか」
「われわれは再編成すべきか、それともすべきでないか」

ちなみに、私は著書「The Wise Fool's Guide to Leadership」（未邦訳）で「ホーキンズの二者択一の法則」を開発した。これは「もし同じ二者択一の議論を三度繰り返すようなら、あなたが問いかけている質問は間違っていると考えるべきだ」というものだ。

(3)上意下達型であり、チーム全体で説明責任を負う雰囲気がない：中には、メンバーが自分の機能や専門分野に関してしか発言しなかったり、ひたすら〝身をひそめて静かに〟したりしているチームもある。チーム会議が「ボスへの報告会」となり、チームが「ハブ・アンド・スポーク型のワークグループ（ボスとメンバーがそれぞれ一対一で向かい合う形で統率する方式）」になってしまい、真の集団的チームワークが機能しない。

(4)他人にされたことをメンバー同士で繰り返す：これは、私たちが他人にされたことを無意識に再現してしまう状態だ（私はスミスとの共著書において、これを「パラレルプロセス」と名づけた）。ある大手コンサルティング会社で仕事をしたとき、私たちは「チーム会議がいつも直前になって時間変更され、メンバー全員が遅刻してくる」ということを何度も体験した。しばらくして、私たちは、彼らが彼らのクライアントからされたことを無意識に再現していたことに気づいたのだ。

(5)「コミットメント」よりも「同意」を目指す：私たちは、チーム会議で今後実行すべきことを明確に決定したにもかかわらず、一カ月経っても何の変化も起こそうとしないチームを数多く見てきた。そのうち気づいたのは、このような事態が起こるかどうか知りたいなら、チーム会議におけるメンバーの非言語コミュニケーションに注目すればよい、ということだった。口では「賛成」と言っていても、彼らの声の調子や身体の反応は明らかにそれとは反対のサインを示していた。「トランスフォーメーショナルコーチング」の概念にもあるように、会議室の中でコミットメントの変化が起きなければ、会議室の外側で起きることはない。

(6)「成果主導」よりも「議題主導」の会議：チーム会議のゴールが「価値を生み出すこと」ではなく、「議題をすべて終わらせること」だと考えているチームは多い。

(7)「効果的なチーム会議」＝「精鋭チーム」という考え：チーム会議は、会議以外の時間における、有効なチームワークを可能にするための場であり、チームの最終目的地ではない。精鋭チームとは、たとえメンバーが一人や二人組、あるいは少人数グループで動いたとしても、誰もが同じように機能できるチームのことなのだ。

(8)〝ヘラジカの死臭〟を無視する：メンバー全員に影響が及ぶ問題を抱えているにもかかわらず、誰もそのことに触れないという〝暗黙の了解〟ができあがっているチームは多い。まるでテーブルの下に死んだ動物がいて、皆が死臭に気づいているのに、誰もその事態に対処したがらないような状態である。

この調査を終えたあと、私は偶然「チームの五つの機能不全」にまつわるレンシオーニの本を読み、重なり合う部分が非常に多いことに気づいた。レンシオーニは「五つの機能不全」を前述のピラミッド型モデルで表している（131ページ、図5－2参照）。これらの障害に割り込むことこそ、チームコーチの主な役割にほかならない。だがその前にまずチームコーチは、チームがより有効に機能するために集中すべき重要エリアに関する診断を、メンバーと共同で行うことからはじめなければならない。

常に有効に機能し続けるためには、チームは最前線の仕事のプレッシャーから一時的に離れ、一歩後ろに下がって「自分たちが個人的および集団的にどのように機能しているか」「自分たちが機能しているより広範囲のシステムにおいてどう関わり合っているか」を見つめる必要がある。これは社外でのイベントやチーム開発ワークショップ、または社外コーチによるセッションなどで実施されることになるだろう。あるいは、より大規模な組織的変化や開発プログラムの一部として実施される場合もあるだろう。

チームがいかなる方法で自分たち自身のダイナミクスを管理するにせよ、大切なのは、そのプロセスが順調にいっているときに何かが生じた場合、それを見過ごさないことだ。「チームが危機に陥るまで指をくわえて待つ」などということがあってはならない。なぜなら、ひとたび衝突や傷つけ合い、怖れのレベルが生じたら、何が起きているのかを見極めることも、変化を生み出すためのリスクをとることもはるかに難しくなってしまうからだ。ただし、中には危機に瀕して初めて、現状に直面しようという意欲が生まれるチームもある。ときには「危機は新たな学習を構築する熱を生み出す」ものなのだ。

ある大手金融会社の経営幹部チームと仕事をしたときのことだ。私たちは各チームメンバーに次の文章を完成させるよう促し、それぞれの答えを皆で共有するようにした。

・このチームの暗黙のルールは……。
・このチームにおける自分の仕事に関して、私が「認めたくない」と思っているのは……。
・私が「自分たちチームはこのことについての話し合いを避けている」と思うのは……。
・このチームの他の人々に関して、私が言うのを控えているのは……。
・このチームの隠された意図とは……。
・「私たちが最高の状態にあるとき」とは……。
・私たちが最高の状態を保つ障害となるものとは……。

このあと私たちは、メンバー各人が、その他のメンバー全員から「あなたのここを認めている」「あなたのここを認めるのが難しい」と思う点に関するフィードバックを受けられるようにした。さらに、メンバー全員に「チーム全体について自分はここを一番認めている」「ここを認めるのが一番難しい」と思う点を述べるよう促した。これにより、このチームは今後の基本計画の土台（やめるべきこととはじめるべきこと、続けるべきこと）を共創できたのだ。

基本原則⑷つなぐ

この基本原則の焦点は、リーダーチーム全体が、より広範囲の利害関係者のシステムとどのように関わるかに当てられる。

この原則のために役立つのが、私たちが開発した、チームの「三六〇度フィードバックプロセス」だ。これはチームメンバーに関するフィードバックではなく、そのチームが重要な利害関係者たち（チームメンバーも含む。詳細は第12章参照）によって全体的にどのように見られているかに関するフィードバックである。また私たちはチームに対し、可能であれば、主要な利害関係者たちと直接会って、この種のフィードバックを受けることを奨励している。これにより、チームは豊富なデータを手にし、自分たちの行動を変化させるには何が必要かを探求できるようになるのだ（三六〇度フィードバックによって劇的な成果を手にした企業の例は第3章参照）。

第1章で示したように、一人のCEOが、すべての利害関係者との約束を果たすことは不可能である。特に、組織が変化と変容の時期を迎えている場合はなおさらだ。それゆえリーダーチームメンバー全員が、その種のさまざまな約束を果たすための役割を担うことが大切なのだ。効果的な変容のために不可欠なのは、チームメンバー全員が、この「つなぐ」という領域において高いスキルと影響力を持ち、一致団結したやり方でチームの代表を務めることなのである。チームコーチはこの領域において、次のようなさまざまなやり方でチームを支援することが可能だ。

・チームに「情報を与えること、コミュニケーションを図ること、関与すること」の違いを探求させ、それからどのように関与するのかという戦略を作り出す。それこそがチームの変容の戦略の主要な側面になる。
・各チームメンバーに、今の自分の信頼性や存在感、影響力、リーダーシップ能力を評価させ、それに対する他のメンバーからのフィードバックを受けさせる。さらに彼らに、社員や利害関係者たちからの三六〇度フィードバック（またはその他のフィードバック）を検討するよう促す。

・チームに働きかけ、彼らが利害関係者に関与するためのイベントの準備や計画、リハーサルを行うよう促す。これにより、彼らは、他のチームメンバーとコーチからフィードバックを得られることになる。

・チームメンバーが幹部や利害関係者と関与しているときにコーチングを実施する。これには次のさまざまなコーチング手法も含めることが可能だ。

□その関与の前後にリーダーに対する「ブリーフィング（要点伝達）」および「デブリーフィング（質問）」を実施する。

□「ピッチサイド」や「ハーフタイム」でのフィードバックやコーチングを実施する。

□イベントの進行を援助する。

利害関係者との関与方法の指導に加えて、チームコーチは、チームメンバー各人が「リーダーチーム全体の役割」と「自分自身が率いる部署（または機能）におけるリーダーシップ」をいかに統合させるかに焦点を合わせなければならない。これこそ、多数のメンバーから成るチームにおける課題と言ってよいだろう。第1章で述べたとおり、彼らは簡単に二つのチームの間の仲裁人、または「トーン（板挟みの）・ミドル」になってしまう。ひとたびこの不幸な役割に陥ると、彼らは「自身が率いる部署（または機能）のリーダー」として、幹部チームに対する要望や切望を伝えると同時に、彼らの批判から自分のチームを守り、予算やリソースの割当を保護しなければならない。そして、ひとたび自分が率いる部署（または機能）のチームへ戻れば幹部チームからの報告を伝え、幹部チームが下した決定を実行するよう指導する。

かつて、ある大学理事会の学部長は、自分の役割を「学部のリーダーチームから大学理事会へ、そして大学理事会から学部のリーダーチームへ、常に悪い知らせを届ける配達人」と表現していた。実際こういう重圧にさらされると、人はチームメンバーとしてフル活動するよりもむしろ、二つのチームの間で「相手チームに自分のチームの意見を伝える代弁者」という役割を演じてしまう。だが、そんな道を選んでも決してその人のためにはならないことは明白だ。

さらによくないのは、リーダーチームで「集団的に前進すること」に同意しておきながら、自らの率いる部署（または機能）でそれがあまりに困難なことがわかると、その同意自体を無視しようとするリーダーだ。これでリーダーチームには対処・解決すべき矛盾が生じ、その影響が一レベル下の階層へ、さらに二レベル下の階層へと及び、さまざまな対立が生み出されることになる。これが「サイロ思考」（監訳者注：自部門の利益ばかりを考える状態）を生み出し、組織の外部よりも内部での競争や〝縄張り争い〟が活発になってしまうのだ。

組織の分裂の形は色々あるが、多くの組織において最も一般的なのは〝さまざまなチームに対し、バラバラで統一されていないチームコーチングが行われているせいで、問題がひとつのチーム内部ではなく、チーム間に生じてしまう〟というものだ。こういった課題に対するチームコーチの対処法には次のようなものが挙げられる。

・幹部チームがひとたび同意に達したら、さらに時間をかけて、それらの決定事項を、メンバー自身の部署においていかに実行するかを探求し、コミットするよう促す。

・幹部チームが一時的決定を下した時点で、各メンバーが〝それらの決定事項を自身の部署で実行し、その結果を再び幹部チームに持ち帰り、最終的な決定に必要な修正を加える〟ことにコミットするよう導く。

・リーダーチームのメンバーに個人コーチングを実施し、彼らの役割の二つの側面(幹部チームのメンバーシップと自身の部署のリーダーシップ)を結びつける方法を指導する。

基本原則(5)コアラーニング

システミック・チームコーチングの五つめの原則は、他の四つの原則が交わる中心に位置することになる。この原則において、チームは自分たちの現在の機能・変容面での課題に共に(または個別に)対処するだけでなく、共同学習を通じて、自らの個人的および集団的能力を成長させることができるのだ。デヴィッド・クラッターバックは、学習するチームのことを「共通の目的を持ち、互いや自分自身の成長への責任を積極的にとろうとする人々の集団」と定義している。これは非常に有益な定義ではあるが、私はもう少しだけ意味を拡大し、このように定義したいと思う。

「共通の目的を持ち、アクションラーニングおよびアンラーニングを通じて、互いや自分自身、チーム、さらにチームが機能するより広範囲に及ぶ組織の成長への責任を積極的にとろうとする人々の集団である」

このように定義した理由は、優れたチーム学習とは、チーム内の個人の学習やチームそのものの学習を超越し、より広範囲に及ぶシステムにおける学習にも注意を払うべきものであるからだ。二〇〇一年、エドモンドソンらは、病院の外科チームに対して「効果的な学習のための新手法についての調査」を実施し、「最も大きな成功を収めたチームは、そのチームの学習努力を活性化するリーダーがいた」という結果を導き出した。この結果は、まさにあらゆるリーダーチームに適用可能なものと言えよう。リーダーチームは既存のプロセスをただ実行するだけでなく、新しい環境にすばやく適応し、新たに機能するための方法を実施する必要があるのだ。

第二次大戦終了後にレグ・レバンスがはじめて主張したように、「チームはアクションラーニングのための理想的なユニット」である。それ以降、この概念は経営開発において活用されるようになった。最も影響力のある著者であり実践者でもあるマイク・ペドラーは、アクションラーニングを次のように定義している。

アクションラーニングは、難しい問題に対して行動しようとする組織の人々の成長を引き起こすものだ。（中略）それは学習を促す媒介となり三つの要素で構成される。すなわち「ある特定のタスクや問題に対する行動の責任を引き受けた人々」「行動を起こすべき問題やタスク」「常に顔を合わせて互いに支援・挑戦を行い、行動を起こして学習をする六人ほどの同僚」だ。

チームを〝学習するチーム〟にするためには、アクションラーニングサイクルの各局面（次ページ、図6－4参照）において、個人的および集団としての基本能力を発展させ続ける必要がある。

図6－4　アクションラーニングサイクル

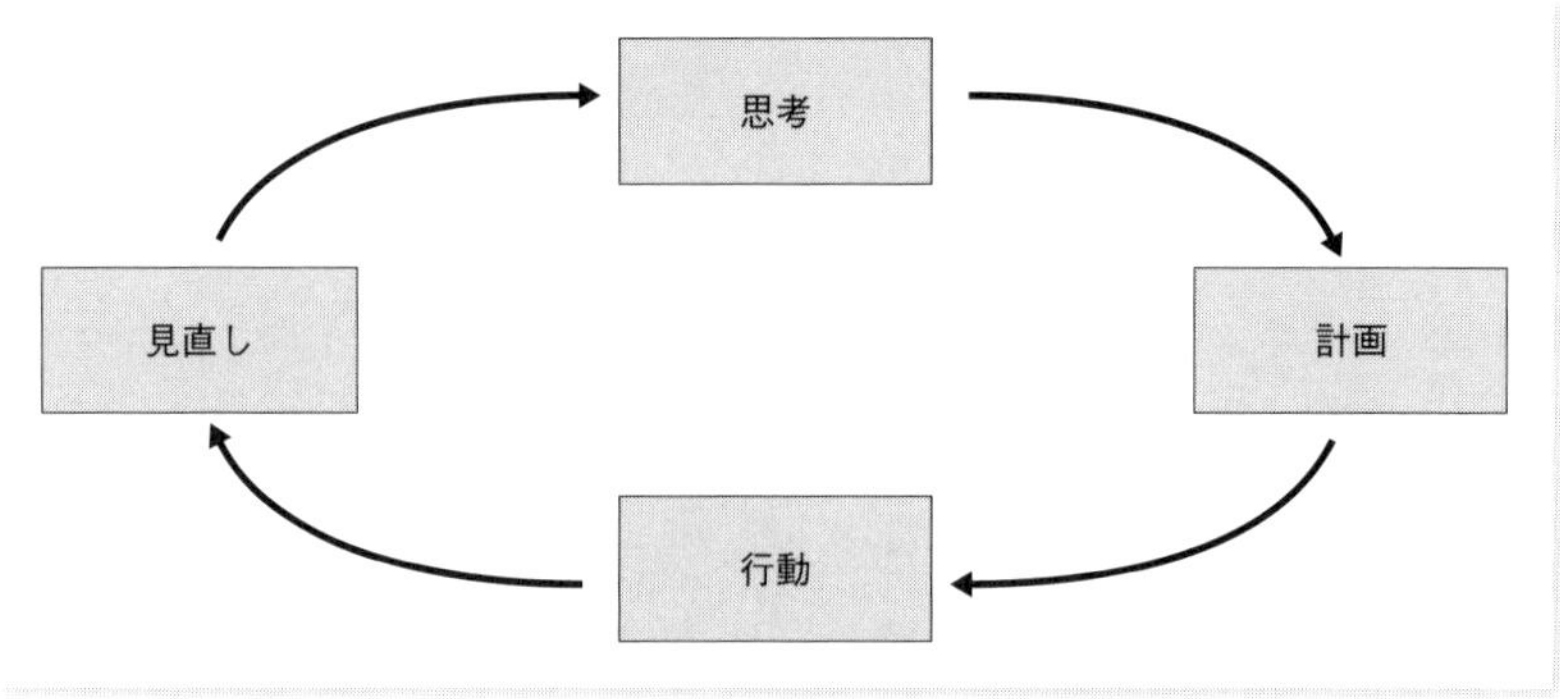

さらに心に留めておきたいのは、個人やチームにはさまざまな学習スタイルがあり、その好みによって学習をどこからスタートさせるかも異なってくるということだ。中には実際の「行動」からスタートし、何が機能して何が機能しなかったかを「見直し」たいという人もいるだろう。また理論や説明を踏まえたうえで、行動モデルを「計画」したいという人もいるだろう。このような人々の学習サイクルにまつわるさまざまな方法論を発展させたのが、ハニーとマンフォードだ。彼らは調査を通じて、個人が自らの優先傾向をどのように活用し、学習の可能性の範囲を拡大していくかを示した。これを参考にすれば、チームコーチは、チームの優先的な学習スタイルを見極められるのだ。

ハニーとマンフォードの研究をベースに、私たちは、学習サイクルの短絡化を示す独自のモデルを開発した（図6－5参照）。このモデルを活用すれば、コーチは、チームが自分たちの限定的な学習パターンに気づくよう手助けができる。これは、新たな学習をはじめる前にはぜひ押さえておくべきモデルと言えよう。

図6－5　ラーニングサイクルの短絡化

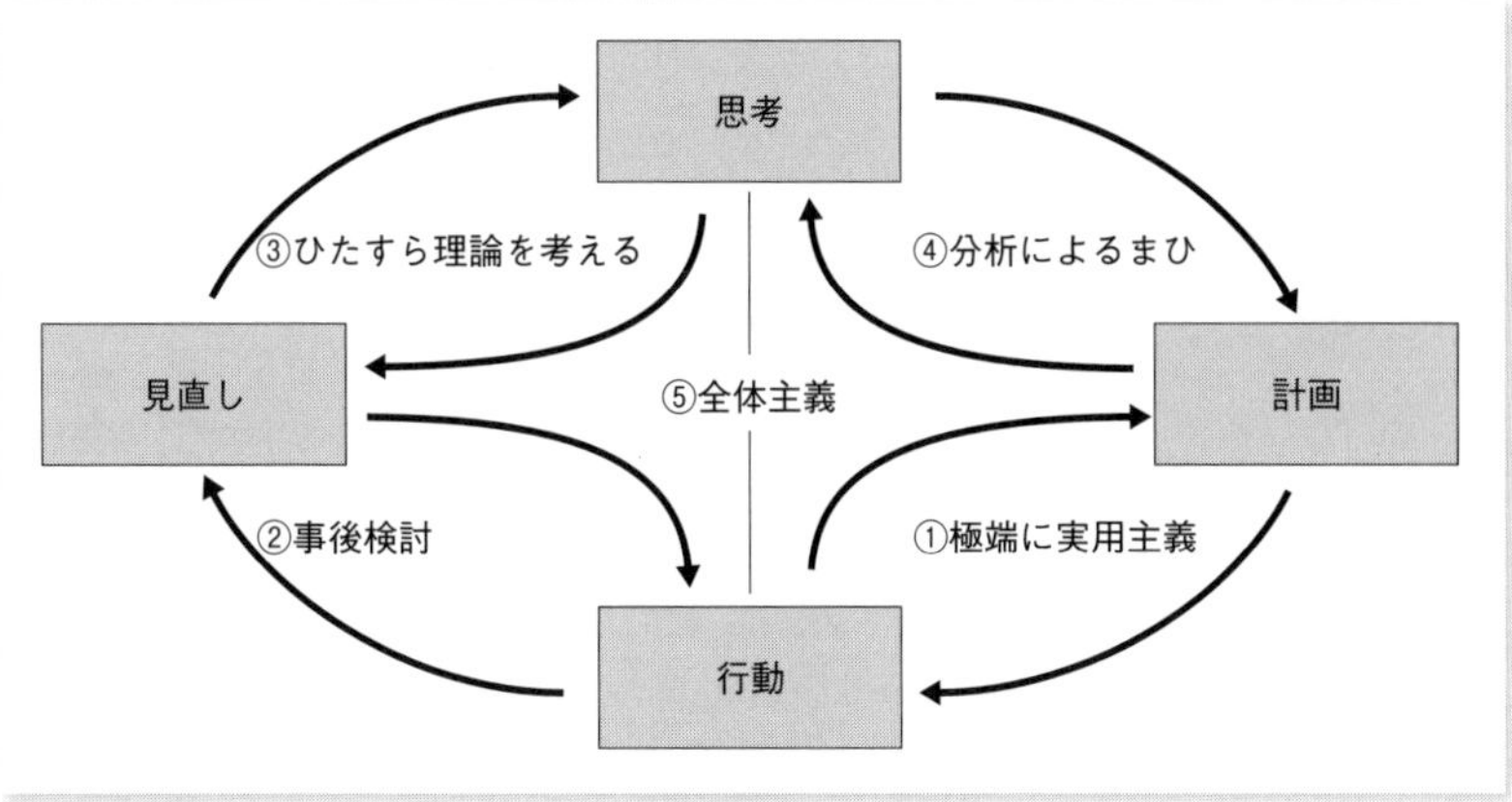

私たちが特定した、学習が制限されてしまう五つのチームスタイルは次のとおりである。

①極端に実用主義的なチーム

これは「計画－行動－計画－行動」という状態に陥ってしまうチームのことだ。そのモットーは「もしわれわれの計画がうまくいかなければ、また別の行動を計画しよう」で、学習は試行錯誤のレベルに留まることになる。この種のチームは「短期間の戦略で問題は解決できる」と考えがちだ。

②事後検討型チーム

これは「行動－見直し－行動－見直し」という状態に陥ってしまうチームのことだ。そのモットーは「うまくいかなかったことは何かをじっくりと考え、それを訂正しよう」で、学習は間違いの訂正のみに限られることになる。この種のチームは「ごく最近のうまくいかなかったこと」に焦点を合わせすぎる傾向がある。

③ひたすら理論を考えるチーム

これは「見直し－理論－見直し－理論」という状態に陥るチームのことだ。そのモットーは「物事をよりよくするためにどうすればよいかを哲学的に思索しよう。だが、その理論を試すリスクは冒さずにおこう」である。

④分析でまひするチーム

これは「分析－計画－分析－計画」という状態に陥るチームのことだ。モットーは「大きく跳躍する前に考えよう。そのための方法を計画し、さらにじっくり考えよう」で、間違えることやリスクをとることへの怖れで学習が限定される。この学習傾向を持つチームは、基本原則(2)に多くの時間を費やす傾向がある。何が間違っているかを分析し、コーチの「違うやり方をするための助言」や「変更のための提案」には耳を傾けるものの、それらのアプローチの失敗を怖れたり、「完璧な答えを得て自信が得られるまで他者と関わるのはよそう」と考えるのだ。

⑤全体主義的チーム

これは「理論－行動－理論－行動」という状態に陥るチームのことだ。そのモットーは「理論上で試してみよう。そうすれば何を決定すべきかがわかる」だ。さらに、この短絡化が作動すると、より広範囲のシステムとの関わりにおいてリーダーシップを発揮できなくなる。チームで決めたことだけを周囲に押しつけるためにさまざまな抵抗が生まれ、変容や前進に欠かせない「人心の掌握」に失敗するのだ。

チームは学習するだけでなく、学んだことを意識的に忘れる必要もある。ヘドバーグはこれを「学習者が知識を捨て去るプロセス」と定義し、「組織のアンラーニングが個人のそれといかに異なるかはほとんど知られていない」と記している。一方で、彼は研究を通じて、組織のアンラーニングが大きな成功によって妨げられる経緯を探求し、こう結論づけている。「組織はそれ自体の成功によって身動きがとれなくなることが多い。すでに役に立たないにもかかわらず、時代遅れの知識を手放せなくなってしまうのだ」

さらに、マーチとオルセンも「組織は自らの記憶を〝敵〟であるかのように扱わねばならないときがある」と警告している。以上を踏まえ、私はアンラーニングをこう定義した。「アンラーニングとは、組織がその文化を発展させるカギとなるプロセスである」

コーチにとって、チームがその学習スタイルの強みや限界に気づくよう援助することは第一段階にすぎない。次にコーチは、チームが古い習慣を打破し、成功のための新たな学習習慣を身につけられるよう援助する必要がある。とはいえ、タバコやアルコール、あるいは体に悪い食べ物をやめようとした人なら誰でも知っているとおり、「古い習慣」は何かを改めようという「善良な意図」よりも強力なものだ。それゆえ、「善良な意図」は「新たな実践原則」へ置き換えられる必要がある。「善良な意図」を保つためには、ジム・コリンズの言うところの「触媒メカニズム」（経営幹部が持つ、達成困難な〝志〟の実現に大きな力を与えるしくみ）を働かせる必要がある。

かつて私がある大手専門サービス会社で仕事をしたときのことだ。コーチングを通じて、その会社のシニアパートナーたちは、自分たちの会社に「パートナー同士で他のパートナーの噂話はよくするのに、それを本人に直接フィードバックすることがほとんどない」という根強い文化パターンがあること、それがリーダーシップ学習に悪影響を及ぼしていることに気づいた。あるシニアパートナーは私にそれまでの状態をこんなふうに説明した。

「この二五年、自分に関するフィードバックを誰からも受けたことがなかった。なのにどうだろう。私以外のパートナーは、私のいないところで、私に関するフィードバックを四六時中行っていたんだよ！」

賢明にも、このシニアパートナーたち三〇人は全員、互いに関する噂話はしないこと、本人に直接フィードバックをすることに同意した。触媒メカニズムに関するコーチングを受けたあと、ワークショップに参加した彼らに対し、私はこう要請した。「もし今度、別のパートナーからその場にいないパートナー（仮に『X』と呼ぶ）の噂話を聞かされたら、必ず『きみにその話を聞かされて、Xは何と言っていた？』と聞くようにしてください。そして、そのパートナーがきまり悪そうに『いや、まだXにはこのことを話していないんだ』と答えたら、必ず『きみがXにその話をするときに、何か私にできることはあるだろうか？』と聞くようにするのです」

――多くの場合、文化を変化させるための最も強力な方法とは、最初に「その場にいる人たち」の態度を変えることである。これは、チーム文化にも当てはまる真実なのだ。チームコーチの役割は、リーダーチームを援助し、彼らが自立した学習チームになるようにすることだ。そうすれば、社外コーチの指導が終了したあとでも、彼らチームは自らの幅広い体験をもとに学習と発展を続けられる。

コーチングで基本原則を結びつける

ここまでコーチが五つの基本原則を活用する方法について解説してきたが、実際のチームコーチングでは、それぞれの基本原則間の流れを連結することに集中する場合が多い。その事実に気づくことは大切だ。

先の例で示したとおり、「任務を与える」と「明らかにする」という二つの原則は、共に作動させる必要がある。そうして初めて、経営陣もリーダーチームもミッションに共同責任を負うことができるのだ。また「明らかにする」と「共創する」の間の流れも、常に循環させることが大切だ。「チームが焦点を絞るべきもの」を明らかにしたら、それを「チームが共同作業するための方法」と一致させる必要がある。「タスク」と「プロセス」は矛盾することなく連動していなければならないからだ。同様に、「チーム内でいかに関わり合うか」(「共創する」)と「チームが利害関係者とどう関わるか」(「つなぐ」)という二つの原則、さらに「チームが利害関係者とどう関わるか」(「つなぐ」)と〝経営陣と利害関係者がチームとどう関わるか〟(「任務を与える」)という二つの原則も連動させなければならない。

最初の四つの基本原則と五番目の原則(「コアラーニング」)のつながりは反復されなければならない。これは、ベイトソンの言う「ラーニングⅠ」が「ラーニングⅡ」に反映された状態であり、アージリスが提唱した「ダブルループ学習」が可能になった状態でもある。ちなみに、ベイトソンは学習のレベルを「ラーニング0(データや情報の獲得は行われるが、変化や違いが生じないレベル）」「ラーニングⅠ（数種類の選択肢の試行錯誤を通じてスキルを学習するレベル）」「ラーニングⅡ（ラーニングⅠでの枠組みや設定そのものが変化することで学習が生じるレベル）」と分類している。

こういった区別は、個人的学習における順序の違いだけでなく、組織において見られる機能学習および戦略学習の違いを理解するためにも不可欠なものだ。なお、これらをベースにし、私は組織における学習モデルを発展させている（詳細は、私の著書「Management Education and Development」「Double-loop Strategic Decision Making」〈いずれも未邦訳〉を参照）。

結論

この章では、経営リーダーチーム（「経営幹部チーム」や「運営委員会」と呼ばれる場合もある）に焦点を合わせ、システミック・チームコーチが、チームを指導する際に必要な「五つの基本原則」および「その間の流れ」について解説した。

第7章では、システミック・チームコーチングが、チームの違い（バーチャル、プロジェクト、顧客対応など）によってどう異なってくるかを解説する。さらに第8章では、システミック・チームコーチングを民間企業の正規の委員会（または監視委員会）や、公営企業および第三セクターの非常勤役員会、地方自治体の閣議にいかに適用するかについて詳説する。

第3部

異なるタイプのチームのコーチング

第7章 さまざまなタイプのチーム（バーチャル・分散型・国際的・プロジェクト・顧客対応）

イントロダクション

前章では、リーダーチームの全体的なパフォーマンスを高めるためのシステミック・チームコーチングに焦点を当てた。本章では、システミック・チームコーチングのその他の種類のチームに対する有効性を、さらに第8章では、非常に特殊なチームである重役会に対する有効性を探っていきたい。

チームのタイプ

チームの分類法は実にさまざまである。チームの要素には次に挙げるさまざまなものがあるからだ。

・存続期間：一時的なものか、プロジェクトなのか、安定的なものか、など。

・機能：経営、法律、人事、マーケティング、営業、製造、コンプライアンスなど。
・焦点を合わせる顧客グループ：顧客X対応チーム、顧客Y対応チームなど。
・地理的分布：分散・地域・国・国際・バーチャル
・階層におけるポジション：経営陣、リーダーシップ、機能的または部門のリーダーシップ、仕事の最前線など
・機能モード：幹部（意思決定）、諮問、顧問、調整、報告
・リーダーシップスタイル：マネジャー指導、自己管理、自己設計、自己統治

デヴィッド・クラッターバックは著書「Coaching the Team at Work」および共著書「The Complete Handbook of Coaching」（いずれも未邦訳）の中で、チーム学習に関する調査をもとに、さまざまな次元をミックスした次のようなチーム分類リストを作成している。
・安定的なチーム：メンバーおよびタスクが長期に渡って常に一定のチーム。
・乗務員チーム：タスクは同じだがメンバーシップが常に流動的なチーム。映画製作班や一部の警察の仕事もこれに含まれる。
・常設のプロジェクトチーム：かなり安定的なチーム。通常、短期間のプロジェクトのためにさまざまなチームからメンバーが新たに選ばれる。
・進化型のチーム：長期間のプロジェクトで、タスクおよびメンバーが時間と共に変化していくチーム。新しいメンバーは、プロジェクトが新たな局面に移行したときに仕事を引き継ぐことになる。

・開発促進のための提携：特に学習（たとえばアクションラーニング）のために設定されたチーム。
・バーチャルチーム：境界線があいまい、または地理的分布が分散型のチーム。

この章では、いくつかのタイプのチームを取り上げ、彼らにシステミック・チームコーチングを行うための方法を説明していこう。私が選んだチームの種類は「マネジメント・プロジェクト・バーチャル・国際的・顧客対応」だ。これらのチームはすべて、チームコーチングの活用が可能だが、必要に応じて特殊なアプローチが求められることになる。

マネジメントチーム

これまで、本書では最大の試練に直面し、とても複雑な関与が必要とされる経営リーダーチームのコーチングを重点的に解説してきた。しかし、チームコーチングは、あらゆるレベルのマネジメントチーム（機能や部門、生産ユニット、サポート部署などいかなるマネジメントであれ）にも価値あるものとなる。チームコーチングの五つの基本原則モデル（第3、5章参照）はリーダーチーム同様、マネジメントチームにも適用可能だ。というのも、どんなマネジメントチームも任務を与えられ、自らのパフォーマンスを明らかにし、ある種の相互依存的な活動で共創をし、重要な利害関係者たちとつながり、コアラーニングを通じて常に改善を続けなければならないからである。

マネジメントチームとリーダーチームの違いは次のように表現できる。ただし、ほとんどのチームは両者の活動を取り混ぜて実施している。

「マネジメント」とは、計画作成や権限委譲、プロジェクト管理、見直しなどのプロセスを通してプランの達成に関与することである。その焦点はコントロールおよび問題解決に絞られる。「リーダーシップ」とは、人々を同じほうへ向かわせること（結果的に、ビジョン実現にコミットさせること）である。その焦点は動機を与えて鼓舞することに絞られる。

「でも、どんなマネジメントチームにもリーダーシップ機能はあるはずだ。だって、彼らは顧客やサプライヤーなどの利害関係者をマネジメントするために、人々を鼓舞する必要があるじゃないか」と異議を唱える人もいるだろう。だが「より広範囲のシステムを変容させる」というリーダーシップの一面はマネジメントチームにおいてはさほど認められないのが現実だ。ただし、すべてのマネジメントチームを「チーム」として分類できるわけではない。中には、単に経営幹部に直接報告をする人たちを集めただけの「ハブ・アンド・スポーク型」のワーキンググループもある。こういったグループは集団的なミッションを持たず、相互依存的な活動を共同で行うこともない。このセクションで言う「マネジメントチーム」とはそうしたチームではなく、共に働く必要のある、集団的目標をもったチームのことである。

先にも述べたが、組織の中間管理職におけるチームには危険が伴う（第6章参照）。マネジャーは指導する人々と報告義務を持つリーダーチームの間に生じる対立の仲介役のように振る舞う「トーン・ミドル」の罠にはまりやすい。最悪の場合、生じた問題をリーダーチームに報告し、望まれてもいない解決策を自部署にもって帰る「高給の郵便配達人」となってしまう。私がチームや組織のコンサルティングを担当してきた三五年の間で中間管理職は激減しているが、彼らの説明責任や業務負担は増大し続けている。にもかかわらず、このダイナミクスにひそむ危険性は依然として解消されてはいない。システミック・チームコーチングは、特にこういった「組織の中間に位置するチーム」の支援に有効だ。コーチは、チームが「チームにとっての組織内と組織外の顧客は誰か」「それらの顧客がこのチームに求めている特別な価値は何か」を明確に定義する手助けをし、チームの焦点を階層的な役割ではなく、むしろ横並びの役割に合わせるように指導すればよい。

その種のチームコーチングは「アウトサイド・イン」の視点からはじめる必要がある。まずは、チームに自分たちの顧客たちがチームから何をどのように受け取っているのかに関して、賞賛していること、厄介だと思っている点や変えてほしいと思っている点を見つけ出させることが大切だ。そうしてはじめて、そのチームは顧客たちを喜ばせる方法を探り出し、適切な品質の、適切な商品およびサービスを、適切なタイミングで、適切な方法で、彼らに届けることができる。

チームコーチの指導により、チームが組織の他の部分とつながる方法を学べば、組織はより効率的で一致感のあるサービスの提供を実現できる。しかし、今現在、多くの組織が、そのような役割を果たしてくれる中間管理職チームの不在に苦しんでいる。その結果、業務の重複とそれに対する不満が生まれてしまっているのだ。最前線に立つ社員たちは、よく私たちに「財務や人事、内部監査、ITといったサポート部署から、似たような情報を何度も求められて時間ばかりとられ、不満がたまる一方だ」とこぼす。だがこういう状況は、内部の境界を超えたチームワークを高めれば避けられる。

プロジェクトチーム

プロジェクトチームは、時間制限のある、特殊で明確なタスクのために、さまざまなチームからのメンバーによって構成される場合が多い。

MITのデボラ・アンコナは同僚と共に、高業績を上げるプロジェクトチームに関する非常に有益な研究を実施した。彼らは著書『Xチーム』（サイコム・インターナショナル〈監訳〉、鈴木立哉他〈訳〉、ファーストプレス）において、そのようなチームには次の共通の特徴があることを明らかにしている。

・高水準の外部活動
・多層性のある組織構造
・超効率的な執行体制
・柔軟なメンバー構成
・組織内のあらゆる部門との横の連携の調整

彼らは同書において、プロジェクトチームには「探索・開拓・搬出」という三つの局面があ

図7－1　プロジェクトチームのコーチング

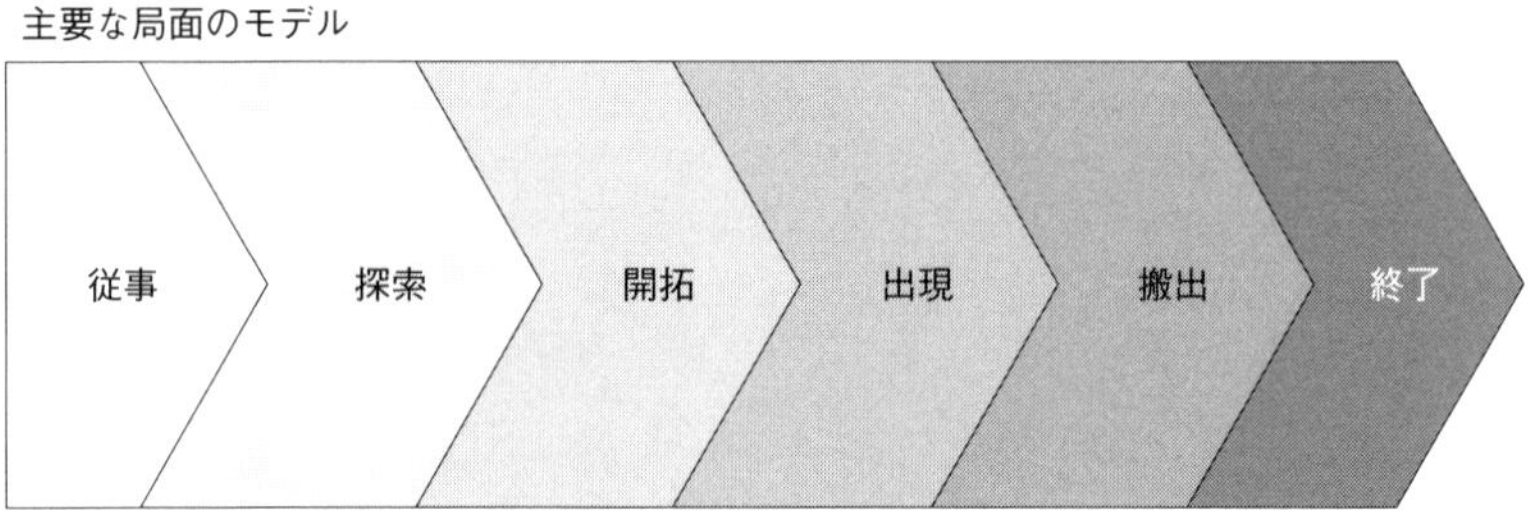

コーチは異なる局面によってコーチングの介入法をさまざまに変え、
チームおよびそのメンバーのスキルと可能性を伸ばしていく。

ると指摘した。私はこのモデルを拡大し、最初に「従事」、真ん中に「出現（再従事）」、最後に「終了」という局面をつけ加え、プロジェクトチームのコーチングモデル（次ページ、図7－1）を開発した。自分のこれまでの経験から言って、プロジェクトチームが完全な成功を手にするためにはこれらの局面が不可欠だ、と考えたからである。

最初の「従事」という局面において、チームは選別され、任務を与えられ、タックマンの言う「形成および統一」に共に取り組まなければならない。これには「チームのゴールと目的の設定」と「最高の仕事を共に行うための方法と外部への関与方法への同意」も含まれる。

2番目の「探索」という局面で、チームは「自らのグループ形成活動」と「メンバーがチームとしての領域を超え、チームの目的達成のためのアイデアやリソース、情報を熱心に探す活動」を組み合わせることになる。ここでメンバーは〝大使〟的な役割を果たし、より効果的なスポンサーシップと援助を得るために、数多くの主要な利害関係者たちと関係を結ばなければならない。

次の「開拓」は、プロジェクトチームが創造的な仕事を行う局面である。さまざまなメンバーが協調し合い、委譲された高レベルのタスクをこなすことが、ここでのチーム成功のカギを握る。ハックマンとワーグマンは著書『成功する経営リーダーチーム　6つの条件』（ヘイグループ〈訳〉、生産性出版）の中で、「チームのプロセスを大きく変える次のチャンスは、メンバーたちの共同作業の経験が積みあがるまでやってこない――通常、それはチームプロジェクトの中間点である。仕事に自然な小休止が訪れるまで、チームの仕事の仕方に大きな変化が起こる（または意図して変化させられる）可能性は低い。チームが後半の活動に向けて自然に自分たちを再編し、プロセスを設定し直すのは（中略）プロジェクトが中ほどまで来たときである」と主張している。これを表したのが「出現（再従事）」という局面だ。チームの成長の度合いによって、この局面が「開拓」の前に来るケースも考えられる。

次の「搬出」という局面では、チームの仕事が実際の行動に移されなければならない。この局面で、メンバーは〝大使〟的な役割を求められることになる。すなわち、自分たちのアイデアを利害関係者に売り込み、彼らからチームが前進するための同意を得て、共同作業に対するコミットメントを引き出す必要があるのだ。

組織変革を手がけるプロジェクトチームや、新しい商品やサービスを生み出すデザイン（または革新）チームは、共に歩んでくれるプロジェクトチームコーチから大きな恩恵を得られるだろう。その場合、コーチに必要とされるのは、プロジェクトの各局面においてさまざまなタイプの経験やスキル、介入法を用いるやり方だ。ハックマンとワーグマンは前述の著書において、ガーシックの「コーチングの介入のタイミングはいつにすべきか、チームの各ステージにおいてそれらをどのように変える必要があるか」という調査を踏まえたうえで、こう結論づけている。

コーチングの介入は、チームに問題対処への意欲が生まれたタイミングで実施するとより効果的である。（中略）一方で、チームにそのような準備ができていないうちに介入をすると、それが完璧な介入であっても助けにはならない。実際、タイミングの悪い介入は益となるよりも害となる。

では、この六つの局面を詳しく解説していこう。

【従事】

この局面において、プロジェクトチームコーチは、チームが効果的に「形成および統一」を成し遂げ、高業績チームになる基礎固めができるよう援助しなければならない。そのためには、彼らが「社外のスポンサー」や「自分たちに与えられる任務」、さらに「自分たちのゴールや切望、成果」を明確にする手助けをする必要がある［第６章の基本原則⑴と⑵］。この段階で有益なのは次のような質問だ。

「私たちにとって社外のスポンサーとは誰か」

「彼らは私たちにどのようなミッションを与えているか」

「彼らは私たちが成功したことをどうやって評価するか」

「私たちの主な目的は何か」

「私たちが自分たちの成功を測るための、具体的な目標とは何か」

「その目標達成を果たすために欠かせない、重要な要素とは何か」

「その目標達成を邪魔するものがあるとすれば、それは何か。私たちはそのような障害や落とし穴にどのように対処するか」

「成功したとき、私たちはどんなことを誇りに思うだろうか」


次に、チームは自分たちが共同で機能し、共創していくプロセスを見極める必要がある［基本原則(3)］。このために有益なのは次の質問だ。


「その成功を実現するために、私たちは互いに何を必要としているか」

「チームとして、私たちはどのように機能する必要があるか」

「チームとして、私たちが最も直面しそうな困難とはどのようなものか。私たちはその落とし穴を避けるためにどのようにまとまればよいか」

「私たちはどのように意思決定すべきか。その決定には誰が関わる必要があるか。意見を求められるべきなのは誰で、情報を与えられるべきなのは誰か」

【探索】

この局面で、チームコーチは次の点に関してチームを支援することになる。

・創造性の刺激、ブレインストーミング、既存の枠組みにとらわれない考え
・シナリオ立案
・アクションリサーチサイクルの調査および実施

プロジェクトチームがより広範囲に及ぶ組織の改善に着手している場合、チームコーチはさまざまなやり方でチームを支援することが可能だ。たとえば総合的品質管理（TQM）、ビジネスプロセスエンジニアリング（BPE）、シックスシグマ、リーンマニュファクチャリングなどである。本書には、これらの手法を説明するスペースの余裕がないため、それぞれの関連書を参考にしてほしい。

プロジェクトチームが新しい商品やプロセス、サービスの開発に着手している場合も、チームコーチはジョイントアプリケーションデザイン（JAD）、ラピッドアプリケーションデザイン（RAD）など数多くの手法を活用できる。いずれにせよ、大切なのは、チームに「システミックな思考」および「徹底的に無駄を省いた効果的なプロセス作り」を促すことだ。なお、これには従来の直線的プロセス（現状分析、新たな提案の計画と見本作成、市場でのテスト、デザイン変更、形成、マーケティングおよび実行）を超越することで、いかにそのプロジェクトを加速させるかということも含まれる。この局面でのコーチの支援により、プロジェクトチー

ムは、熾烈な競争によるストレスを軽減するために自分たち自身の仕事をデザインし、相互接続的な、平行する活動のネットワークを生み出すことができる。ウォーマックが共著書『リーン・シンキング』（稲垣公夫〈訳〉、日経BP社）で指摘したように「リーン思考」の中核を成すのは、「絶え間ない改善」と「人間性尊重」という二つの指針である。トヨタ自動車は、この二つの柱があればこそ、世界で最も成功した自動車メーカーになることができた。これらの指針はさらに次のように細分化できる。

「絶え間ない改善」

①挑戦：長期的なビジョンをもって挑戦をするために、人は自分の切望と何にでも挑戦しようとする素養に気づく必要がある。

②改善：「これで十分」ということはあり得ない。革新および改善をしようとする持続的な努力が必要だ。

③現地現物：現地に足を運び、現物を自分の目で確かめることが大切だ。そうして初めて適切な意思決定ができ、コンセンサスを生み出し、すばやく結果を得ることができる。

「人間性尊重」

①尊重：すべての利害関係者の問題に真摯に向き合い、相互信頼を築くことが必要だ。言い換えれば他者の目標到達のための責任を負うことが大切である。

②チームワーク：チームパフォーマンスに対する貢献やチームの問題解決を通じて人々を育

成し、関与させることが欠かせない。

「リーン思考」はサービス分野や公的機関にも有効だ。英国の国立健康増進局は次のように記している。

「リーン」はトヨタ自動車によって開発された改善アプローチで、無駄を省いて流れをよくする方法である。「リーン」の基本は、適切なものを適切な場所へ、適切な時間に、適切な量だけ調達することだ。こうして無駄を最小限に抑えることで、柔軟性が増し、変化への扉が開かれるのだ。

【開拓】

チームコーチはこの局面において、プロジェクトチームの以下の活動を支援する必要がある。

- ・試作品を制作し、創造的な実験を通じて前進するために可能な道を探る。
- ・「その試作品に対する決定や実行、活用に関与する人々」と「チームにとっての顧客」から有益でスピーディーなフィードバックを得る方法を探る。
- ・フィードバックを考慮して、試作品および実験でうまくいった点といかなかった点は何かをふまえ、デザイン変更を行う。

【出現：中間地点での見直しに再び従事する】

この段階で役立つ質問は次のとおりである。

「自分たちのミッション達成に関して、私たちはどの程度成功しただろう」

「自分たちの成功基準から見て、私たちは今、その旅のどのあたりにいるだろう」

「自分たちの経験を踏まえると、私たちの戦略はどの程度改良する必要があるだろう」

「私たちはどの程度、自分たちで設定した価値、基準、手順に沿っているだろう。その中で有益だとわかったものは何だろう。それらの有益なものに対して、どの程度の変更や付け足しが必要だろう」

「私たちチームが最悪の状態にあるのはどの部分だろう。そこにはどのようなパターンが作動しているだろう。その種の機能不全を招くパターンをどうしたら断ち切れるだろう」

【搬出】

チームコーチはこの局面において、プロジェクトチームがすべての重要な利害関係者と結びつき、プロジェクトが生み出したものに対する彼らの賛同を得るよう指導することが必要だ。これには、プレゼンテーションのリハーサルや、利害関係者のニーズ（プロジェクトチームのニーズではない）を満たすようなデモンストレーション実施、メリットを体験させて利害関係者を関与させる、などの活動が含まれる。なお、コーチはプレゼンテーションやデモンストレーションに出席し、その前後、あるいは中間に、よりよい関与に結びつけるためのコーチングをチームに対して実施することが可能だ。

【終了】

コーチはこの局面において、プロジェクトチームが一歩下がり、自分たちが共同作業から得た学習の成果を客観的に観察できるよう援助する必要がある。そうすることで、彼らは効率よく仕事をするための個人的および集団的能力を伸ばすことができるのだ。次に挙げるのは、デヴィッド・クラッターバックが著書『Coaching the Team at Work』（未邦訳）で提唱した、この最終段階において役立つ質問である。

「私たちの個人的および集団的知識、私たちの自意識、私たちの現実認識において変わったのは何か」
「私たちがチームの編成に関して学んだこととは何か」
「その学びを私たちはどのように活用してきたか」
「その学びを得て、共有するプロセスとはどのようなものか」
「私たちはその学びが他者にも適用可能であることをどうやって知るか」
「私たちはその学びをどのように構築できるか」
「このプロジェクトチームが解散したあと、私たちはどのように共同学習を続けられるか」

地理的な理由で、メンバーがほとんど（ときには一度も）顔を合わせたことがない……。チームコーチが、そんなチームと仕事をする機会がどんどん増えている。これにより、チームとチームコーチが関わるための新たな方法とこれまでとは異なるスキルやさらなるメソッドが必要になってきた。リプナックとスタンプスは著書『バーチャル・チーム』（榎本英剛〈訳〉、ダイヤモンド社）の中で、バーチャルチームを次のようにわかりやすく定義している。

バーチャルチーム

バーチャル・チームは、他のあらゆるチームと同じように、共通の目的を持ち、相互依存的な業務を通じて互いに作用しあう人々の集まりである。ただし昔ながらのチームと違い、バーチャル・チームは、多様なコミュニケーション技術によって築かれた強固なつながりによって、時間と空間と組織の壁を越えて働くチームである。

バーチャルチームをうまく機能させるためには、メンバー同士で直接顔を合わせる時間をある程度作り、その性質を構築し、関係性を発展させ、集団的な目標意識を育む必要がある。マンフレッド・ケッツ・ド・ブリースは著書「The Leader on the Couch」（未邦訳）において、この課題を次のように巧みに説明している。

今日のサイバー社会において——世界市場においてバーチャルチームがかつてないほど一

般的になった社会において―〝信頼構築〟は〝熾烈な市場競争〟よりもはるかに重要になっている。バーチャルチームを作るためには、まずは関係構築への莫大な投資が成されなければならない。それは、スマイルマーク入りのメールを送ったり、ただ握手をしたりするだけでは実現不可能なことだ。（中略）電子機器を介すことのない個人的な関係や直接のコミュニケーションこそ、信頼関係を築くものにほかならない。世界中のさまざまな場所に存在する個人やグループの間でも効果的な相互作用が期待できるのは、それら関係者の間にかなりの程度の信頼が築かれている場合のみである。信頼という接着剤がなければ、チームはうまく機能しない。ましてや、バーチャルチームはまったく機能しなくなる。

いまや企業組織のグローバル化は急激に進み、お金や時間、地球資源にかかるコストを考えれば出張もなるべく控えたい。にもかかわらず、私たちはかつてないほど直接顔を合わせ、信頼関係を築く必要に迫られている。だからこそ、私たちはチームコーチとして、ビデオによる指導やチームとのテレビ会議にまつわる新たなスキルやメソッドを開発し、人間関係がしっかりと構築されているか、誤解が生じていないかを丁寧にチェックしなければならない。さらに忘れてはいけないのは「ビデオやテレビを介しての会議は、直接顔を合わせる会議よりも、会議の前後に個人的なコミュニケーションを図る機会も空間も少ない」ということである。私の同僚クリス・スミスは、ケーブル・アンド・ワイヤレス社のリーダーシップ開発部門の長だったときに、バーチャルチームの成功に必要な次の五つの条件を提案した。

①意識的にチームを構築する。

②有効なリーダーシップスタイルを開発する。
③コミュニケーションのための適切なテクノロジーを提供する。
④マトリックス図をつくり、ネットワークを管理する。
⑤ネットワーク上でチームワークを発展させ、承認し、報償を与える。

さらに、彼はバーチャルチームに問題が生じるサインを次のように示した。
・メンバーがチームの目標をうまく表現できない。
・コミュニケーションがよそよそしく、堅苦しい。あるいは緊張をはらんでいる。
・期待だけが非常に大きく、ほとんど何も達成できていない。
・話はするが、コミュニケーションがほとんど行われていない。
・雑談時に意見の不一致が垣間見える。
・〝自分以外のチームメンバーにほとんど関心を持たず、関与することもしないリーダー〟によって意思決定が行われる。
・メンバー同士が心を開いていない。
・役割に関する混乱のせいで、活動に重複や矛盾が生じている。
・チームとして三カ月活動をしているのに、その機能に関する見直しが一度も行われていない。
いかなるバーチャルチームにとってもチームコーチにとっても、これは非常に有益なチェックリストである。大切なのは、チームがバーチャルな仕事をしているときも、チームコーチが彼らのテレビ会議やオンライン上での議論に参加し、常に寄り添って仕事をすることだ。そういう状況においては、ウェブ上のワークルームやその他の色々なeコーチングのスタイルも役立つ。

国際的なチーム

バーチャルチームが国際的なチームとして機能することは多いが、必ずしもいつもそうとは限らない。一方で、国際的なチームがバーチャルチームとして機能することも多いが、必ずしもいつもそうとは限らない。

キャニー・デヴィッドソンとウォードは著書「Leading International Teams」(未邦訳)の中で、国際的なチームを「共通のゴールに向かって相互依存的に働く、国籍の異なる人々の集団」と定義した。多国間という状況ゆえに、このタイプのチームには複雑さや課題が数多く生み出されることになる。キャニーとウォードはそれらを次のようなリストにまとめた。

・複雑なタスクに取り組まなければならない。
・複数の国々に影響を与えなくてはならない。
・非常に幅広い顧客に対応しなければならない。
・多くの地域において同時に問題解決をしなければならない。
・多大な影響を期待される。

・文化および背景がさまざまに異なる。

キャニーとウォードは「国際的なチームが設立・維持される場合、彼らに対する期待は必然的に高くなる。すでに存在する数々の課題に加え、そのこと自体もチームにとっては大きな負担になってしまう」と指摘している。彼らがまとめた国際的なチームのメリットとデメリットを示したのが次ページの図7－2だ。

グレガーソンらが、米国内のフォーチュン五〇〇企業に実施した調査の結果、そのうちの八五％が「グローバルリーダーの数が不足している」、六七％が「グローバルな仕事をするために、現役のリーダーたちにはさらなるスキルと知識が必要だ」と考えていることが明らかになった。では、有能なグローバルリーダーに不可欠な性質とはどのようなものだろう？　さまざまな研究により、明らかにされている結果をまとめたのが207ページの図7－3だ。

チームコーチがすべきは、国際的なチームのリーダーとメンバーが、グローバルな仕事をする能力をさらに高められるよう援助することだ。もちろん、彼ら自身にもその種のスキルを発展させる意欲が求められる。世界的な企業の経営幹部はこういったスキルを高め、文化の違いを超えて仕事をしなければならない。こうした場合のメンタリングに関して、ズルフィ・フセインは「異文化の相手を指導するために、メンターには『自分自身の文化』と『指導を受ける者の文化』をどのように自分たちのコミュニケーションに反映させ、影響を及ぼすかを決定す

図7－2　国際的なチームのメリット・デメリット

メリット	デメリット
地域の要求にもすばやく反応できる。 グローバル戦略を創出できる。	メンバー個人が“チームへの忠誠”と“自分の地域のマネジャーへの忠誠”の板挟みになる。
組織が、より顧客の好みにマッチした多様な視点に立つことができる。	前進のためのコンセンサスに達するのが難しい。
世界市場についての組織的学習が増大する。	言語およびコミュニケーションの違いにより、最高レベルの効率性の実現までに時間がかかる。
リソースをより効率よく活用できる。 努力の重複を避けられる。	離れて仕事をすることでメンバーの孤独感や意欲喪失が深まり、家庭生活にも害が及ぶ。地域の問題に気を取られることも多い。
さまざまな人々、会社の異なる部分から多くを学び、問題に対処するための手法を学習できるため、組織内に高レベルの恩恵がもたらされる。	さまざまな選択肢があるせいで、衝突の可能性が増す。
昔ながらの“外国から来たマネジャー”という枠組みを超え、国際的な発展の機会を拡大できる。	どの程度自分のことを語るか、どの程度主張をするか、どんな種類の食べ物を好むかといった文化的習慣が、異文化の人々から攻撃対象になる可能性がある。
「専門家」になることでメンバーの意欲が高められる。	致命的なミスを避けるために、この種のチーム作りには人々や研修、テクノロジーに莫大な初期投資をする必要がある。
チームリーダーおよびメンバーの通信技術に関するスキルがアップする場合が多い。	公平な評価および報酬を与えるのが難しい。
ターゲット拡大が可能になるため、数多くの異なる国々に同時に影響を及ぼせるようになる。	

図7－3　有能なグローバルリーダー（グローバルコンサルタント）の性質

アイデンティティ	構想力	対人関係
□肯定的な自己概念を持っている。 □信頼性がある。 □他者に適応する。 □状況に応じて自分自身／自分の文化を見極める。 □原則によって導かれる。 □差異に対してオープンである。	□グローバル社会・経済に見合った見地に立てる。 □状況に応じた思考ができる。（“離陸したヘリコプター”のように俯瞰した視点から思考できる）	□相手の行動を注意深く解釈できる。 □状況に応じてスタイルを変えられる。 □自分の考えを相手に理解してもらえる。 □どんな人にも等しく敬意を払える。 □影響・感化に対してオープンである。

る能力が不可欠だ」と記している。このあと彼は、世界の主要な文化や自分自身の文化、指導を受ける者の文化、さらに指導を受ける者が働く組織の文化の価値観、信念、シンボルを理解する性質を「文化的リテラシー」と呼び、その重要性を強調している。

さまざまな文化が混合する国際的なチームと関わる場合、コーチとしての課題はさらに増大する。もしチームコーチがその組織の本拠地である国の出身で、その国の文化を背景に育ち、「チーム内の主要グループと同じ」と見なされる場合、この課題はさらに倍加する可能性がある。私はスミスとの共著書において、「コーチはチーム内での対話を通じて、そこに反映された自分自身の文化的基準とパターンを熟考しなければならない」と説いた。そこには、自分でも気づかない文化的基準やパターンが数多く潜んでいるからだ。

大切なのは、他文化を理解するためにコーチが一歩踏み出すことだ。そのために役立つのが「質問に対してオープンでいる」というスタンスである。これは職業柄、私たちが常に心がけているスタンスだ。「学習に対してオープンな態度をとっていれば、仕事上で型にはまるよりむしろいきいきと創造的であり続けられる」というのが私たちの信条だからだ。もし私たちが文化的なダイバーシティ（多様性）を拒絶するのではなく、心から尊重するようにすれば、「その違いを超えた対話方法を発見するために一歩踏み出すのは当然」になる。そう、対話こそが私たちの行うことの核心である。私たちの仕事を単に他者の視点を理解することだとみなすならば、真の会合にはなりえない。私たち自身が不在だからだ。スーパービジョン（監督）関係において、これはただその関係における違いを認めて探求するだけでなく、私たちに対する質問にもクライアントとの関係に対する質問にもオープンでいる、という態度を意味する。ホロウェイとキャロルの著書「Training Counselling Supervisors」（未邦訳）における引用によれば、タイラーらは、文化への反応を次の三つのスタンスで区別している。

・普遍主義者：文化の重要性を否定し、あらゆる違いを個性の違いのせいにしようとする人。カウンセリングにおいて、個人的な病的状態におけるあらゆる違いを理解しようとする傾向がある。

・個別主義者：普遍主義者とは対極の考え方をする人。すべての違いを文化の違いのせいにしようとする。

・超越主義者：前述の私たちのスタンス（「質問に対してオープンでいる」）に非常に近い考え方をする人。

ホロウェイとキャロルの同著の引用によれば、この〝超越〟的な視点について、コールマンは次のように記している。

個人にまつわる前提とは、人種や性別、階級といった文化的要素を基に構築される。しかし、超越的あるいは多文化的な視点に立つ場合に重要なのは、「そのような個人的前提を持ったグループのメンバーが集まり、それぞれが独自の選択を重ねることにより、どのような現実が生み出されるか」を理解することだ。

エレフテリオスは著書「Transcultural Counselling」（未邦訳）において、「異文化間の仕事」と「文化を超越した仕事」の違いをわかりやすく区別している。前者において、私たちは「自分自身の世界観を超越しようとするよりもむしろ自らの参照体系を用いて相手を理解しようとする」傾向が強い。一方、後者が意味していることは、私たちの文化的相違を超え、参照枠内で他者や他のグループと「普通の」関わりができることが必要だ、ということだ。このような能力は仕事をするうえで重要である。他者の領域に一歩踏み出すことは、相手の多様性に敬意を払うことと同じだ。そういった多様性に適応することは、学習に不可欠なスキルにほかならない。ただし、より奥深いレベルで言えば、両者が互いの違いを尊重する行為を超越したところに、より生成的な次元があり、そこでは両者はお互いに共有できる言語や質問のための一連の枠組みを作り出す。質問に対してオープンな態度を心がければ、超越主義者の視点から、文化の違いを超えた仕事をする能力を高められる。

国際的なチームをたびたびコーチングする中で、私たちは両者の文化的気づきを発展させるためのエクササイズを開発した。それが次に挙げるもので、これはどんなペアでもできる。

・まず、Aさんが発言する。「私が、自分自身の背景についてあなたに知ってほしいのは……」
・Bさんが答える。「あなたが言ったことはつまり……」
・Bさんの答えに誤解があれば、Aさんがそれを指摘する。
・Bさんがそれに対して発言する。「あなたから聞いたことで、私はこのように行動しようと思う……」
・Aさんは、Bさんの反応で「役立つ」と思うことをBさんに知らせる。次はBさんがAさんに対して同じことを繰り返す。

顧客対応チーム

私はかつて、世界規模のサービス企業の「グローバル顧客対応チーム」のコーチとして、ある会議に招かれたことがある。それはまったく異なる職務（監査・税務・法人財務・コンサルタント）のシニアパートナーから成るチームで、彼らは特にその半日の会議のために世界各国から集められていた。

会議開始から一時間、彼らの多くは、同僚からの最新情報（共通のクライアントに対しどのような活動を行ってきたか）を聞きながら、手にしたスマートフォンをせわしなく操作していた。そこには「共同で何かを達成しよう」「力を合わせて何かを生み出そう」という雰囲気はまるで感じられなかった。私は会議を中断し、彼らにこう尋ねた。

「ここまでで私たちが生み出した新たな学びや知識は何でしょう？　あなたたちがこの会議の

前には知らなかったことは、何でしょうか?」

一同はぼんやりした顔になったが、それでも数人が同僚の報告から得た情報を答えた。それを聞いて、私はもう一度同じ質問を繰り返した。なぜなら、彼らの多くが「チームであれば、個人の中には存在しない新たな考えや知識を生み出せる」という概念を知らないことに気づいたからだ。私の質問の答えをしばらく探求したあと、彼らは会議の方式そのものを変更し、今後の会議はすべて「情報交換に会議の時間の何%を費やし、共に考えることに会議の時間の何%を費やしたか。そしてその結果、どの程度の新たな知識を生み出せたか」で評価することを決めた。その後、彼らは会議ごとに、チームが会社にとって価値ある洞察と新たなビジネス展望をどのくらい生み出せたか、それらをチームと顧客との関係を広げるように伝えるためにはどうすればよいかを探求し続けたのである。

顧客対応チームのコーチングは、急速に需要が高まりつつある分野のひとつだ。顧客対応チームとは、重要顧客（顧客組織）との関係に重点を置くために、その企業のあらゆる部門から多くの専門分野にわたるメンバーが集められた、そして（あるいは）多地域的なチームだ。この仕事におけるコーチの焦点は、クライアントである顧客対応チームが、重要な顧客に対して、各部分の合計を上回るサービスを提供できるよう支援することにある。必然的に、チームがまず着手するのは、その顧客とのダイナミクスの見つめ直しということになる。このタイプのチームコーチングは、チームのスーパービジョン（監督）と似た点が多い。すなわち、コーチは「顧客対応チーム」と「彼らの顧客の要望およびダイナミクス」の両方に焦点を合わせる必要があるのだ〈顧客対応チームのダイナミクスとクライアントのダイナミクスの相関関係に関する事例は、私とスミスの共著書「Coaching, Mentoring and Organizational Consultancy」〈未邦訳〉を参照〉。

【顧客対応チームの開発】

チームコーチは、顧客対応チームのチーム機能を促進するだけでなく〔基本原則(2)(3)〕、顧客組織との関係も発展させなければならない〔基本原則(1)(4)〕。世界的企業の顧客対応チームと仕事をするうえで、「顧客対応チームコーチ」および「システミック・シャドー・コンサルタント」という役割を組み合わせた経験をもとに、私は「顧客対応チームの変容モデル」〈図7-4〉を開発した。このモデルは全世界の顧客と仕事をする多種多様な企業〈会計、コンサルタント、法律、金融など〉だけでなく、主要顧客と長期的な提携関係を発展させたいと願うメーカー企業も活用可能だ。

この図には、顧客との関係において、顧客対応チームが果たす可能性のある四つの役割が記されている。具体的には次のようなものだ。

①ソリューション供給者：これは顧客対応チームが供給者として、顧客の目に見える形で、顧客の現在のニーズに応えている領域である。この領域の仕事は、競争入札などを通じて購買部門によって勝ち取られることが多い。

図7－4　顧客対応チームの変容モデル

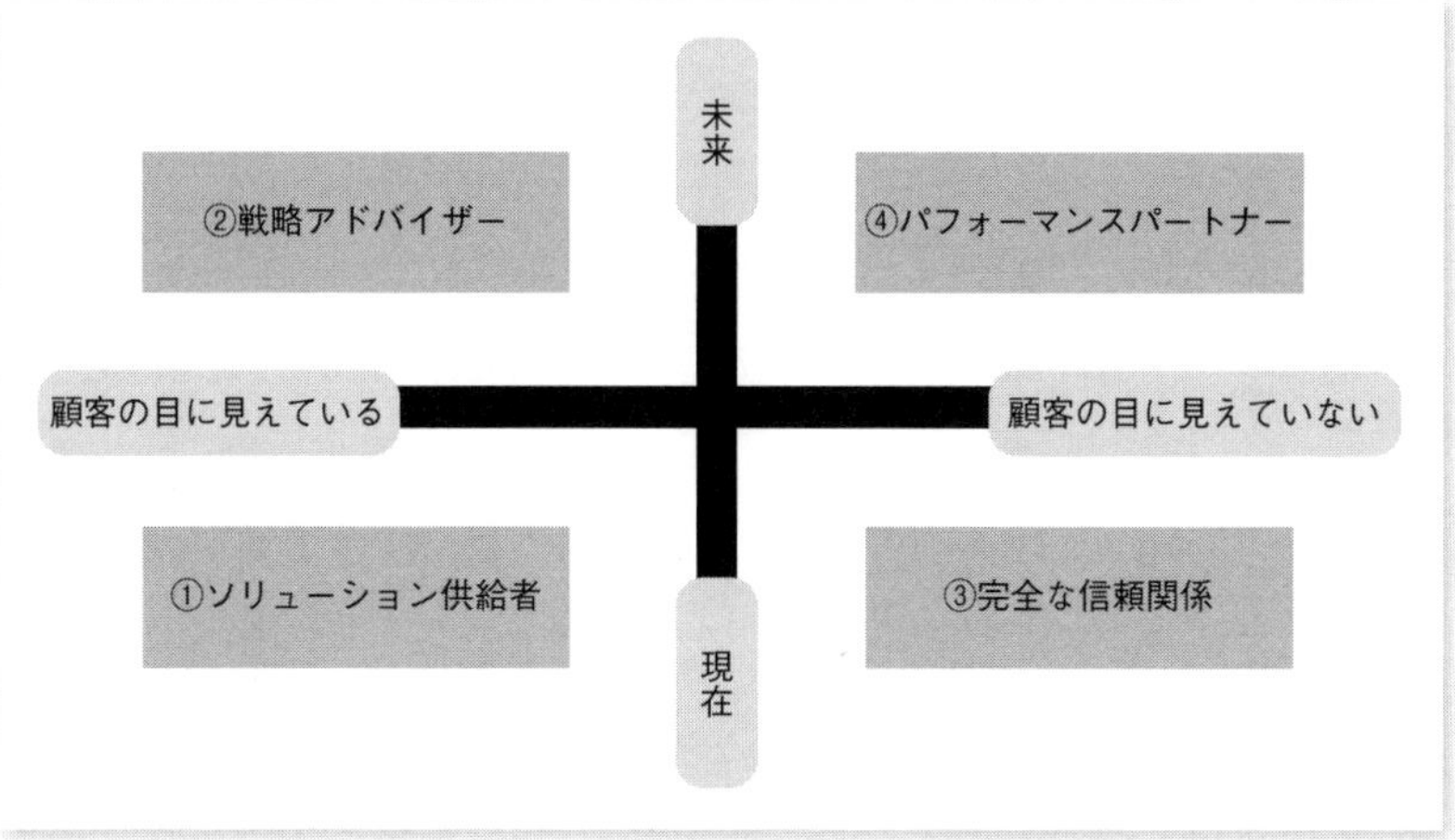

②戦略アドバイザー：これは顧客対応チームが戦略アドバイザーとして、顧客の目に見える形で、顧客の未来のニーズに応えている領域である。チームはこの領域において、業界動向にまつわる専門知識の提供を通して顧客の成長戦略に寄与することになる。

③完全な信頼関係：これは顧客対応チームが信頼を基に、顧客には見えていない（盲点となっている）現在のパターンやプロセス、文化、ニーズなどを丁寧に指摘する領域である。その結果、顧客は「自分たちが予見できなかった領域に価値を加えてくれた集団」としてチームを見なすようになる。

④パフォーマンスパートナー：これは顧客対応チームがパフォーマンスパートナーとして、確実には予見できない未来のニーズに対処するために、顧客とコンサルタントチームの間の共同投資とリスクの共有を行う領域である。

それぞれの役割によって、異なる言語と関与モードが必要とされる。チームコーチは次の点に留意して指導するとよい。

①ソリューション供給者として：問題を抱えた顧客と解決策をもたらすコンサルタントの言葉で表現される言語が頻繁に使われる。技術的な専門用語が多く用いられることになる。

②戦略アドバイザーとして：課題および機会により焦点を当て、未来志向の言語を使う。

③完全な信頼関係として：顧客のパターンやプロセス、文化により焦点を合わせた言語に変わる。また当面の問題に集中する代わりに、その問題をひとつの兆候としてとらえ、システミックなパターンおよびダイナミクスに注目する。

④パフォーマンスパートナーとして：①～③のすべての言葉を織り交ぜ、協力とウィン・ウィンの関係を生み出す言語が大切である。

それぞれの役割において、顧客対応チームには異なる価値と専門分野が求められる。ソリューション供給者としては、チームは顧客に対し、「技術的専門知識（たとえばリストラ、コスト削減、買収、法定代理に関する知識）やサービス」の供給が求められる。戦略アドバイザーとしては「ビジネスに関する先見の明」、言い換えれば、ビジネスおよびビジネスの状況を現在だけでなく、未来においても発展させるための理解が必要だ。完全な信頼関係としては、さまざまなレベルにおける「顧客組織に関する洞察」が求められる。前述のとおり、私は組織文化を「どこかの組織で三カ月間仕事をすると自然に気にならなくなるもの」と定義している。「その外に出たことのない魚にとって、海を知ることは難しい」という中国のことわざは、このことを見事に言い表していると言えよう。それゆえ顧客対応チームは、単に顧客の買収やプロジェクトを成功させるだけでなく、その企業文化においてうまく機能している点とそうでない点を見極める手助けをしなければならない。そうすれば、顧客の買収能力や変化への適応能力をさらに高められるのだ。そして、パフォーマンスパートナーとしては、「顧客との協力にコミットメントすること」が求められる。この役割においては、これまでの三つの役割で生み出された価値をすべて網羅すると同時に、顧客と提携関係を構築し、ウィン・ウィンの関係を創出するスキルと能力も必要となる。

以上のことを踏まえ、顧客対応チームは集団的な知識を生み出し、「ビジネスに関する先見の明」や「顧客に関する洞察」という付加価値を高め、他のサービス提供者や商品との違いを創出できる。ところが、顧客対応チームにはこのための原則やスキルが欠けていることが多い。実際私たちも、顧客対応チームの会議が最新データや情報の交換だけで終わってしまうケースを何度も見てきた。こういった場合にコーチがすべきは、チームが顧客のためにより幅広い業界動向を探求したり、顧客企業の文化的パターンを探求できるようなプロセスとスキルを提供したりすることである。

チームコーチがすべきは、顧客対応チームが「顧客が使っている多くの供給者のうち一社」から、「戦略アドバイザー」「完全な信頼関係」の段階を経て、最終的には「長期的なパフォーマンスパートナー」へと変容する旅を支援することだ。以下の手順を踏めば、チームコーチはこれを成し遂げることができる。

・チームが、顧客から与えられた〝任務〟(明確なものとそうでないものの両方)と顧客の基本的なニーズを見極められるよう支援する〔基本原則⑴〕。次の質問を顧客対応チームに問うとよい。「あなたたちの顧客が彼らの市場で成功するために、あなたたちにしかできないこととは何ですか」

・チームが、顧客に関するミッションと戦略を〝明らかにし〟、それらの実行ステップを踏む手助けをする〔基本原則⑵〕。

・チーム会議に出席し、彼らが最新データや情報を交換するだけの状態から、新たな集団的思考をする状態へ変化できるよう援助する。これにより、彼らは顧客にまつわる洞察力やビジネスの先見の明を生み出し、顧客に付加価値を与えられるようになる〔基本原則⑶〕。

今日の市場において、良質の商品やサービスを適切な価格で、適切なタイミングで、適切なやり方で提供することは、ビジネス競争のための前提条件に過ぎない。そこから頭角を現すために、顧客対応チームは顧客に寄り添い、彼らが提供する商品やサービスを通じて成功する手助けをし、奥深い洞察力やビジネスの先見の明を通じて、彼らに付加価値を与える必要がある。

結論

この章では、チームコーチングをマネジメント、プロジェクト、バーチャル国際的、顧客対応の各チームに適用する方法を探ってきた。ここに挙げたのはほんの一部に過ぎず、チームの種類は多岐に渡っている。チームコーチングの分野が拡大されるにつれ、チームの状況に応じたチームコーチングの開発もさらに進んでいくことだろう。次の章では、あるひとつの特殊なタイプのチーム——経営陣チーム——へのコーチング法について解説する。

第8章　経営陣へのコーチング

「その会社が生き残り、成長できるか否かを決めるのは取締役たちである。経営陣が会社の人々のエネルギーや才能をどの程度解放するか抑圧するかは、まさに取締役たちの資質と、そして彼らがチームとしていかに有効に機能できるかによって決まるのだ」

――英国経営者協会前会長ピーター・モーガン（クールソン＝トーマスの著書〝Creating Excellence in the Boardroom〟より引用）

イントロダクション

第5、6章では、組織の経営幹部チームやリーダーチームへのコーチングについて詳説したが、この章では経営陣へのコーチングに注目したい。冒頭の引用にもあるように、企業の経営陣は、その会社が成功するか失敗するかのカギを握る存在だ。経営陣が効果的なパフォーマンスを発揮できるかどうかはそのチームワークにかかっている。一九九〇年代に、クールソン＝トーマスが英国内の取締役二一八人（そのうち七五％が会長かCEO）に対して実施した調査では、「彼らの大半が、経営陣の第一の課題として〝チームワーク〟を挙げているにもかかわらず、正式なチーム開発活動やチームコーチングを実施している経営陣はごくわずかしかいない」ということが明らかになった。そしてこのとき以来、国内および国外の統治ルールや経営者機能の度重なる見直しや、法的責任の変化に伴い、経営陣にまつわる課題や要求は飛躍的に増大し続けているのだ。

経営陣をコーチングする人々の中には、リーダーチームをコーチングするときと同じスキルを多用している人もいるだろう。たしかに、双方のスキルやメソッドの多くには関連性がある。しかし、経営陣を取り巻く状況およびその役割ゆえに、経営陣へのコーチングには独特のアプローチが必要となってくる。そのアプローチを説明するために、この章では、まず経営陣にとっての課題はどう変化しているかを解説したうえで、高度なパフォーマンスを上げる経営陣に必要な要素は何かを探っていきたい。本章の大半は民間企業の経営陣向けに書かれているが、ここで紹介するアプローチの多くは、公営企業や第三セクターの経営陣にも適用可能である（これらの経営陣についてはこの章の最後で取り上げる）。

増大する経営陣の課題

ここ三〇年で、コーポレートガバナンス（企業統治）は主要なビジネスの論点となり、企業の発展や変化のカギを握る分野となった。たとえば次に挙げるように、コーポレートガバナンスの基準が問われる事態が次々と生じているのだ。

・経営陣の無能さや汚職がメディアで大々的に取り上げられるようになり、訴訟事件に発展するようになった。これまでは判例法に基づいていた国々でも、いくつかの判決では、その国の新たな先例を作ったケースもある。「市場の力は自動的に最大の社会的利益を生み出す」と根強く信じる政府もあるものの、今後さらなる規制が必要なことは明らかだ。

・二〇〇八～二〇〇九年の世界金融危機（大手金融機関の破綻という前代未聞の事態が起きた）により、コーポレートガバナンスを問う声はさらに強まることになった。

・機関投資家やファンドマネジャーを通じて利害関係者のパワーの集中および調整が成された結果、経営陣に「よりタイムリーで質の高い情報開示」と「企業経営の透明性の向上」が求められるようになった。

・企業および国家経済のグローバル化の結果、国際基準へのさらなる圧力が生まれた。

・変化と複雑さが加速化した結果、経営陣に「さらなる学習」「自らの組織の学習と変化適応力の促進」「新たなリーダーシップモデルの創出」が求められるようになった。

・インターネットおよび通信技術の発達により、あらゆる利害関係者たちの企業活動に関する意識や関心が高まった。

経営陣へのコーチング

経営陣に自らの役割やパフォーマンス、機能を見直し、それらの情報開示を求める声はますます高まっている。中にはこれをチャンスととらえ、社外コーチに助けを求め、経営陣コーチングを通じて、自分たちにとっての重要分野の見直しや改善を行った経営陣もある。また公営企業においても、経営陣にその種の定期的な見直しを求める声が高まりつつある。

経営陣へのコーチングがはじまるきっかけはもうひとつある。チームコーチが組織の経営幹部チームと仕事をしており、そのコーチングプロセスの一部に経営陣も含まれていた場合だ。この場合、経営陣は〝前進する組織の一部〟と見なされるため、彼らもまた自らの役割やパフォーマンスを見つめる必要が生じるのだ。

経営陣をコーチングする場合、そのコーチング関係の段階は「CID－CLEARモデル」（第5章参照）で示すことが可能だ。つまり、コーチは次の段階を踏む必要がある。

・契約：ほとんどの場合、この最初の契約は、取締役会長および取締役会の窓口担当者と交わす。
・調査：経営陣メンバーへのインタビューやさまざまなツールを活用し、調査を実施する。
・診断：新たに出現した問題を理解するために診断プロセスを踏む。経営陣自身による発見によく耳を傾け、それらの発見を踏まえて、チームを発展させる行動プランを探る。

コーチングがここで終了する場合もあるが、改善プロセスを手助けするために、コーチがさらなる指導を行う場合もある。

「五つの基本原則」（第3、6章参照）は経営陣コーチングにも適用可能だが、経営陣にまつわるさまざまな状況および責任ゆえにその過程が非常に困難なものになることも多い。なお、経営陣コーチングのプロセスは、基本原則(5)「コアラーニング」からはじまり、次に基本原則(2)「明らかにする」へ移行し、その役割や機能を明確にするパターンが多い。

このプロセスの一環として、コーチは、経営陣が基本原則(1)「任務を与える」にも移行できるよう支援することが大切だ。経営陣は、株主たちからだけでなく、彼らが機能する管轄における法定基準、信任行為基準、統治水準からも権限を授与されている。それゆえ、コーチは必然的に「経営陣が自らの役割や機能、ミッションをどう見ているか」「さまざまな国々における法定基準、信任行為基準、統治水準は、彼らの機能やセクター、組織に関して何を求めているか」に注意を払わなければならない。ほとんどの国では、上場企業や利害関係者を伴うその他の未上場企業、合名会社、第三セクター、慈善機関に関して特別な規則を設けている。

「調査」の段階においては、経営陣に対する株主たち（慈善機関の場合はそのメンバー／合名会社の場合はそのパートナー）からの期待を探り出すことも重要だ。この種のフィードバックを定期的に得るための仕組みをもっている経営陣もあるが、そうでない場合、コーチがそうした仕組みづくりを要請されるケースもある。こういった場合、コーチは、少なくとも「その経営陣がこれまでに受けた公式および非公式なフィードバック（さらに苦情や不満）」と「直近に実施された株主たちとの年次総会で取り上げられた問題」を調査することが大切だ。

経営陣チームが自分たちの役割とコミッションを明らかにできたらコーチは次の段階へと進むことになる。これはすなわち、チームが「多岐に渡る機能を通じてどのように企業に価値をつけ加えるか」「どうすればその役割の価値をさらに高められるか」を明らかにするよう支援する段階だ［基本原則(2)］。そのために役立つのが、このあとに紹介する〝経営陣の機能〟だ。これを活用すれば、コーチはそれぞれの主要な機能に関して経営陣が生み出すべき価値はどのようなものか、よく理解できるだろう。

以上の基礎部分を踏まえれば、経営陣はチームとしていかに〝共創〟するか、そのためにはどのように一致協力すればよいかを見極められるようになる［基本原則⑶］。そして最後に、コーチは経営陣を手助けし、いかに〝つながる〟か――重要なすべての利害関係者たちとどのようにコミュニケーションを図るか、何を学ぶか、どう関わるか――を見極めることになる［基本原則⑷］。なお、経営陣にとっての「利害関係者」とは次のような人々だ。

・投資家、株式保有者、メンバー、パートナー、一般の人々（経営陣のタイプによる）
・監督機関（監査役、税務署、政府部門、そのセクターや職種の取締官など）
・顧客、クライアント、サービスの利用者
・スタッフおよび社員（特に経営幹部チーム）
・サプライヤーおよびパートナー
・その企業が機能している地域社会

いかなる経営陣にとっても最も重要な人間関係は、彼らに直属する経営幹部チームとのそれである。この関係については、経営陣コーチングの基本原則⑷「つなぐ」のセクションで詳しく取り上げたい。では、五つの基本原則を活かした経営陣コーチングの各段階を詳しく見ていこう。

経営陣の役割を明らかにする：基本原則⑴と⑵

最初の「調査」の一部として、コーチは、各メンバーが経営陣の役割および機能をどのように見ているかを確認したうえで、それらを、彼らがビジネスを行う国々での法定基準および信任行為基準や、その企業にとって最良の統治水準に関連づけるべきである。英国で一九九二年に発表されたキャドバリー委員会報告書はコーポレートガバナンスの意味を初めて次のように明確にした。

コーポレートガバナンスは、企業を方向づけて統制するシステムである。取締役はその企業のガバナンスに対して責任がある。取締役会の責任には、企業の戦略的目的を設置し、指導力を発揮して事業を運営し、その結果を株主に報告することが含まれる。

ビジネスの潜在的価値には、株主の利益以上のものが含まれる（株主の利益がそれ以外のものよりことさら強調される場合もあるが）。この「価値」には、物的、財政的、社会的および人的なあらゆる種類の資産やリソース、資本が含まれることになる。社会的資本とは「顧客や投資家、サプライヤー、取引先、既存の社員（または社員になる可能性がある人々）の目から見た、その企業の関わりおよび評判」のことだ。また人的資本には「社員の知識、学習能力、忠誠心」が含まれる。なお、企業が社会的・法的責任をとるために、「コンプライアンス」という言葉には「地域社会や自然環境に容認しがたい代償（または損失）を課さないことを保証すること」「あらゆるレベルのリスクをモニタリングすること」という意味が含まれるようになった。先のコーポレートガバナンスの定義には、さまざまに異なるニーズ、利害関係者、時間枠による数多くのジレンマが表されている。英国取締役協会は経営陣が直面する四つの主なジレンマを次のように記している。

①ビジネスを前進させるために起業家精神を発揮し、リスクをとらなくてはならない。その一方で、慎重な管理も怠ってはいけない。
②企業の行動および機能を熟知していなければならない。その一方で、日々一歩下がった視点から、長期に渡る客観的な展望を持ち続ける必要がある。
③地元における短期的な問題に敏感でなければならない。その一方で、社会や競合他社、さらには国際的なより広範囲のトレンドにも詳しくなければならない。
④製品化・商用化に焦点を合わせる必要がある。その一方で、社員や社会、自然環境に対しても責任ある行動をとらなければならない。

これらをはじめとする多くのジレンマに対処するために、経営陣は自らの役割を次のようにとらえる必要がある。

・組織のトップとしてではなく、むしろ組織内部とその主要な利害関係者との間の境界線の役割。
・専門的な機能を管理（または実現）するより、むしろそれらを運営する役割。こうとらえるようにすれば、経営陣メンバーも運営という仕事を〝適切〟と見なし、時間を割くようになる。
・ある職務、または特定の利害関係者やグループの利益の代表者としてではなくむしろ、会社や事業全体の利益のために機能しようとする役割。
・現在の前提に固執し、変化にすばやく適応できなくなるよりもむしろ、戦略の考案や実行、見直しのプロセスを通じて学習をし、さらなる学習を導く役割。

最後に挙げた役割は、経営陣の学習および開発に関するボブ・ギャラットの著書「The Fish Rots from the Head」「Thin on Top」(いずれも未邦訳)において詳説されている。それによれば、経営陣メンバーに必要なのは「自分たちの外的環境に関するトレンドや変化に敏感であること」「顧客に関する情報源として社員を活用し、その教育や評価を通じて顧客から学ぶこと」「組織内外の他者との創造的な対話や質問を心がけることで調査を促進すること」である。経営陣は、成功と同じく失敗からも学べるような感情的・社会的風土を生み出し、不確実性に耐えられるようにしなければならない。そして自らの役割(その組織がどのように機能するかを方向づける)を過小評価すべきではない。ゆえに、コーチは経営陣に対して〝こうありたいと思う変化を常に起こすよう〟挑戦し続ける必要があるのだ。

【経営陣の機能】

『フィナンシャルタイムズ』(二〇〇五年九月二七日号)のインタビューで、経営陣の主な機能は何かと質問され、ニアル・フィッツジェラルド(ユニリーバ会長兼CEO、ロイター通信社会長を歴任)はこう答えている。

①取締役に必要とされるスキルを決定する。
②戦略を承認し、常にその見直しを実施する。
③許容リスクの範囲内で利益増進に取り組む。

④ブランドおよび組織の評判を守る。
⑤重役たちが詳細な情報にアクセスできるようにする。
⑥会社のより若く才能ある社員との交流を図る。
⑦オープンで、率直で、信頼できる議論を心がける。

経営陣のパフォーマンス見直しを支援するために、コーチがすべきは、チームがその多種多様な、ときには矛盾する機能を見極められるよう手助けすることだ。経営陣は常にバランス感覚を維持し、外的および内的な環境に注意を払い続けなければならない。また長期的な視点から政策や戦略に取り組むと同時に、短期的な視点から、株主や監督機関への説明責任や現在のパフォーマンスをモニタリングする必要もある。これらのさまざまに異なる機能を常に変化する動的な緊張の中で維持しなければならないのだ。この構造を初めてモデル化したのがボブ・トリッカーであり、彼のモデルに変化を加えた（中央に「学習」を配置）のがボブ・ギャラットのモデル（次ページ、図8－1）だ。このモデルは、経営陣の焦点をさまざまな領域に合わせる枠組みとして有用である。

矢印は、独自のリズム（または周期）を持つ、四つの重要な機能エリアの関係性を示している。私がコーチングをしたある経営陣チームはこのモデルを活用し、見直しのリズムを次のようによりテンポよくすることで、経営陣としての異なる機能を結びつけることに成功した。

・政策の見直し：年に一度

図８－１　経営陣の機能

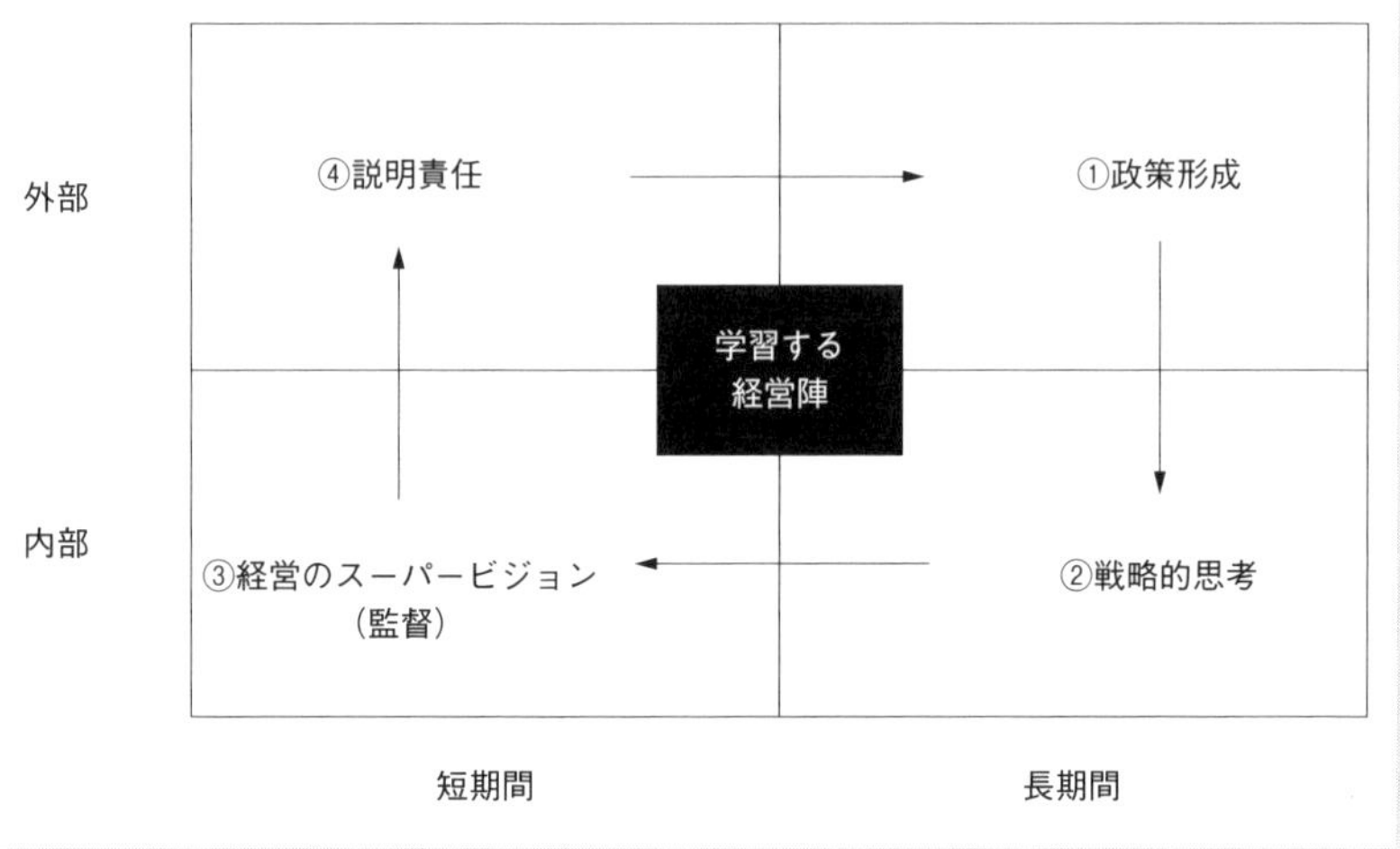

・戦略の見直し：半年に一度
・機能の見直し：月に一度
・ガバナンスおよび取締役会の見直し：年に一度、政策の見直しの三カ月前に実施

経営陣は、戦略的に思考し、受託責任を果たすための時間を確保しなければならない。彼らの会議は構造的にも議題的にも法律か経営重視になりがちなため、いきいきとした対話や共同の思考と学習がしばしば妨げられてしまう。

経営陣チームの優れたリーダーは日々の活動やコミュニケーションにおいて、短期的なものを長期的なものへ、特定なものを一般的なものへ関連づけることができる。言い換えれば、彼らは「個別の決定・計画・評価」と「全体的な方向性およびビジョン」との関連性をハッキリと示したり、述べたりできるのである。リーダーシップチームの五つの基本原則同様、これら機能間の流れと関係性もまた、その領域内部の行動と同じくらい重要なものなのだ。

ボブ・ギャラットとボブ・トリッカーのモデルに基づけば、四つの領域（図8－1参照）における機能には以下のものが含まれる。

①政策形成
・外的環境をモニタリングする。
・目的を定める。
・ビジョンおよび価値を創出する。
・企業文化および風土の発展を具体化する。

②戦略的思考
・変化する市場や社会的状況でのポジショニングをする。
・企業の方向づけをする。
・戦略を練る。
・主なリソースを見直し、決定し、割り当てる。
・実行プロセスを決定する。

③経営のスーパービジョン（監督）
・経営実績を監視する。
・主な業績を見直す。

・予算統制および修正行動を監督する。

④説明責任

・株主またはオーナーに報告をする。
・監督官と共にコンプライアンスを確実に実施する。
・その他の利害関係者たちにも対処する。
・経営陣および役員の見直し（批評）を確実に行う。

それぞれの領域において、経営陣は一致協力して仕事をし、指導者としての集団的および個人的なパフォーマンスの見直し方法だけでなく、議論の内容や情報の流れをまとめるためのメソッドや、企業の政策・ビジョン・戦略・文化を発展させる方法、さらに精査・監視・監査・コントロールのための手順も開発しなければならない。

①政策形成

政策形成のために経営陣に必要なのは次のものである。

・環境（政治的・物理的・経済的・社会的・技術的・商業的・法的・生態学的）にまつわる思考の枠組みと、企業に関連する変化を感じ取り、解析するための方法。
・絶えず変化し続ける環境の中で目的を見直すためのプロセス、さらに、目的やコアコンピタンス、価値に関連するビジョンを見直すためのプロセス。

・「リーダーシップ文化がどのように形成、維持、変化していくか」という理解に基づいた、リーダーシップ実践を見直すためのプロセス。

②戦略的思考

戦略的思考のために経営陣に必要なのは、「業界および市場の分析」や「その企業やビジネスに関する評価」などを受けての思考、情報、対話をまとめ、戦略全体を発展させるためのメソッドとモデル、さらに機能別戦略（マーケティング、生産、財務、人事など）、リソース配分、経営計画である。

③経営のスーパービジョン（監督）

経営のスーパービジョンのために経営陣に必要なのは、「主要なパフォーマンス指標」と「それらを支援する情報システムのデザイン」だ。これはビジネス推進力を向上させ、異なる資源やシステム（または機能）を反映し、さらに戦略的プロジェクトの管理を行うものでなければならない。経営陣にとって、これは非常に重要な「計器盤」となるであろう。これらの指標には、契約率や財務状況、危機管理、消費者の認知、主なリソース（物理的、社会的、人的）およびサプライチェーンが含まれる。

④説明責任

株主やその他の利害関係者への説明責任を果たすために、経営陣に必要なのは「会計監査および法規制遵守のための委員会と業務手順」と「経営陣の選出やそのパフォーマンス・報酬にまつわる監査委員会と業務手順」だ。経営のスーパービジョンの一部として、顧客や社員への調査結果が用いられることも多い。いまや環境監査のための小委員会を設けている企業もある。

経営陣がこれらの機能を見直す支援法として、「コーチが彼らにモデルを示し、それぞれの機能において彼らがよくやっている点は何か、改善できる点は何かを探るよう促す」というやり方が挙げられる。経営陣メンバーへの個人インタビューや質問表を通じて情報を収集したあと、コーチは、その結果をもとにチームと対話を持ち、具体的な行動計画へとつなげるとよいだろう。あるいは、これらの主要な領域をそれぞれ示したフリップチャートを用いて、経営陣メンバーにそれぞれのコメント（自分がよくやっていると思う領域と改善が必要な領域）を書き込んだ、異なる色のポストイットを貼ってもらうやり方でもよい。このあと、経営陣メンバーに少人数のグループに分かれてもらい、それぞれのグループにコメントを分類させ、自分たちにとっての重要テーマおよび改善点をピックアップしてもらうのだ。後者のやり方のほうがメンバー全員の参加意欲を促し、積極的に問題に取り組ませることができる。「コーチと経営陣メンバーとの間の議論」というよりもむしろ、「経営陣メンバー各人の間の対話」を促せるからだ。

【経営陣の構造】

前述のように、さまざまに異なる機能を経営陣がいかに全うするかは、その経営陣の構造によって変わってくる。場合によっては、経営陣のパフォーマンスがその構造によって制限されることもある。すべてのニーズに見合う、あるいは、あらゆる状況に通用するような「適切な構造」というのはあり得ない。いかなる構造を採用したとしても、さまざまに異なる境界や断層が生まれてしまうものだ。大切なのは、重役会や非常勤役員、経営陣コーチが、経営陣の基本的な構造を理解することだ。そうすれば、経営陣はその理解に基づき、自分たちの構造が目的の実行に適しているかを活発に議論できるようになる。

経営陣の構造には主に四つの形があるが、世界的に見ると、その国の文化・歴史・伝統、さらにその企業の規模や所有形態（公的企業か民間企業か）によってある程度の差が出てくる。特に欧米における公的企業の統治構造には、民間企業のそれに似通った特徴が一部見られる。

経営陣の構造の四つのタイプの違いは、主に「非常勤役員の人数と独立性」「重役会と非常勤役員の機能の分離と両者間の権力・法的責任のバランス」、さらに「建設的な批判や対立、多様性の正当性をどれだけ認め、活用するかという度合い」から生じる。最初に紹介する二種類（「重役会」「非常勤役員会」）は、重役と非常勤役員により大きな力が与えられている。あとに紹介する二種類（「二重構造の委員会」「単一の委員会」）は、先の二種類より上手に力のバランスをとることが可能だが、その委員会の構成と機能によっては、必ずしもいつもそうであるとは限らない。各タイプにはそれぞれの強みと弱みがあり、それらはビジネスや国の規模によって異なる。

(1)重役会

これは非常勤役員が一人もおらず、ＣＥＯ（最高経営責任者）、会長（含まれる場合とそうでない場合がある）、そしてＣＥＯとの関係を「最優先」と考えるその他の取締役たちによって構成される経営陣だ。当然、ＣＥＯの力は増大する。ＣＥＯが優位な立場にあるため、組織外で何が起きているかをモニタリングする力が弱く、多様な意見の交換や議論も行われず、メンバーシップやスタイル、前提も似通ってしまう。このタイプはオーナー社長や家族経営の会社、あるいは多国籍企業の子会社など、より小規模な企業によく見られる。ただし、中小企業や同族会社においても、最近では非常勤役員や社外取締役を登用するところは増えている。

このタイプの経営陣の場合、チームコーチが陥りがちなのは、元々欠けている〝非常勤役員〟としてチームにアドバイスを与える役割を期待されてしまうことだ。もしそのような事態になったら、コーチはそのことをしっかりと指摘し、契約および境界についてチームと改めて話し合い、非常勤役員の必要性を考えるよう促す。また同族企業において、経営陣コーチは家族のセラピストやまとめ役といった役割を担わされる可能性もある。この場合も、コーチはそのことをしっかりと指摘し、契約に立ち返ったり、再度チームと話し合ったりしなければならない。

(2) 非常勤役員会

独立性の有無に関わらず、このタイプの経営陣は、非常勤役員のみで構成されるのが一般的だ。彼らは政策や方向性、戦略を決定し、ＣＥＯにその遂行の権限を委任する。また彼らは法的責任を保持している。もしＣＥＯが委員会のメンバーではない場合、委員会はビジネスの現状とは切り離される形となる。もしＣＥＯが委員会のメンバーである場合、その人物は情報の流れの門番として大きな力を持つことになる。その結果、議論や批判が抑えられ、組織がＣＥ

Oの意に沿おうとするあまり、顧客をおろそかにしてしまう可能性も否めない。この構造はアメリカやニュージーランド、さらに取締役会のある公共サービスや慈善組織に多く見られる。このタイプの経営陣の場合、チームコーチは、経営陣と経営幹部チームの対立の対処に追われ、どちらか一方の情報にしかアクセスできない可能性がある。あるいはCEOに取り込まれ、両者を結びつける役割を担わされる場合もある。

(3)二重構造の委員会（あるいは評議委員会）

これは監査委員会と運営委員会から成る委員会だ。監査委員会は戦略的な問題に対処し、その戦略的意図を運営委員会に伝え、運営委員会から上がってきた業績結果を受け取って見直す。監査委員会は非常勤役員によって構成されるが、彼らに独立性はない。運営委員会はその企業のさまざまな利益を象徴しており、労働組合代表が含まれる場合もある。

この構造のメリットは、顧客層や得意先の興味のバランスをうまくとれる点だ。またデメリットは、監査委員会のメンバーの独立性が不十分なので、その大半が「銀行家や株主の利益」か「地元や国の政治的な利益」の代表となってしまう点だ。もし双方の委員会が国や地域、または組織上の政治に巻き込まれた場合、もはや政策や戦略、機能を統合することはできない。この構造はドイツ、オランダ、フランスによく見られる。このタイプの経営陣の場合、チームコーチは契約を通じて、二つの委員会の関係に対処すると同時に、両者を指導することができる。実際、私も双方の共同ワークショップを開く前に、二つの委員会それぞれに個別セッションをすることがある。

(4) 単一の委員会

これは名前が示すとおり、重役（常勤役員）と非常勤役員の両者が含まれた委員会で、通常は会長とCEOの両者が含まれる。役員は全員、その企業のパフォーマンスに等しく責任がある。常勤役員は戦略の同意および実行、経営のスーパービジョンに責任を持つと同時に、非常勤役員からの精査や援助、批判を受けることになる。また非常勤役員は、政策形成および説明責任（特に株主やその他の利害関係者などの外部に対して）を通じて、利害関係者の利益を守ることに重要な役割を果たす。

この構造のメリットは、異なる視点や興味を統合しやすい点である。またデメリットは、常勤役員と非常勤役員の独立性が不十分な点だ。ゆえに、メンバーの任命や研修だけでなく、彼らの選定や査定、報酬の監査が非常に重要となる。この構造は英国および英連邦諸国の多くで見られる。

(5) 諮問委員会

このタイプは、より小規模な企業、または、他国の知識やネットワークにアクセスするためにその国にはじめて進出した企業に用いられる。

《取締役会委員会》

この形態は、特殊なビジネス要件のために、あるいは、対外的な説明責任や経営陣に求められる基準を明らかにするために使われる。最も一般的なのは次のような形だ。

・監査委員会：財政面に関するコンプライアンス問題を検討する。
・指名委員会：経営陣の選出、評価、契約（在任期間の長さなどに関して）を行う。
・報酬委員会：経営陣および経営管理職の給料、年金、業績手当の決定を行う。

これらに比べると一般的ではないが、次のような委員会を使う組織もある。

・環境監査委員会
・健康安全委員会
・知的所有権委員会

これ以外にも、後継者育成または人的資源、新商品または市場開発、あるいはビジネスに関連するすべてのテーマにおいて取締役会委員会が設置されている。

経営陣のダイナミクス：基本原則(3)

経営陣メンバーは自らの役割および機能を明らかにし、それらを利害関係者たちの期待や法律に一致させる。そしてその間に、経営陣コーチの多くは、メンバー間にさまざまなダイナミクスが働き、そこに生じた対立のせいで経営陣がなかなか共創できずにいる状態に気づく。ここでコーチが絶対にやってはいけないのが、それらの対立を単なる「個人間の対立」と見なすことだ。リーダーチームに比べると、経営陣はさらに幅広い利害関係者の利益を代表している。

それゆえ、いかなる衝突が出現してもそれを忌憚なく論じ合い、速やかに解決する道を探さなければならない。最も一般的な衝突は、「株主の利益を優先しようとする会長」と「顧客やサプライヤー、社員のニーズと利益を優先しようとするCEO」の間に生じるものだ。そうした場合コーチにできるのは、彼らが現在最も気にかけている（あるいは最も代表している）のはどの利害関係者グループかを丁寧に問いかけ、彼らに助けの手を差し伸べることだ。これで議論は個人的な事柄を離れて明確になるため、より集団的な意識でシステミックな論点をとらえられるようになる。いかなる経営陣であれ、最も重要なタスクはすべての利害関係者の利益を統合し、一致させるための最良の方法を探すことだ。さらに、経営陣メンバーの「幅広い個人的な利害」は「経営陣としての仕事」と重なり合うものだ。たとえば次のようなものが挙げられる。

- 顧客（またはクライアントや潜在的な競争企業）との関わり
- その会社の株式保有
- その会社と取引のあるサプライヤーやパートナー企業との関わり
- その会社とやりとりのある専門機関や同業者団体との関わり
- 政府または政治との関わり

有益なのは、経営陣メンバー全員で「潜在的な利害衝突の可能性」をすべて公的な記録に残すことだ。といっても、それはこのプロセスの最初の一歩に過ぎない。経営陣が健全に機能するためには、そのような利害関係を書き留め、経営陣一人ひとりが現在進行中の仕事において、自分が適切に振る舞っているかどうかを確認する文化を築く必要がある。

前述のケープスパン社の話に戻る（第6章・164ページ参照）。経営陣とリーダーチームの合同会議において、私は彼らに「利益衝突の可能性リスト」を文書にまとめるよう促した。だが、経営陣メンバーに含まれた非常勤役員の大半がサプライヤーであったため、これは非常に複雑なプロセスとなった。ようやくリストがまとまり、休憩に入ったとき、私はCEOに廊下へ呼び出されてこう言われた。

「今のやり方だと、利害の衝突という問題に表面的な対処しかできないと思う。根本的な問題は、この会議室にいる出席者三〇人の間のダイナミクスにあるのだから」

そこで私は彼に尋ねた。「ではあなたは、私たちが次に何をするべきだと思いますか？」

CEOははっきりと答えた。「それを考えてほしいから、きみに金を支払ってるんじゃないか！」

休憩が終わると、私は三〇人の出席者たちに先のCEOの意見を伝え、こう促した。

「休憩前にあなたたちが共同で作成した〝利益衝突の可能性リスト〟をよく見てください。最近、そのリストに挙げたような利益衝突を実際に体験したことがある人は立ってほしいのです」

最初は誰も立ち上がろうとはしなかったが、じきに一人、また一人とゆっくりと立ち上がる者が現われた。それをきっかけに、出席者たちの間のダイナミクスがどんどん明らかになっていった。会議室のあちこちで「もしXさんが立ったのなら、きみも立つべきじゃないか」という激しいやりとりがはじまったのだ。最終的には、その部屋にいる出席者の半数以上が立ち上がっていた。このあと、私は立ち上がらなかった人に立ち上がった人とペアを組むように言い、次のプロセスを促した。

①彼らに考えられる限りの〝利益衝突の可能性〟をすべてリストアップするよう頼んだ。

②経営陣の会議と対外的な会議の両方において、それらの利益の衝突に効果的に対処するために彼らに何ができるかを尋ねた。

③できあがった行動プランに対して、彼らの同意を得た。

④その行動プランを実行するために、互いにどのようなサポートができるかを尋ねた。

このプロセスを経たことで、彼らは「型通りの事務作業」から「能動的な共創プロセス」へと移行できたのである。

「どうつなぐか」に関するコーチング：基本原則(4)

一九九五年、英国王立芸術協会が「〝明日の企業〟の本質を見極めよう」というプロジェクトを立ち上げたとき、さまざまな企業や専門機関、研究機関によるプレゼンテーションが行われ、次のような結果が導き出されることになった。

「経営陣の焦点が、株主と経営陣メンバーの利益に絞られすぎている。彼らの焦点は、その他の利害関係者の利益にはほとんど当てられていない」――この重要な結果を踏まえ、企業の年次報告書のための新しいフォーマットが生み出されることになった。そのフォーマットは、次の利害関係者それぞれのために、経営陣および企業がどのような価値を生み出せたか報告するように作られていたのだ。

・投資家
・顧客、クライアントまたはサービス利用者
・サプライヤーおよびパートナー
・スタッフおよび社員
・その企業が機能している地域社会、私たちが加わった地域社会
・自然環境

このフォーマットにより、企業が各利害関係者グループから何を受け取り、彼らに対して何を届けているのか、どんな付加価値を生み出しているかを明らかにできるようになった。

経営陣チームに「すべての利害関係者との関係をいかに改善するか」をコーチングする場合、コーチは基本原則(1)において（あるいは経営陣コーチングの「調査」の段階で）明らかになったデータに立ち返る必要がある。経営陣がさまざまな利害関係者と有効な関係を築くためには、すべての利害関係者グループからのフィードバックに耳を傾けなければならない。そのために役立つのが、「三六〇度フィードバック」である。これを用いれば、経営陣は、利害関係者たちの認識や要望を完全に把握できる。なお、このとき「ディスクリプタ分析」（第12章参照）も併用するとなおよい。

これはシンプルだが、とらえにくいポイント（利害関係者が組織やその現在のリーダーシッ

プをどう認識しているか、彼らが「生み出してほしい」と望んでいる違いとは何か）を明らかにしてくれるツールだ。またこの方法を活用し続ければ、時間の経過と共に、利害関係者たちの認識がいかに変化していくかという追跡も可能になる。結局のところ、ビジネスの価値とは、利害関係者たちがその企業に対して抱くさまざまな認識に根ざしているものだ。それゆえ、これは経営陣がモニタリングすべきカギとなる領域と言っていい。

ところが、私たちが指導した経営陣のほとんどが、顧客満足度や監督機関のレポート、利害関係者の不満、主要マーケットにおける競合他社のポジショニング、社員に対する調査などを関連づけて見ようとはしていなかった。「会社に対する認識がどう変わりつつあるか」という視点が欠けていたため、彼らは利害関係者たちのさまざまな声を聞き過ごしてしまうのだ。

私がスーパービジョンを行っていた経営陣コーチのグループの話をしよう。彼らは非常に効果的な方法で、ある大手銀行の経営陣チームの意識を目ざめさせた。まず彼らが実施したのは、経営陣メンバーに対するインタビューだ。その中で、彼らはメンバーに自分のビジョンと銀行へ切望することを質問し、その模様をビデオ撮影した。次に彼らが実施したのは、その銀行の顧客と利害関係者へのインタビューだ。その中で、彼らは顧客と利害関係者が現在その銀行に何を期待し、どう見ているかを質問し、その模様もビデオで撮影した。最後に彼らがしたのは、経営陣メンバーのビデオの合間に編集によって「顧客と利害関係者のビデオ」を挟み込むことだった。両者の対比はまさに劇的だった。そのビデオを見た銀行の経営陣はすぐさま「自分たちの美辞麗句」と「利害関係者たちが目にしている現実」とのギャップを埋める作業に取りかかったのだ。

経営陣に多くの利害関係者たちの生の声に耳を傾けるよう促すことで、コーチは、経営陣メンバーが「それぞれの利害関係者グループに、今後の自分たちについてどう考え、感じ、実行し、発言してほしいか」を決定し、「その〝認識の変化〟を可能にするために、彼らにどう関与すればよいか」というプロセスをデザインするよう導くことになる。リーダーチームに対するコーチングと同様［第6章の基本原則(4)を参照］、経営陣もまたコーチングにより、その種の重要な関与プロセス（年次総会や記者会見、監督機関との会議、重要な投資家との巡回興行的会議など）を学習することが可能だ。具体的には、コーチは〝チームにリハーサルを行わせる〟〝コーチングの前期・中期・終了後に、チームに重要な関与についての支援する〟形をとることになる。あるいは「重要な会話を促進する」だけでも効果は上がる。

「どう学習・発展するか」に関するコーチング：基本原則(5)

前述のとおり、経営陣コーチングは基本原則(5)からはじまることがほとんどだ。コーチはこの段階において、経営陣が自らのパフォーマンスと機能を見直す支援をする必要がある。先にも示したが、その種の見直しには〝経営陣のさまざまな機能〟だけでなく、「チームコーチングの五つの基本原則すべて」の見直しも含まれる。経営陣メンバーがこのプロセスに従事するほど、彼らはフィードバックと学習に関してよりオープンな態度をとり、絶え間ない改善のために努力をするようになる。もうひとつ、コーチが〝見直し〟の一部として促進しなければならない領域がある。それは、経営陣の個人的な貢献およびパフォーマンスの開発だ。

【経営陣メンバーの個人開発】

優れた経営陣チームには次の要素が備わっている。

・新たなメンバー任命のためのプロセス。
・メンバーへの要求や期待に関する忌憚のない発言。
・メンバーに期待される性質や手腕、能力に関するリスト。
・メンバーへのトレーニングの申し出。これには、特に新たなメンバーに対する、その役割にまつわる個人的コーチングも含まれる。

多岐に渡る経営陣の機能を有効に実践するために、メンバーの一員となる人物には、指導者としての次のような包括的な能力が必要となる。

・概念面に関する能力：創造力を駆使し、コンセプチュアル・シンキング（概念的な思考）をし、その性質を大切なものとして重視する能力／ときの経過と共に方向性を拡大し、変化していく力（過去、現在、未来を関連づけて思考する力）／ハードおよびソフト両面のデータを使いこなす力／批判的な思考をし、違いを生み出す質問をする力／他の人々および文化を認め、異なる思考スタイルで仕事をする力／データ、出来事、イベント、物語のパターンを見極め、それらのパターンを政策に結びつける力／詳細とより大きな全体像の間を自由に行き来する力

・政治面に関する能力：人間関係における気づきと理解力を拡大し、重役会のダイナミクスと政治に対処する能力／特に独立した非常勤役員として、影響力を増大させ、それを効果的に発揮する力

・個人面に関する能力：自主性を発揮し、個人的リスクを負ってでも他者（権力者など）に挑戦できるような自信と成熟さ／無知を恐れずに質問をする力／挑戦や、その結果生じる衝突や批判に対するオープンさ／監視のための体制を整え、それをシステムに含める能力

経営陣メンバーのパフォーマンスの見直しを行うために、コーチは、各メンバーに対する自己評価と同僚による評価を実施させるとよい。これは、各メンバーが自らのパフォーマンスと貢献を評価し、その他のメンバーからフィードバックを受けるやり方だ（第12章の「三六〇度フィードバックプロセス」を参照）。各人へのフィードバックは〝経営陣コーチ、取締役会長、指名されたメンバー一人〟の組み合わせ（あるいは三人のうちの誰か）が行うようにする。こうすることで、メンバー同士がさらに貢献をし、前進するための合意を導くことができる。ちなみに、経営陣として名を連ねている二つの会社において、私はその他の経営陣メンバー全員に対して積極的にフィードバックを行うと同時に、指名委員会と報酬委員会の委員長を務める非常勤役員から、私自身に関するフィードバックも定期的に受けるようにしている。また、コーチは、経営陣チームの個人に関するフィードバックと能力開発プランについて、チーム全体で適切に共有する方法を指導することも大切だ。

結論

多くの国々でコーポレートガバナンスに関する発表や報道がなされ、さまざまな企業や役員が汚職や過失にまつわる訴訟を抱えている。この一〇年で経済がより発展し、政府がさらに強力になった多くの国々では、コーポレートガバナンスの実務指針の改定が急務となっている。多国籍企業が規模や力を拡大するほど、「説明責任を果たす企業づくり」が求められるのは当然と言えよう。だが国際法および実施基準の整備は、この状況の進展に遅れをとっているのが現状だ。

ここでは明白な二つの結論を述べておこう。まず、上場企業の経営陣は高い監督基準および戦略的経営を維持しなければならない。これは変化の激しい競争社会で生き残るため、そして利害関係者たちの期待に答えるために不可欠なことなのだ。言い換えれば、経営陣チームは、重要な機能エリアおよび「高業績を上げるチーム／経営陣の五つの基本原則」のすべてに細心の注意を払わなければならない。

次に「非常勤役員の独立性を強化すること」「経営陣メンバーの選別および承認を監査し、コンプライアンスを求める声に応えること」を実践すれば、経営陣はメンバー間の結託や共謀の体制を壊し、効果的な思考、対話、意思決定が行えるようになる。これにより、非常勤役員を真の力にすることができる。だがその一方で、彼らがより政治的な役割を担い、重役たちと敵対関係に陥るリスクも高まることを忘れてはいけない。株主に積極的に関与し、あらゆる利害関係者の存在と彼らの要求、さらに自らの法的責任の拡大に気づくにつれ、経営陣は「商業面での現実に挑戦すること」や「システム全体のニーズを考慮すること」がどんどん難しくなっていくことに気づく。

熟達した経営陣コーチングへのニーズはすでに高まっている。だがほとんどの国において、経営陣コーチの数も能力もそのニーズに遅れをとっていると言わざるを得ないのが現状だ。

第4部

チームコーチの選択・開発・スーパービジョン（監督）

第9章

有能なチームコーチの探し方・選び方・そして仕事の仕方

「完璧を求めて」

ナスルディンは、ある会社から新たなＣＥＯを探す手伝いを依頼された。その会社は、これまで国内屈指のありとあらゆる就職斡旋企業やヘッドハンティング会社に依頼をしたのだが、なかなか思うような人材が見つからず、とうとう人材探しのスペシャリストであるナスルディンに行き着いたのだ。

会社の幹部たちとのディナーの席で、ナスルディンはいくつか個人的な質問を受けた。ナスルディンが独身であることがわかると、彼らは結婚を考えた相手はいなかったのかと尋ねた。

「ええ、いましたよ」とナスルディン。「若い頃は『完璧な妻と結婚するぞ！』と意気込んでいました。それで、理想の妻を探しにいろいろな国を旅したのです。フランスでは美しいダンサーに出会いました。陽気で天真爛漫な女性でしたが、悲しいかな、彼女とは魂の結びつきが感じられなかったのです。エジプトでは見目麗しく聡明な王女と出会いましたが、残念ながら、彼女とは共感し合うことができませんでした。そのあとも理想の妻をさんざん探しまわったあと、とうとうインドで『これぞ！』と思える女性を見つけたのです。彼女は美人で頭がよく、会う人をことごとく引きつける魅力の持ち主でした。ようやく完璧な妻を見つけることができた……、僕はそう確信したのです」

そこでナスルディンは長いため息をつくと、黙り込んでしまった　幹部の１人がせかすように尋ねた。「でも、きみはその彼女と結婚しなかったのだね、ナスルディン？」

「はい」ナスルディンは、またもため息をつきながら言った。

「彼女は〝完璧な夫〟が現われるのを待っていたのです」

（ピーター・ホーキンズ「The Wise Fool's Guide to Leadership」より引用）

イントロダクション

本書の冒頭で述べたとおり、いまや世の中は、より高業績を上げるリーダーチームを必要としている。そして第2章で示したように、ワーグマンらの研究により、「有効に機能するリーダーチームの必須条件のひとつは『優れたチームコーチング』である」ということが明らかになった。第3〜7章では、社外や社内のチームコーチやチームリーダーによる〝優れたチームコーチング〟とはどのようなものかを詳説してきた。

第4部では、チームコーチのための訓練、開発、スーパービジョン（監督）、方法論を詳しく説明する。だが本題に入る前に、この第9章では、チームが優れたチームコーチ（社外であれ社内であれ）を見つけ、選択し、効果的な関係を築くための方法について考えてみたい。社外からチームコーチを迎える場合、最も重要なカギとなるのは、チームの開発段階において、そのチームに一番ふさわしいコーチを迎えることだ。しかし、これはそうたやすい仕事ではない。

このプロセスにおいては、チームがコーチングのレベルを上げる方法を探求することも重要になってくる。たとえば、チームメンバーの役割をコーチングでどう活用するか、チームリーダーのチームコーチングスキルをいかに向上させるかといった点を探り出す必要がある（ちなみに、バス・コンサルタンンシー・グループは、世界的企業二社において、チームリーダーのチームコーチングスキルを改善するプログラムの開発および運営に成功している）。

私は本書の前半で、今のチームコーチングが二〇年前の個人コーチングと似た「立ち上げ期」にあると述べた。この段階の特徴をまとめると次のようになる。

・チームコーチングの種類や理論的な枠組みに関する明確な定義がなされていない。
・実践者の数が増え続けているにもかかわらず、そのサービス内容や専門的なトレーニング手段が不明確である。また、特にチームコーチングの認定機関が不足している。
・チームコーチングのシステミックな性質に重点を置いたスーパービジョンがなされていない。
・サービス購入者は「自分たちは何らかの助けを必要としている」ことは知っているが、「どんな種類の助けが必要なのかを決めるための枠組み」を知らない。あるいは、サービス供給者と契約を交わすための〝共通言語〟をもっていない。
・サービス購入者が「チームの具体的なニーズに対するチームコーチの適合性」や〝質のよさ〟を評価する術を知らない。

こういった市場の混乱に対処するために、私は次に挙げる七段階のアプローチを開発した。

これは「質の高いチームコーチを見つけ、選び、効果的に仕事をしたい」と願うチームや組織にとって有効なものである。

上質なチームコーチを見つけ、選び、ともに仕事をする方法

このアプローチには七つの段階がある。最初の三つはチームコーチングを開始する前の段階、あとの四つはチームコーチが決定したあとの段階のものだ。

(1)ニーズおよび望ましい結果を特定し、定義する。
(2)その役割にふさわしい候補者を探す。
(3)チームのニーズを満たし、望ましい結果を出すために最適なチームコーチを選択する。
(4)選択されたコーチと契約する。
(5)定期的な見直しで関係を発展させる。
(6)評価する。
(7)終了し、そのあとも続ける。

では、それぞれの段階を詳しく見ていこう。

(1)ニーズおよび望ましい結果を特定し、定義する

チームに適したコーチを見つける〝旅〟の第一段階は、現状の特定だ。次の三つの側面から

のチェックが不可欠である。

(a)チームの現状はどのようなものか？

(b)チームが目指そうとしている場所はどこか？（最初から目標を常に意識しなければならない）

(c)チームが「これは助けになる」と信じているものは何か？

さらに詳しく解説しよう。

(a)チームの現状はどのようなものか？（チームの現状の定義）

チームの現在のレベルを定義するときは、「五つの基本原則モデル」（第3章）および「チーム開発モデルのステージ」（第4章）を参考にするとよい。これらのツールはチームに具体的な言葉を与えるため、チームが成長の〝旅〟でどこを目指すのか、チームコーチにどんな助けを求めるのかを探求する場合に有効だ。なお、チームリーダーやチームスポンサー、あるいは組織の窓口担当者はとかく「チームの機能不全行動や現在の衝突から、そのチームを定義してしまう」という罠に陥りがちだ。これにより、無意識のうちにチームコーチングの枠組みを限定的にする危険がある（例：衝突の解消・個人間の問題の解決など）。

(b)チームが目指そうとしている場所はどこか？（チームにとっての成功基準の定義）

成功がどのようなもので、それをどうやって測るか知らなければ、成功などできない。コーチを招く前のチームに大切なのは、「自分たちにとっての成功」とはどのようなものかを定義することだ。現時点でのチームに対する「三六〇度フィードバック」やチームに与えられた任務、あるいはその組織における成功基準をベースにする場合もあるだろう。だが、それと同時にここで大切なのは、チームが自分たちなりの成功基準を見極めること、言い換えれば、自らのチーム外でのパフォーマンスだけでなく、「チーム内でどのように機能し、チームメンバーのニーズのためにどれだけ働けるか」を見極めることだ。「五つの基本原則モデル」を活用すれば、チームはそれぞれの領域における、自分たち自身の成功基準を作ることができる（第6章参照）。

(c)チームが「これは助けになる」と信じているものは何か？（チームコーチに対する要望の特定）

チームの現状および成功基準を定義したら、次に重要なのは、チームがチームコーチにどのような助けを望んでいるのかを定義することだ。これを考えるときに有益なのが、次の要素に関する質問である。

・範囲：私たちがコーチに求めているのは、五つの領域すべてにおける助けか、それともそのうちのいくつかの領域における助けか？
・役割の焦点：私たちに必要なのは、次のどの役割か？
①チームファシリテーター（チームにおける特定のプロセスを促進してくれる人）
②プロセス・コンサルタント（チーム会議のプロセスを指導してくれる人）
③チームコーチ（チームプロセス同様、チームのパフォーマンスおよびタスクの指導も

してくれる人）

④システミック・チームコーチ（チームのパフォーマンスとタスクを指導し、さらにチームとその任命者および利害関係者との関わり合い方も指導してくれる人）

・スタイル：私たちはコーチにどのタイプの介入を求めているか？／私たちはコーチにどの程度の挑戦を求めているか？／私たちはコーチにどの程度の教育的（開発的）役割を求めているか？／私たちはコーチに、チーム会議やワークショップにおいて、さらに次の会議やワークショップまでの間において、どの程度活発な介入を望んでいるか？

・経験：私たちはコーチにどの分野での経験を求めているか？／コーチが私たちの部門での経験をもっていることは重要か否か？／コーチの国際チーム、またはバーチャルチームの指導経験は必要か否か？

・違い：私たちはコーチにどのような違いを求めているか？／また、どのような共通点を求めているか？

・個人コーチングの有無：私たちはコーチに、チームリーダーやチームメンバーへの個人コーチングも期待しているか？／もしそうなら、その個人コーチングにどのような特徴を求めているか？

・社外か社内か：コーチは社外から招く必要があるか、それとも、社内の他の部門から適切な経験を持つコーチを招くべきか？／社内コーチの場合、チーム開発を手助けする充分な資格や影響力をもっているか？

(2)その役割にふさわしい候補者を探す

チームコーチの候補者リストを作成するために最も有効なのは、次の手順である。

・社内外を問わず、いろいろな人たちに、これまで依頼したチームコーチの中で推薦したい人がいるかを尋ねる。

・人事部、あるいはリーダーシップ開発を担当する部署に、要望に見合う可能性のある人のリストを作ってもらう。

・大手コーチング組織に依頼し、チームコーチとしての認定を受け、その組織のスーパービジョンを受けている人のリストを作ってもらう（現在のところ、チームコーチを認定する専門機関は存在していないが、アソシエーション・オブ・プロフェッショナル・エグゼクティブ・コーチング・アンド・スーパービジョン［APECS］がこのプロセスに乗り出している）。

・チーム開発を専門とする（必要に応じて、リーダーシップチームや経営陣開発、組織変革および変容を専門とする）組織開発コンサルタント会社にコンタクトをとる。

(3)チームのニーズを満たし、望ましい結果を出すために最適なチームコーチを選択する

一〇人程度の候補者リストを作り、次のような簡単な質問表を送る。

(a)あなたが提供しているチームコーチングのタイプを定義してください。

(b)あなたにとって、高業績を上げるチームのモデルはどのようなものですか。チームがそれ

を達成するためにあなたはどのような援助をしますか。
(c)これまであなたが仕事をしてきたのはどんなタイプのチームですか。あなたの支援により
そのチームパフォーマンスおよび機能にどのような違いが生み出されましたか。
(d)期間や段階、チームとのコンタクトのとり方、評価といった観点から、あなたのチームコー
チングのプロセスを教えてください。
(e)チームコーチングに関して、あなたはどんな訓練を受けてきましたか。
(f)あなたはチームコーチングに関して、特にどんなスーパービジョンを受けていますか。そ
れは誰からですか。頻度はどれくらいですか。
(g)あなたがチームコーチングに〝スーパービジョン〟を取り入れる場合について詳しく教え
てください。それにより、あなたのチームへの援助はどのように変容しますか。
(h)チームコーチングにおいて、あなたが直面することのある倫理的ジレンマを教えてくださ
い。あなたの受けてきた訓練やスーパービジョン、あるいは倫理的枠組みは、それらの解
決にどのように役立っていると思いますか。

これらの質問に対する答えは、そのコーチのチームに対する適合レベルを見極めるための十分な資料となる。質問(e)~(h)の答えは、そのコーチの質の高さの評価の参考になる。この質問表により、チームは実際に会う候補者を二、三人まで絞り込めるだろう。

候補者を一人に絞り込む最終プロセスにおいて大切なのは、候補者をできるだけ多くのチームメンバーに会わせることだ。少なくともチームリーダーとチーム内のテーマを象徴するチー

ムメンバー（最低二人）に会わせる。さらに組織の窓口担当者（おそらくは人事部の社員）と、チームコーチングの支援者（そのチームの成功に興味を持つ、より広範囲に及ぶシステム上の人物）にも会わせる。経営リーダーチームの場合、組織のCEOに会わせることもあり得る。

この最終プロセスで役立つのは、最終面接に立ち会うメンバーが「チームコーチへの最も重要な要求は何か」「最終候補者各人へ尋ねたいことは何か」を、残りのチームメンバーと共に話し合うことだ。これにより、チーム全体としての考えや感情をまとめられると同時に、候補者に対して前述の質問表を補う追加質問もできるようになる。

候補者の最終決定には、第10章で説明する「チームコーチの能力や才能に関するリスト」も役立つだろう。チームはこのリスト活用により、自分たちの目的のためにはコーチのどんな能力や才能が必要か、その能力や才能を最終面接においてどう評価するかを決定できる。個人コーチングの場合、大企業が「アセスメントセンター承認済みの社外エグゼクティブコーチのリスト」からコーチを選択することがよくある（実際に、その組織の重役たちへのコーチングを無償で行ってもらい、その評価によって選択することもある）。チームコーチングの場合、このやり方を実行するのは個人コーチングよりも明らかに難しいが、チームがコーチ候補者を自分たちの会議に招き、実際にフィードバックをしてもらい、選択の参考とするケースもあるだろう。あるいは、少人数のグループ（チームリーダー、窓口担当者、主要なチームメンバー一人か二人）に対し、チームのニーズの探求を促すような指導をするよう、候補者に依頼してもよい。こうして候補者たちの指導をじかに体験すれば、その力量や洞察力を明らかにできる。

(4) 選択されたコーチと契約する

適切なコーチを見つけたら、コーチとチーム双方が満足のいく契約を結んで仕事をスタートさせる。この契約プロセスで（チームコーチに関して）必要なことの多くは第5章で説明したが、チームは最低でも次のポイントを抑えた契約を交わす必要がある。

・両者の期待は何か（成功を評価する方法をどうするかも含めること）。
・コーチの雇用期間および仕事の頻度。
・チームコーチングにどのような活動が含まれるのか：インタビュー、ワークショップ、会議への出席、主要な仕事にまつわるコーチング、個人的なセッションおよびそのセッションの相手。
・金銭上のあらゆる取り決め。
・秘密保持のような問題にまつわる協定、誰と何を共有するのか、利害関係者とのコンタクトや部外秘の情報の扱いはどうするか。
・コーチングプロセスおよび関係性の見直しをどのように実施するか（次の項目を参照）。

(5) 定期的な見直しで関係を発展させる

人生においてそうであるように、適切なパートナーを見つけて選択することは、協調関係を成功させるためのほんの一歩にすぎない（冒頭のナスルディンの物語のように）。最初から、チームとコーチは、チームコーチングのプロセスの定期的な見直しを組み入れることが大切だ。これらの見直しの中には、チーム全体に関するものもあれば、チームリーダーや窓口担当者、スポンサーなど数人のグループに関するものも含まれる。なお、この種の見直しにおいては「契約の始動状況や進捗状況の測定」「最も有益だったこととそうでなかったことの特定」「チームの進展の促進要因と阻害要因」を振り返る必要がある。

人間関係がこじれることのない円滑なチームコーチングを期待するのは非現実的なことだ。多くの場合、チーム内には何らかの困難なダイナミクスやパターンが作動しており、それらがコーチとの関係において再現される。それだけに、チームコーチングの成功のカギを握るのは、チームとコーチの関係に意識的にじっくりと向き合うことにほかならない。最初に問題の兆しが生じた時点でコーチを変えれば、チームはその種の困難をくぐり抜けて対人関係を変容させる学びのチャンスを失うことになる。ただし、見直しのプロセスにおいては「コーチがチームに対してどのような役割や貢献を果たしたか」および（または）「社外からの違った形の手助けがチームに必要か」を考慮する。

⑹評価する

チームの現状とコーチングプログラムの成功基準を定義したら、コーチングにおける進歩の度合いを評価するプロセスを決めることが大切だ。私は「高業績を上げるチームの五つの基本原則」のそれぞれに関して、量的・質的な評価を下すやり方が最も有効だと考える（次ページ、図9－1および第3、5章参照）。

図9－1

基本原則	量的評価	質的評価
1　任務を与える	KPI（重要業績評価指標）に対するチームのパフォーマンス評価	チームメンバーと彼らに任務を与える人々との間の認識の一致
2　明らかにする	チームによって設定されたミッションおよび戦略的目的に対する達成度の基準。財務上の基準（収益、株価など）、市場シェア、オーバーヘッド削減なども含む	チームの直属の部下たちやその他主要な利害関係者たちのミッション、ビジョン、戦略およびコアバリューを明らかにする。ディスクリプタ分析（繰り返すこと）
3　共創する	会議の時間の長さとその内容量。社員および利害関係者たちによる認識の一致	高業績を上げるチームの質問表（繰り返すこと）
4　つなぐ	社員の満足度調査、顧客やパートナー、その他の利害関係者への調査	ディスクリプタ分析
5　コアラーニング	チームの新たな機能方法への同意が何%あるか。どの程度のスピードで実施するか	自己評価と同僚によるフィードバックのメカニズム

(7) 終了し、そのあとも続ける

チームコーチング関係の終了は、その時点で終わる「出来事」ではなく、ひとつのプロセスであるべきだ。このプロセスには、次のような機会が含まれなければならない。

・これまでの〝チームコーチングの旅〟の道のりを振り返り、内省する。

・何がうまく機能したか、何が難しかったか、後から考えて「もっとうまくできたのに」と思うことは何かをチー

ムとコーチの間で話し合う。
・チームが得た学びを共有し、コーチが去ったあともその学びを持続するプランを立てる。
・メンバーが同意した「今後のコーチングおよび学習プロセス」にどのように責任を持つか、その方法を探求し、プランを立てる。私が有益だと思うのは、コーチがチームリーダーと最終セッションを行う際に、今後のより効果的なチームコーチング実施のための方法を話し合うやり方だ。

結論

この章では、コーチがやってくる前に、チームが自らの現状や意欲を見極めることで、チームコーチングを成功させるための準備方法について解説した。これにより、「チーム内部および外部のソースから、どのようなコーチングリソースが必要かを決定する」という状況が設定されることになるのだ。チームコーチに求めるものを特定し、適切な人材を発見・選択・契約する一連の流れのガイドラインとしては、「チームの五つの基本原則モデル」および「CID－CLEARモデル」の活用をお勧めしたい（第3、5、6章参照）。

次章では、優れたチームコーチにはどんな能力が必要かを考えたうえで、それらの能力を伸ばすための方法を探っていきたい。第11章では、チームコーチのために役立つリソース（診断ツールおよびチームコーチングのメソッド）を紹介しよう。第12章では、チームコーチングのスーパービジョン（監督）について詳説したい。私は、スーパービジョンこそ、個人や専門技能での継続的開発の中核を成すものだと考えている。優秀で有能なチームコーチを育成するためには、彼らが書籍や教室から得た学びと、チームコーチング実践によって得た能力や可能性を結びつけなければならない。そのために有益なのがスーパービジョンだ。

第10章 チームコーチとしての成長

「あなたをより偉大にするのは、あなたが経験したことではない。あなたが直面し、乗り越え、その知識を忘れ去ったことが、あなたをより偉大にするのだ」
——ベン・オクリ

イントロダクション

経験豊かで有能なチームコーチに対する需要は急増している。にもかかわらず、今のところ、チームコーチの訓練コースも、プロとしての認定プロセスも十分に整ってはいない。現在リーダーチームコーチングを提供しているのは、個人コーチングや組織コンサルティング、あるいは人事や能力開発といった専門分野からこの領域に移ってきた人がほとんどだ。たしかに、それらの分野の教育によって得られた優れたスキルは、チームコーチングに取り入れ可能なものではある。だがこれまでの章で述べたとおり、それだけでは、有能なチームコーチになるためには不十分と言わざるを得ない。一方で、数々のチームを率いた経験をもとに、今からチームコーチへの転身を目指す人もいるだろう。そこでこの章では、チームコーチングへ転向したばかりの人向けの情報と、すでに経験を積んだチームコーチ向けの情報を提供したい。

まずは「個人コーチングや組織コーチング、スポーツコーチングからチームコーチングへの移行」というテーマを取り上げ、チームコーチに必要なふるまいや態度について解説しよう。さらに、キャリアをスタートさせたチームコーチが直面することの多いジレンマを取り上げ、できる限りベストな答えを提示したい。

チームコーチへの移行について

【個人コーチングからの移行】

私は常々、「優れた個人エグゼクティブコーチングには、少なくとも〝三方面のクライアント〟が必要だ」と考えている。すなわち「コーチングを受けるエグゼクティブ」と「その人物が所属するより広範囲の組織」、そして「その両者の関係」だ。

本書でも何度も主張しているとおり、個人コーチングの多くは、コーチングを受ける個人のニーズに重点を置き、クライアントである組織のニーズを軽視しがちだ。「より広範囲に及ぶ組織的な、システミックな変化」に興味や理解を示そうとするコーチはほとんどいない。それゆえ、彼らは「有効なコーチング」よりも「カウンセリングサービス」に終始することになる。なお、この傾向はチームコーチングにも引き継がれる危険性がある。これは、本当のクライアントが「チーム」であり、本来の仕事は「チームがより広範囲に及ぶシステムとどのように関係し、パフォーマンスを上げるかの指導」であるのに、コーチがそのことを忘れ、チームメンバー個人やチーム内の人間関係に焦点を合わせすぎている状態だ。

優れたスポーツコーチがそうであるように、チームコーチは、チーム内の個人よりもチーム全体にもっと目を配らなければならない。そのためには、自分の全体像のとらえ方——どのように見て、聞いて、共鳴するか——を根本的に変える必要がある。一九八〇年代に流行った「マジカルアイ」の絵を思い出してみてほしい。最初は異なる色合いの形がランダムに組み合わされているように見えるが、通常の見方をやめ、焦点をぼかすようにして見ると突然それまで見えなかった三次元の形が見えるようになる。中にはどれほど目を凝らしても何も見えず、欲求不満を募らせる人もいる。彼らはふだんのものの見方を手放せず、「隠されたイメージ」を見ることができない。一方で、そのイメージをとらえたほとんどの人は次第にその異なる見方を身に着けていき、新しい絵を見ても、すばやくイメージをとらえられるようになる。

同じように、チームコーチにも「焦点をぼかす技術」が必要だ。チームメンバー個人や彼らの人間関係にまつわる膨大な言語・非言語データから視線をずらし、チームの全体像の背後や内側にある集団的パターンを見極め、チームのダイナミクスに再び焦点を合わせる。しっかりと目を見開き、よく耳を傾けて、組織およびその数多くの利害関係者たちというシステミックな状況におけるチームの在り方に集中する。チームコーチやコンサルタントの訓練やスーパービジョンを長年行ってきた経験から、私はこの「焦点の定め直し」が容易ではないこと、特に個人主義の西洋文化においてはなおさらそうであることに気づいた。チームコーチのスーパービジョンを行う場合、私は彼らの「焦点の定め直し」を促すために、次に挙げる質問をする。個人のコーチにとって、最初、これらの質問は非常に奇妙に聞こえるようだが、やがて彼らも明快な答えを返してくるようになる。

・チームメンバーの間の空間は「何色」ですか？

・もしこのチーム全体に「声がある」とすれば、あなたはその声がどんなことを言うと思いますか、あるいは何を求めてくると思いますか？
・チームに「リズム」があるとすれば、それはどんなリズムでしょう。個々のメロディーの下からどのような調べが聞こえてきますか？
・チームとその利害関係者たちの間の「空間」では何が起きているでしょうか？
・チームとその任命者はどんな「ダンス」を踊っていますか？
・「個々のメンバーの合計」とは違う「このチームそのもの」に対して、あなたはどのように共感を示していますか？

ふだんとは異なる見方、聞き方を身につけるのは、ほんの第一歩に過ぎない。個人コーチはともすると、基本原則(3)に焦点を合わせすぎ、限定的な前提（「もしチームメンバーの交流がうまくいけば、会議における共創とパフォーマンスの効率性も上がる」）に縛られる危険性がある（第4章参照）。だがカッツェンバックやワーグマンらによるチームに関する調査では、「チームのパフォーマンスが改善するのは、コーチングがそのチームの人間関係やダイナミクスだけでなく、すべての領域に焦点を合わせた場合だけである」ことがわかっている。

【組織コンサルティングからの移行】

組織コンサルティングからチームコーチングへの移行は難しいことが多い。それまで受けてきた訓練により、組織コンサルタントは「チームの構造や選択、あるいは業務プロセスに焦点を絞るだけで、チームパフォーマンスは改善可能だ」と考えてしまいがちなためだ。彼らは基本原則(1)や(2)に集中しすぎて、より奥深いダイナミクスに取り組むことがなく、そのせいで基本原則(3)にスムーズに進めなくなる可能性がある。また「自分が働きかけ、チームの人間関係を作り直さない限り、組織を設計し直すことはできない」と考えてしまうケースも多々ある。

さらに、組織コンサルタントはコーチングスキルが不足しているために、「自ら問題を解決し、前進する力」をチームに与えるのではなく、自分がチームのアドバイザー役になってしまう危険性もある。プロセス・コンサルタントの訓練に関する研究を熱心に行ったエドガー・H・シャインはこう結論づけている。「より専門的なコンサルタントになるためには、共に働くチームに、問題を〝自分たちのもの〟として意識させる技術を学ぶことが不可欠だ。というのも、そのような意識なしでは、チームの共同作業に対するコミットを高められないからだ」

チームコーチに必要な態度：チームコーチという役割に踏み込む

イスラム教およびスーフィズム（イスラム神秘主義）には、「行動面でのエチケットを守り、求められている役割をきっちりとこなす」という意味の「アダブ（adab）」というすばらしい言葉がある。たとえば、客をもてなす主人にも招かれた招待客にも先生にも生徒にも、それぞれ適切な「アダブ」がある。ある意味、「チームコーチになり、力を伸ばしていくこと」は「チームコーチとしての適切な〝アダブ〟を学習し、追求すること」と言えよう。これは一連の箇条書きで定義できるものではなく、他者の観察や自分自身の直接の体験を通じて身につけていくものである。言い換えれば、自分自身の感覚とクライアントからのフィードバックを通じて、「自分がチームコーチとして適切な領域にいるとき」と「その領域から外れてしまっているとき」を察知していくのだ。

前述のとおり、チームコーチという役割に踏み込むためには、焦点を変化させる必要がある。チームメンバー個人からチーム内の人間関係へ、集団的なチームへ、組織という状況におけるチームへ、さらにより広範囲に及ぶシステムへ焦点を変化させ、そして再び焦点を元に戻す能力が不可欠だ。この能力を身につけるには「実践」しかない。それゆえ、チームコーチとしての訓練をはじめたばかりの人の多くは、つらい思いをすることになる。焦点を自分の意のままに変化させるためには、それなりの経験を積み、感情および認識面での〝筋肉〟をつける必要があるからだ。

「アダプ」には、「いかなるときも心穏やかで、頼りになり、率直であると同時に、目立たないように心がけながらも、あらゆるレベルに細心の注意を払う」という意味もある。そう、たとえチーム内での衝突に直面しても、メンバーから激しく攻撃されても、チームコーチングプロセスで行き詰まってもチームコーチは常に心穏やかでなければならないのだ。

さらに「アダプ」には、「間違った思い込みをすること、あるいはそのように見られることを怖れずに、自分自身や他者の〝過ち〟に強い好奇心を抱くこと」という意味もある。チームに対しただやみくもに服従したり、あるいは傲慢で高飛車になったりすることは避けなければならない。もの静かでありながら、力強く揺るぎないチームコーチの存在こそ、チームメンバー全員と主な利害関係者をつなぐカギとなる。最も重要なのは、特定の個人やグループを優先させないよう心がけることだ。

また、コーチは必要に応じてチームに援助を与えたり、挑戦したりする必要がある。大胆不敵に、かつ思いやりを忘れない行動が求められる。チームコーチは、チームメンバー全員から「この人ともっと話していたい」と思われる存在でなければならない。ワークショップや会議の席だけでなく、食事や軽食のための休憩の間も、メンバーが「このコーチとの会話を続けたい」と願うような存在でなければならない。チームコーチとしての「アダプ」を完全に身につけるのは至難の業だ。実際、私は今も「チームコーチの仕事は正しくあることではなく、チームが困難に直面しても最高の仕事ができるよう創造的なサービスを提供することだ」と自分に言い聞かせている。チームコーチとしての成長の旅に終わりはない。だがチームコーチという役割に踏み込み、何年か経つうちに、その役割が心地よくなってくるはずだ。

ここからは、チームコーチという役割の核となる能力のいくつかを深く掘り下げていこうと思う。だがその前に、まず私が「能力（Capability）」「特性（Competencies）」「才能（Capacity）」の違いをどのように理解しているのかを説明しておこう。

チームコーチの核となる能力

さて、能力・特性・才能の違いとは何だろう？　マイク・ブローシネの初期の研究をもとに、私はスミスとの共著書「Coaching, Mentoring, and Organizational Consultancy」（未邦訳）において、その違いを次のように定義した。

「能力（Capability）」は「特性（Competencies）」と同じように〝ノウハウ〟に関すること で、学習を通じて身につけ、磨きをかけることが可能である。とはいえ、この二つの違いは、その学習方法に見られる。「特性」は教室で学習可能だが、「能力」は生の体験や実際の仕事を通じてのみ得られる。危険なのは「それぞれのスキルをいつ、どのように使うべきかを見分ける能力」を伸ばすことなくスキル開発用ツールに全面的に頼ってしまうことだ。そのような事態にならないために、重要な役割を果たすのが「スーパービジョン（監督）」である。この方法により、スーパーバイジー（指導を受けるもの）は自らの「特性」を「能力」に転換できる。

「才能（Capacity）」は、その人の行動の仕方というよりは、むしろその人のあり方に関係している。それらは人としての性質であり、育成し、洗練することができる。なお、「才能」には「あなたが複雑さを受け入れるために自分の内側に持っている空間」という根源的な意味もある。私たちが出会う人々の中には、限られた内部空間しかもたないように見える人もいれば、無限大の内部空間をもつように見える人もいる。後者は、あなたの中の複雑さを共有するために存在してくれているのだ。才能は「獲得すべきもの」でも「到着すべき場所」でもない。人生における、私たちのそれぞれの才能の発展・開発プロセスはそれほど単純なものではない。自らの実践やスーパービジョンに対する注意を怠ればそれらの「才能」は衰え、私たちの効率性もすぐに落ちることになる。学習と開発は学校時代だけのものではなく、一をかけるべきものである。ありがたいことに、学ばねばならないことに終わりはない。

私はこの本の執筆にあたり、経験豊富なチームコーチである友人や同僚に手紙を書き、彼らにこんな質問をした。「もし新人のチームコーチグループの指導を任され、たった三カ月の間に、最も重要なことを五つだけ教えるよう言われたら、あなたは何を選びますか?」――彼らの回答をまとめたところ、チームコーチに不可欠なスキルは五〇以上に及んだ。これではあまりに多すぎる(すべてのスキルを会得するには一生かかってしまうだろう!)。

そこでさらなる分析を行った結果、重要ないくつかのパターンが見えてきた。それらをまとめたのが、次の「チームコーチに必要なスキルリスト」だ。

【特性と能力】

この観点から抽出したのが、次の八点だ。興味深いことにそれらは「CID-CLEARモデル」の段階に一致した(回答者の多くはこのモデルを知らされていかった)。

(1)窓口担当、チームリーダー、チームメンバー全員および集合体としてのチーム、さらにその組織を代表する人々と、効果的な契約および見直し(さらに再契約)を行う力。なお、この最初の契約項目には、仕事の目的やプロセス、成功基準などが含まれる。(契約)

(2)チーム内の権威者(通常はチームリーダー)やチームに問題をもたらしているメンバーも含めた、さまざまなチームメンバーと迅速にラポールを築く力。(調査)

(3)チームメンバー全員に関する問題とチームの問題にじっくりと耳を傾け、その奥深いパターンまで観察する力。(調査)

(4)チーム文化やダイナミクス、システミックなパターンを診断し、チームに新たな洞察やマインドセットの変化を生み出すようなやり方で、それらをフィードバックする力。(診断)

(5)診断の結果をフィードバックし、それをベースとしてチーム全体における同盟関係を築き上げ、さらなる契約につなげる力。なお、この2度目の契約項目には、成功基準や共同作業プロセス、互いへの期待などが含まれる。(契約2)

(6)突っ込んだ質問やさまざまな促進法、チームコーチングのツールを活用し、チームが自分たち自身(以下に挙げる項目)を探求できるよう促す力。(探求)

・チームの基本的な目的および任務——基本原則(1)

・チームの目的、戦略、目標地点、目標、役割——基本原則(2)

・最高の状態および最悪の状態を含めて、チームが一致協力して働くための方法、基準、規約——基本原則(3)

・チームがあらゆる利害関係者と関与し、その先の利害関係者と関与する力を与えるための方法——基本原則(4)

・すべての領域を超越した学習やリフレクションを行い、ダブルループ学習に従事するための方法。言い換えれば、チームリーダーおよびチームメンバーが互いのために、そしてチーム全体のためにコーチとして機能できるような方法——基本原則(5)

(7)チームが〝新たな態度、感情、信念、目的、行動〟へ変化する手助けをし、チーム内に単

なる〝同意〟や〝善良な意図〟を超えたコミットメントを生み出す力。(行動)

(8)チームリーダー、チーム全体およびその他の主要な利害関係者たちと共に定期的な見直しを確実に行うようにし、かつその共同作業がより高レベルのものになるよう支援する力(見直し)。

【システミックな能力】

この観点から抽出したのが、次の四点だ。これは「より広範囲に及ぶシステムという状況において、チーム機能を支えるための理解力」のことだ。ここに挙げたのはそれぞれ異なる次元における理解力である。

(1)システムレベルをつなぐ:グループおよびチームのダイナミクスと、個人間のダイナミクスとの違いを理解している。それゆえ、個別のモデルとその適用法を明らかにできる。

(2)時間をかけて開発する:チーム開発の段階と、その段階に応じた役割の適用法を理解している。それゆえ、じっくりと時間をかけて開発ができる。

(3)政治面またはパワー面の違いを理解する:政治面またはパワー面におけるダイナミクス(隠れているものも含めて)を理解している。それゆえ、ダイナミクスに適切に働きかけることができる。

(4)チームコーチングを組織の変化と発展につなげる:コーチングプロジェクトを、より戦略的で文化的な変化やリーダーシップ開発、さらにより広範囲の組織開発プロセスに適合させる方法を理解している。

【才能】

この観点から抽出したのが、次の九点だ。

(1)自分を認識し、チーム全体に耳を傾ける：「自分はチームに変化を促すためにいる」「自分はチームのためのツールである」と意識できる。

(2)泰然とする：コーチングの展開に伴い、より介入を少なくし、悠々とした態度をとれる。

(3)パートナーシップの境地を保つ：チームの人々よりも自分の方がわかっている、という傲慢な態度をとったり、チームに服従したりすることなく、互いに質問し合い、協力し合い、挑戦し合い、援助し合う境地に居続けられる。

さらに私は、次のような一般的な才能をつけ加えた。これらはコーチングのスーパーバイザーのためのリストに含まれるものだが、チームコーチにも等しく必要なものと言えよう。

(4)適切なリーダーシップをとる。

(5)人間関係に関与する。

(6)励ましと動機を与え、適度な楽観主義をもたらす。

(7)違いを超えて仕事をする：文化を超え、個人およびチームの違いを敏感に察知する。

(8)倫理面での成熟

(9)ユーモアのセンスと謙虚さ

では、これらの才能について詳しく解説しよう。

●才能(1)：自分を認識し、チーム全体に耳を傾ける

チームコーチにとって重要なのは、単にチームメンバー個人の声だけでなく、集団的なチームの声にも耳を傾ける能力だ。このためには、自分の在り方に気づきを持ち、メンバー各人からチーム全体へと焦点を移動させる必要がある。この才能を鍛えたいなら、メンバーと話をするときに彼らの個人的な立場を声に出したものではなく、全体としてのチームの異なる側面を現わしている言語的、あるいは非言語的な部分にまで耳を傾けることだ。チームコーチは耳や脳だけでなく、体全体を駆使してチームの話に耳を傾ける必要がある。私の同僚マルコム・パーレットはこれを「統合されたリスニング」と名づけ、この状態になると、私たちの存在全体が非言語コミュニケーション（ボディランゲージ、体への接触、声のリズムなど）を受け取る〝共鳴空間〟になると説いている。この状態は、コーチが「関与の四つのレベル」（次ページ、図10－1）に取り組む際に役立つものだ。

チームコーチが「〝共鳴空間〟になる」ためには、まず自分自身の体と感情の自然なリズムや、何かに反応した際の感情や傾向を意識しなければならない。これができれば、チームから生じたものを確実に見極められるようになる。そのためには、チームのいかなることも察知する鋭いセンサーであることを心がけると同時に、高レベルの自己認識を保つ必要があるだろう。

●才能(2)：泰然とする

チームコーチになりたての頃は、「チームに認められなければ」「そのために、このチームの価値を証明したい」という思いに駆り立てられることが多い。そのせいで「チームに介入す

図 10－1　関与の４つのレベル

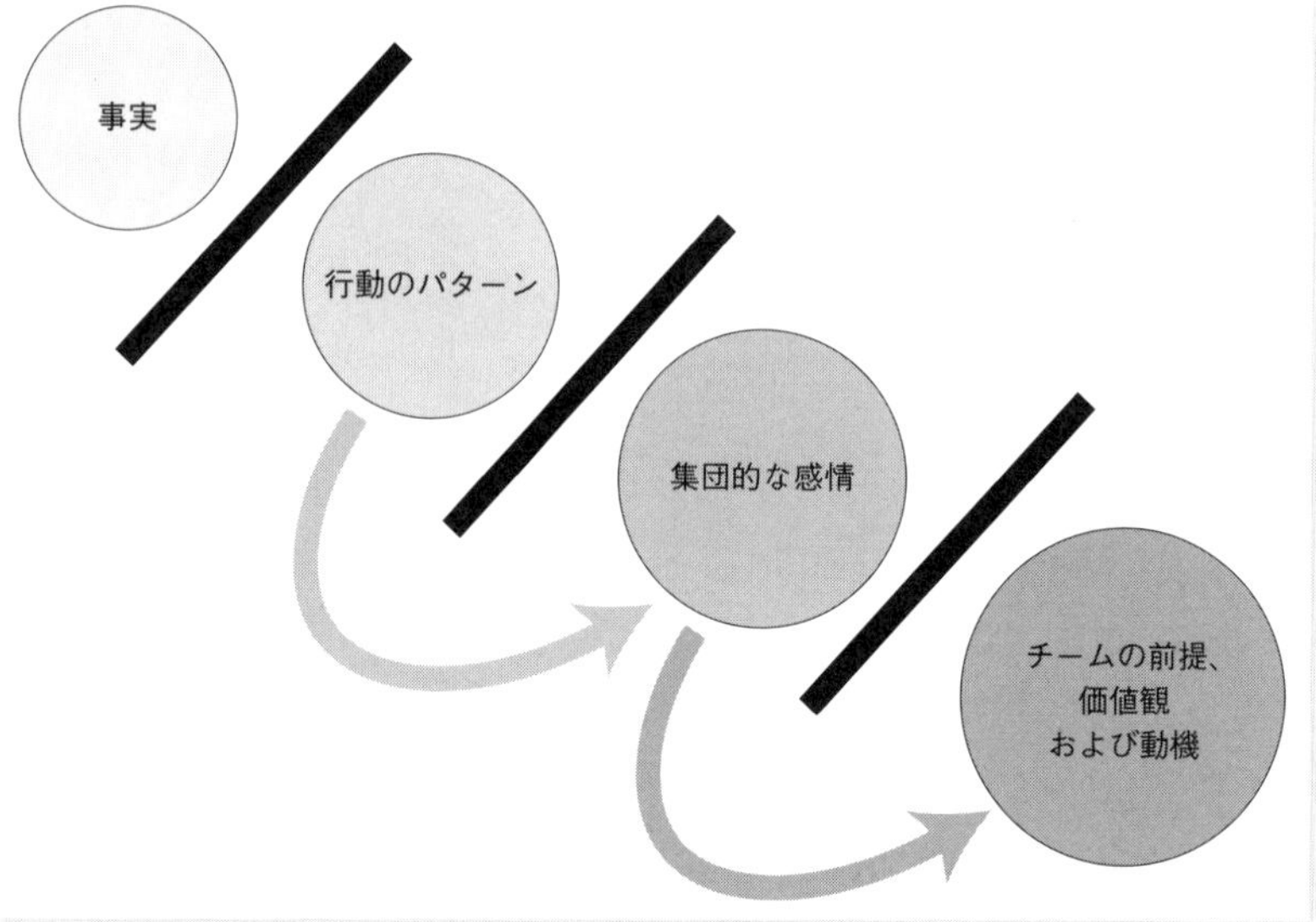

ぎてしまう」か、「チームに感心してもらえる素晴らしい洞察や強力な介入法を思いつくまで何もしない」という両極端なパターンに陥りがちだ。前者のパターンはチームメンバーがリーダーシップをとったりチーム内でコーチの役割を果たしたりすることを制限し、伝えたことのインパクトを弱めてしまう危険性がある。また後者のパターンでは「練りに練ったフィードバックや洞察」で介入したときにはすでに適切なタイミングが過ぎており、結局、間の抜けたコメントになることが多い。

この才能のもうひとつのカギとなるのが、「あいまいさに寛容で、『何も知らない』という態度を貫き、チームを支配することなく責任を負う」という手腕である。この才能が欠如したチームコーチは、チームを支配しようとしたり、複雑な問題に対して早まった解決法を提案したり、チームにやみくもに服従したり、あるいは高飛車な態度をとったりすることでパートナーシップの感覚を失いがちだ。

●才能(3)：パートナーシップの境地を保つ

コーチがチームに服従したり、あるいは高慢な態度をとったりした場合、そのチームコーチングは最高の効果を上げられなくなる（服従の危険性の詳細については、私とスミスの共著書を参照）。

コーチが服従に陥るきっかけはいろいろ考えられる。「最高権力を握る人々」の発する威圧感に負けてしまう人もいれば、チームの厳格な雰囲気に呑まれてしまう人もいるだろう。この服従という罠に陥るとたとえいかなるチャンスが来ても、コーチは、チームを変容させるような衝撃を生み出せなくなる。一方、傲慢という罠に陥ると、コーチは「自分は誰よりもこのチームのことをわかっている」と信じ込み、チームを一方的に支配するようになる。だからこそ、チームコーチを目指す人々は最初の段階で、〝コーチングの旅〟において自分が服従や傲慢という罠に陥るきっかけは何かを見極めておかねばならない。それによっていつも自分の深遠さと強さを使って、人と関わる準備ができるのだ。

●才能(4)：適切なリーダーシップをとる

コーチングに従事するほとんどの人々が、「コーチの役割は他者のリーダーシップを支援することであり、コーチがリーダーシップをとることではない」と主張している。だが、リーダーシップには「単なる役割」の意味だけでなく、「私たちが人生において何かに挑戦するときに必要な態度」という意味も含まれる。たとえば物事が思いどおりにいかないとき、他者を非難したり言い訳をしたりするのではなく、「自分の手で最高の違いを生み出すために私はどうすればよいのだろう？」と探求をはじめた瞬間から、リーダーシップが作動するのだ。

チームコーチは適切なリーダーシップ能力を伸ばす必要がある。次に引用するのは、私とスミスの共著書における、リーダーシップに関する解説部分だ。

コーチがリーダーシップをとるのは間違っている、と主張する人もいる。それは「リーダーシップをとるコーチは不適切なほど支配的になる」と考えてのことだろう。だが私たちは、コーチにもリーダーシップは必要であり、それにふさわしいリーダーシップの形があると考える。その種のリーダーシップは、コーチや組織コンサルタントが、クライアントやその利害関係者への支援や挑戦のバランスをとるために発揮するものだ。ときにコーチや組織コンサルタントは、経営幹部に挑戦し、より広範囲に及ぶシステムのニーズを表示しなければならないことがある。実際、私たちは次のような質問を受けることがしばしばある。

「あなたたちは、クライアントに対峙する適切なタイミングをいつ知るのですか」

「あなたたちは、クライアントに対峙するために、どんな道徳的権限をもっているのですか」

このどちらの質問に対しても、私たちはシステミックな観点から次のように答えている。

「クライアントが彼ら自身とあるいは彼らが一部となっているより大きなシステムと一致し

ていないと感じるとき、そして私たちコーチがより大きなシステムのニーズを代表していると感じるときです」

ここで言う「より大きなシステム」には次のものが含まれる。

・クライアントが向かい合う〝差し迫ったニーズ〟よりもむしろ彼ら自身の長期的なニーズ
・彼らがその一部となっているチーム
・組織全体のニーズ
・利害関係者たちのシステムのニーズ
・その業界、またはその職業のニーズおよびその目的

私たちの答えを聞いた人は決まって次のように質問する。

「なぜ、クライアントの差し迫ったニーズよりも組織のニーズのほうが重要だと思うのですか」

私たちは「クライアントがその一部となっているシステムと整合して行動することによってのみ、彼らが真の意味で、自身の長期的なニーズのために機能できるようになる」と考えている。思えば「人類がその居住環境を破壊すれば、遅かれ早かれ、自分たち自身が生き延びるチャンスを潰すことになる」という環境の法則は、その他のシステミックな状況すべてに通じるメタファーだと言えるだろう。より広範囲に及ぶシステムと整合して行動することによってのみ、私たちは真の意味で、自分自身の長期的なニーズのために機能できるのだ。

コーチ、メンター、コンサルタント、あるいはスーパーバイザーとして、私たちはクライアントに対し、自分が「真実だ」と思うこと——自分が見たもの、聞いたもの、感じたもの、理解したもの——を明らかにできなくてはならない。それを大胆不敵に、かつ思いやりをもって成し遂げる必要がある。コーチングにおいてリーダーシップをとるには勇気が要ると同時に、適切な謙遜や寛容さによってバランスをとる必要もある。チームコーチとして心がけるべきは「このチームのことは自分が一番よく知っている」「すべてお見通しだ」という態度を避けることだ。真実を口にしながらも、常にあいまいな要素を意識し、「私たちは完全な理解に達したり、全体像を把握したりすることは決してない。そしてクライアントもまたそうである」という認識を保つ。コーチとチームは対話を通じて、「両者の認識をまとめる」というよりも全体的な像や完全な理解に近づくことができる。

次ページの図10-2を見てほしい。これは、チームコーチが適切なリーダーシップ能力を伸ばすために、私たちが考えた「権威、存在感および影響力」というモデルで、私が一九九〇年代に開発し、その後大手専門サービス企業において発展させたものだ。

この図は、私たち人間の個人的な力および影響を、次の三つの主要な面に区したものだ。

①権威

あなたが過去に何を知り、誰と知り合ってきたか、また何をやってきたかによって生じるものだ。あなたの達成や経験は、タイトルや資格、役割という形で具体化されることになり、さ

図10－2　権威、存在感および影響力

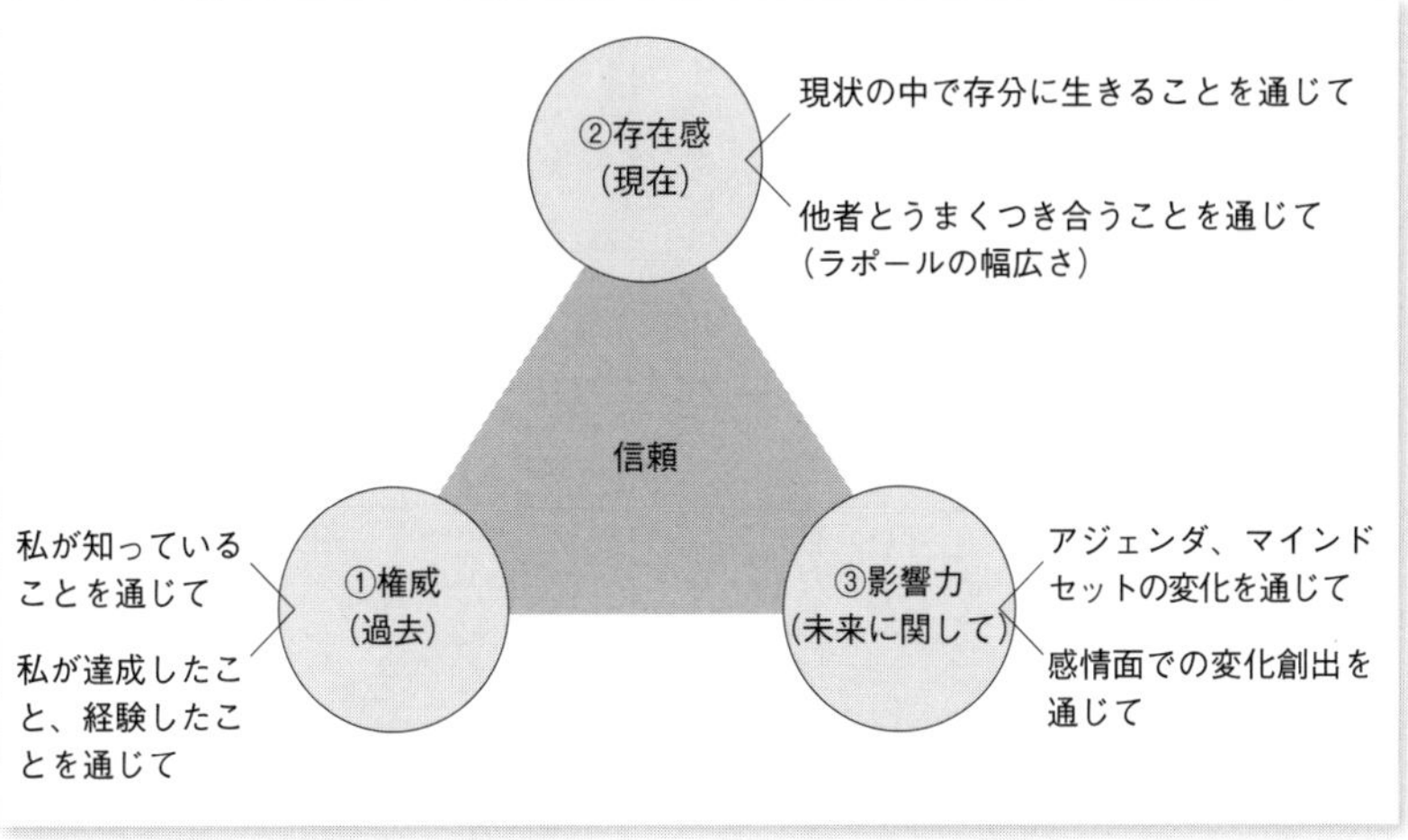

らにそれらがあなたの履歴書や推薦状にも組み込まれていく。権威とは、すなわち、あなたがどのような人物か、自分の知識や経験をどのように得たかを物語るものだ。チームコーチとしての権威は、あなたの入室の仕方やクライアントへのあいさつ、さらに、押し付けがましくならないように自分の経験をリソースとしてクライアントに伝えるやり方などに現われる。真の権威は、あなたという存在からにじみ出るものだ。権威を保つために、チームコーチは適切な空間にしっかりと立ち、臆することなく自分の立場（身体的にも知性的にも倫理的にもしっかりとした基礎に基づいた立場）を保たなければならない。

権威を行使したり権威に言及したりすれば、相手の注目を引くことができる。まさに、目の前にいるクライアントの心の扉を開けるにはうってつけの行為だ。ただし、権威だけでは永続的な関係や効果的な変化は創出できない。自分の権威を行使しすぎたり言及しすぎたりすることは他者に憤りを生み出し、逆効果となる。

②存在感

これは、いきいきとした存在であり、人間関係を発展させ、異なるタイプの人々と速やかにラポールを築く能力のことだ。大きな存在感を示す人は幅広い状況において注目や尊敬を集め、多くの人に親近感を抱かせることになる。存在感を発揮するためには「メタ意識」が必要だ。「今、何が起きているか」を自分自身および他者にまつわるあらゆるレベル（思考・感情・行動・直感のレベル）から受け入れ、理解しなければならない。ヘルミンスキは著書「The Knowing Heart」（未邦訳）の中で、存在感について次のように記している。

存在感を高めなければ、私たちは完全にそこにいることにはならない。私たちは自らの思考や願望の中には存在しているが、自らの〝実在〟そのものには存在していない。私たちが他者と完全に理解し合うことができないのは、私たちが完全にそこにはいないからなのだ。存在感がなければ、私たちの対話は主として知的あるいは感情的なものになってしまう。

存在感を発揮することで、私たちは落ち着きと優雅さを示し、自分とつながるための空間の広がりを他者のために提供できる。さらにセンゲらによれば、存在感を発揮するためには「出現しようとしている出来事に対して心を開き、自らのコミットメントの拠り所を発見する」ことも必要となる。

③影響力

「影響力」とは、いわば〝陰陽〟の〝陽〟のエネルギー、言い換えれば、「存在感」からにじみでる人を引きつけるエネルギーだ。チームコーチの影響力が働くと、部屋の中には、いきいきとしたシフト（コミットメントと前進のための行動を促す創造的な変化）が生じる。実際、高い影響力を持つコーチは会議やイベントの方向性を変化することができる。彼らは、メンバーが討議中の問題をはっきりと認識し、対処できるように変化（またはリフレーム）を行ない、介入できるのだ。

もうひとつ、影響力にはそれまでとは異なる感情的なエネルギーを上手に導入したり（たとえば〝ユーモアを交えつつ、問題に積極的に焦点を絞り込む〟）、あるいは、会話のレベルを変えることで隠れていた感情を明らかにしたり、会議や人間関係、会話の感情や雰囲気を変化させたりする一面もある。

コーチの影響力で、チームは新たな可能性に対して門戸を開き、それ以前には気づかなかった奥深い部分とつながれるようになる。その場にいる人々に、問題の核心に焦点を合わせるための正直さや率直さをもたらし、これまでの気づきを超えた一致団結状態を生み出し、新たな可能性を切り開く突破口を与えるのだ。

●才能(5)：人間関係に関与する

あらゆる職業の核となるのは、他者と関わる才能である。指導するチームのメンバーが、私たちとはまったく異なる経歴の持ち主であり、違う世界を体験している人々であるケースは多々ある。そういう人たちが〝先生〟となり、私たちの対人関係の才能を拡大してくれる。また、私たちの配偶者や子供、友人もまた「人との新たな関わり方を教えてくれる先生」になり得る（特に彼らが頑固だったり、扱いが面倒だったりした場合はなおさらだ！）。教職における個人的および専門的能力の開発に関する調査をもとに改良を重ね、私は「人間関係に関与する才能」というモデルを生み出した。それが図10－3である。

●才能⑹：励ましと動機を与え、適度な楽観主義をもたらす。

自分のリーダーシップやコーチングの才能が高まるにつれ、人はメンバーとの関係において支配的になり、彼らの中に無価値感か依存心のどちらかを生み出す危険性がある。いかなるリーダーもチームコーチもこのことを常に意識しなければならない。常に「支配」という問題について内省する必要がある。また同時に、自分の心を開き、メンバーが自身のコーチングの才能を伸ばせるような関わり方を目指さなければならない。優れた指導者は指導者を生み出すものだ。別の言い方をすれば、優れたリーダーは他者の中に眠っているリーダーシップを解放し、優れたチームコーチはチームメンバー自身のコーチングの才能を開花させる。チームコーチのカギとなるのは、チームリーダーおよびチームメンバーのコーチングの才能を開発し、コーチが任務を終了したあともずっと発展的なコーチングが続くようにするスキルである。

●才能⑺：違いを超えて仕事をする

コーチが指導するチームのほとんどは、そのチームの機能に影響を及ぼすような幅広い〝違

図10－3　人間関係に関与する才能

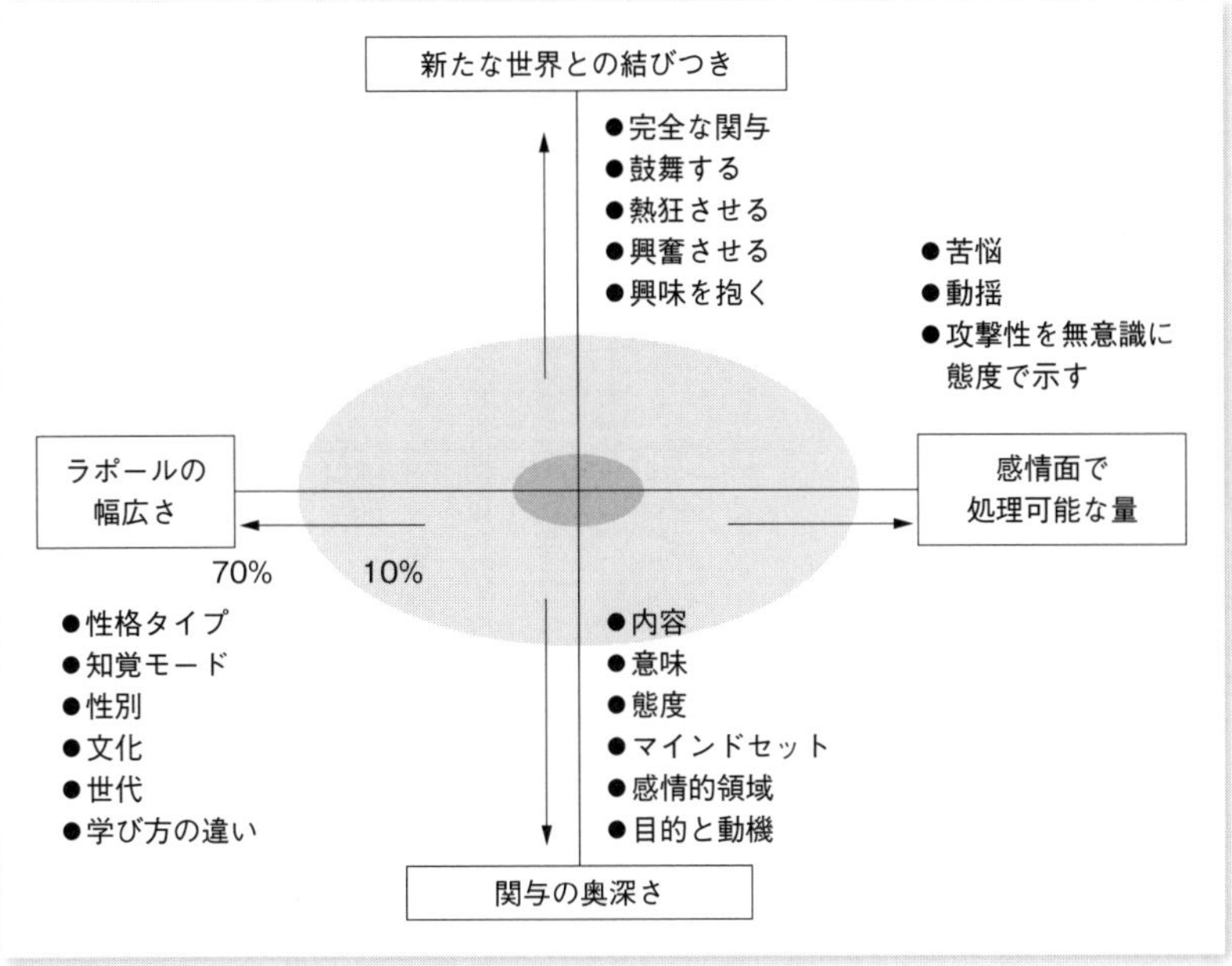

い〟を抱えているものだ。その違いには次のようなものが含まれる。

・性別の違い
・民族的および国家的背景の違い
・世代の違い：たとえば「団塊の世代」は「団塊ジュニア世代」とは違う言葉遣いをする。
・チーム在籍期間の違い：たとえば「チームの主」と「新参者」
・合併や買収後の、古い体制に対する忠誠心の違い
・部門の違い：直接顧客に応対する部門か、サポート部門か。
・機能別による忠誠心の違

い：たとえば財務、マーケティング、生産、営業、人事などはそれぞれ、さまざまな人々（投資家、顧客、サプライヤー、社員など）と利害関係にあるものだ。

・組織の序列におけるポジションの違い

ジュディ・ライドは「違いを超えて機能するために、私たちはまず鏡を見つめることからはじめる必要がある」という説得力ある主張をしている。私たちは、自分自身の文化を「当然」と思いがちだ。まずはそのことに気づく必要がある。この〝文化〟の中には、肌の色や国籍、性別、世代、階級、職業的背景などが含まれる。こういった要素が、自分が見て、聞いて、感じて、理解する方法に大きな影響や衝撃を及ぼしていることに、私たちは気づかなければならない。そしてチームコーチとして、自分のそういう面に気づいたり、チームメンバーに指摘されたりしても、心穏やかにいる必要がある。というのも、そういったことをきっかけに、チーム内の重要な違いの探求がはじまることが多々あるからだ。

●才能⑻：倫理面での成熟

マイケル・キャロルは著書「Counselling Supervision」（未邦訳）で、複雑さやあいまいさに満ちた状況で倫理的に行動するための方法をまとめた。彼は倫理的な意思決定のために役立つ、次の四つのプロセスを提唱している。

(A)倫理的な感受性をはたらかせる：他者に対する自分の行動に隠された意味を意識し、その対人関係の状況において倫理の必要性があるかどうかを見極める。

(B)道徳的な一連の行動指針を考える：その状況における事実や職業上の倫理規定、自分の倫理原則などを相互作用させ、道徳的な一連の行動指針を形作る。
(C)倫理的な意思決定を行う：内外両面での抵抗（政治、自己の利益、同僚の保護、間違いを犯すことへの怖れなど）に対処しながら、とことん考え抜き、最終的に倫理的な意思決定を行う。
(D)倫理的な意思決定のあいまいさとうまくやっていく：常に不確かさや疑念に対処することで、道徳的ジレンマを抑えるようにする。

この四つの段階すべてに対処するために、チームコーチは、自分自身の倫理規定や原則を見極めたり、チームコーチングによくある〝倫理的ジレンマ〟を同僚と共に探求したりするだけでなく、この種の倫理的な課題に直接対処し、実践を積むことも大切だ。スーパービジョンが必要となるような、チームコーチの一般的な倫理的ジレンマには次のようなものがある。

・〝チームコーチに関する秘密の意見〟をチームの数人（全員ではない）が共有してしまう。
・チームリーダーから、各メンバーのパフォーマンスについてコメントするよう依頼される。
・各メンバー（またはチームリーダー）から、チームの数人（全員ではない）に対する個人コーチングを依頼される。
・経営幹部から、今コーチングしているチームのパフォーマンスに関する報告を求められる。

こういう場合、コーチは「仲介者」になったり、分裂に巻き込まれたりしてはいけない。この種のジレンマの多くは、組織システム内部で分離している部分を探求し、再びつなげるようコーチングすることで解消できる。このことからもわかるように、チームコーチングには確固たる倫理原則が必要だ。チームコーチとして、次のような態度を心がけなければならない。

・私は、チームがその目的やパフォーマンス目標により効率よく到達できるよう支援するためにここにいる。「チーム全体としてのより大きな目的」のためにならない個人や派閥の利益のためにいるのではない。

・私は、チームの集団的パフォーマンスや機能、ダイナミクスについて意見を述べ、それらを促進するためにここにいる。個人のパフォーマンスや機能、ダイナミクスについて意見を述べるためにいるのではない。

・私は「チーム内」と「チームとその利害関係者の間」に働く機能をより促進し、彼らの直接的なコミュニケーションや関与を促すためにここにいる。（調停に関する契約がない限り）コミュニケーションが途絶えた関係者たちの「仲裁役」として行動するためではない。

●才能(9)：ユーモアのセンスと謙虚さ

ここまで紹介した特性や能力、才能をすべて身につけようとすれば、あまりの大変さに、しかめ面になってしまう人も多いだろう。そんな事態を避けるために必要なのがユーモアだ。スミスとの共著書において、私はこう記している。「自分自身を笑う力は、チームコーチの役割を全うするための必須条件である。私たちはときに、自分たちチームのばかばかしさを、クライアントと共に笑い飛ばす必要があるのだ。ただし、その前にまず、私たちは自分自身を笑うようにしなければならない」

カッツェンバックとスミスは「精鋭チーム」と「高業績を上げるチーム」を区別する最大の要素のひとつは、一緒にいることを楽しみ、自分たち自身を笑うことだと述べている。彼らの調査によれば、高業績チームは、自らの集団的目的や厳しいパフォーマンス目標の達成にまじめに取り組む一方、常に笑いを忘れず、互いをからかい合うこともできたのだ。

笑いが、私たちの身体や健康に及ぼす有益な影響は計り知れない。笑いにより、エンドルフィンの放出が促され、私たちの免疫力はアップする。そのうえ、笑いにより、私たちの心には余裕が生まれるため、相手との関係性を見極め、相手との違いを超えて接点を作るための方法に気づくことができるのだ（ユーモアを活かしてアンラーニングを促進する方法については、私の著書「Wise Fool's Guide to Leadership」〈未邦訳〉参照）。ユーモアは偉大な師である。逆説を優雅に受け入れることもできれば、凝り固まった世界観から私たちを解放する手助けにもなるのだ。

共著書の中で、私とスミスは次のように結論づけている。

謙虚さは、自らを笑う才能によってよりいっそう引き立つことになる。だが基本的に、謙虚さとは、コーチやコンサルタントが「私は全能だ」という思い込みに陥ることを避けるためのものだ。私たちには「結局のところ、自分は他者の成長や変化を支援するコーチやコンサルタントというよりはむしろ、学習や変化、変容が起きる空間を維持するための単なる〝執事〟のようなもの」という認識が欠かせない。コーチとして私たちがすべきは、他者のためにその空間を整理整頓して、学習や変化、変容を出現させることであり、また他者のために鏡を磨いて、そこに映る彼らの姿をより正確に映し出すことなのだ。

チームコーチのジレンマ

このセクションでは、今現在活躍中のチームコーチたち（私自身も含めて）が最も陥りがちなジレンマと疑問を紹介しよう。ここで取り上げるのは、長年チームコーチのスーパービジョンに当たってきた私の経験とこの本の執筆に際してさまざまな国のチームコーチたちに行ったアンケートの結果をもとに選び出した、一般的なジレンマである。たとえ形は違っていても、あなたが抱える疑問やジレンマの答えがこの中にあるよう願っている。もしないようなら、私宛てにメールを送ってほしい。[注18] 直接答えるか次版で答えるかのどちらかの方法でベストを尽くしてあなたの質問に答えよう。

(1)チームとチームメンバーをコーチングするときの注意点は何か？

私はこれまでチームコーチとして、〝チームとチームメンバー全員の指導〟と〝チームと重要なメンバー数人の指導〟の両方を経験してきた。そして経験を重ねるにつれ、「いつ、どのようにチームコーチングと個人コーチングを融合させるか」に細心の注意を払うようになった。この二つを結合しようとすると、チームコーチはメンバー個人や個人的な課題に焦点を合わせすぎ、チームおよびより広範囲のシステムを軽視する傾向があるからだ。また現在、私は「チームメンバー全員ではなく、そのうちの数人にコーチングする」という手法を避けるようにしている。このやり方は、チームの一部分や彼らの課題だけに焦点を合わせ、その他のメンバーをなおざりにしているように見られる危険性がある。だが唯一の例外として、特にチームリーダーに対して〝リーダーおよびチームコーチとしての役割〟をコーチングする場合もある。これは、私の契約期間中においても終了後においても、チームリーダーが私の役割の一部を担う必要があるためだ。

(2) チームリーダーが〝チームの問題〟になっていた場合、どう対処すべきか？

まずは、あなたがどういう経緯で、チームリーダーを〝チームの問題〟として見るようになったのかを慎重に調べてほしい。場合によっては、チームリーダーが、チーム全体の失敗の責任をとらされている可能性もあるからだ。その場合、第1章の冒頭で説明したように「あなたたちはチームとして、どのようにボスの弱点の責任をとるつもりなのか」とメンバーに尋ねてみるとよいだろう。というのも「完璧なリーダー」など一人もいないからだ。一方、もし人の意見を聞こうとしない、あるいは、いっこうに学ぼうとしないチームリーダーにチームが手を焼いている状況なら、チームコーチが果たすべきはその他の手段を使ってチームリーダーを支援し、今ある問題が解消するような対処を促すことだ。

注18 Peter.Hawkins@BarrowCastle.co.uk

(3)「チームに方向性を指示しないこと」と「チームのパフォーマンスに焦点を合わせること」のバランスをどのようにとればよいのか?

カウンセリングや心理療法の分野において、カール・ロジャースは「クライアントが今いる場所からはじめる必要性」を強調し、シェルドン・コップは「クライアントとは違う場所にいることが重要だ」と述べている。もちろん、このどちらも正しいのだ! チームコーチにとって大切なのは、「チームにとって何がよいか」を彼らよりも知っているような態度をとらず、彼らに対する批判や非難もいっさいしないことである。だがその一方で、チームコーチは〝鏡〟をしっかりと掲げて、チームには見えていないもの、聞こえていないもの、対処できていないものに彼らが向き合えるよう支援しなければならない。これは、次のさまざまな方法によって実行可能だ。

・チーム内で無視された意見のいくつかを取り上げ、膨らませてみる。

・チームが「自分たちがここにいて仕事をしているのは誰のためなのか」「自分たちができ得る最高の仕事とはどのようなものなのか」を明確にする手助けをする。この種の探求をするためには、チームからパフォーマンス意欲を引き出しつつ、その意欲がより外向きになるよう手助けすることが必要だ。真の〝パフォーマンス〟とは数値目標の達成に関することではなく、そのチームの本当のニーズに見合う卓越さを彼らから引き出すことだ。

・「三六〇度フィードバック」を実施し、チームの任命者や顧客、その他の利害関係者の意見を集め、さまざまな利害関係者の本当のニーズに見合うためには自らのパフォーマンスをどのように変化させる必要があるか、チームが真摯に取り組めるよう援助する。

(4)チームが五つの基本原則のひとつに焦点を合わせたがっているのに、自分が「彼らが本当に焦点を絞るべきは別の原則だ」と考えていた場合はどうすべきか？

「彼らにとって何がよいか」をチームに伝えるのは、変化を促すための有効なやり方とは言えない。さらなる抵抗を生み出す可能性がある。第6章で紹介した「リーダーシップチームのための五つの基本原則モデル」をもとに、彼ら各人に五つの基本原則それぞれを一〇点満点で採点してもらおう。その平均点をチームと共有したうえで、一番焦点を絞る必要がある分野はどこだと思うか、彼らに尋ねるとよい。この方法で導き出された結果はメンバーの偏った見方（例「チームの得意分野だからこの領域がよい」）に左右されにくくなるはずだ。もうひとつの有益な方法は、そのジレンマをチームと共有するやり方だ（例「チームとしてあなたたちが互いにどう関わるかに焦点を合わせることは非常に大切だと思う。でも私は、まずはチームのミッションを明らかにすることのほうが先決だと感じている。この見解の違いを調整するためにはどうすればよいだろう？」）。

(5)チームメンバーの多くが、チームコーチングにコミットしない場合はどうすべきか？

チームの一部のメンバーだけがチームコーチングの熱心な支持者で、他のメンバーがチームコーチングに抵抗を示した場合、前者が必死に後者を説き伏せようとし、さらに関係が悪化してしまうことがほとんどだ。こういう場合、チームコーチであるあなたは事態を進展させるために、中立の立場でいなければならない。私がよくやるのは、この時点で一歩引いた視点に立ち、「このチームのために適切な答えがチームコーチングなのかどうか、私にはまだ確信が持てない。だがそのことに確信は持てなくても、自分はチームコーチとして適切な人材だと思っている」と述べるやり方だ。ただし、もっと議論の必要があると感じられたり、チームが求めているものが別の何かであったりした場合は、積極的に各メンバーと話し合い、彼らの意見やアジェンダに耳を傾け、それらをチームにフィードバックするようにしている。そうすることでチームは初めて、「それらの異なるアジェンダに適切に働きかけるにはどうすればよいか」という議論に取り組めるようになる。このいずれにせよ、彼らがチームコーチの援助を必要としていることに変わりはない。

結論

私は「チームコーチになるためには、この章で紹介した九つの才能があれば十分だ」とは考えていない。しかし、前述のチームコーチへの調査結果では、回答者全員が、少なくともこの九つのどれかを答えとして挙げている。さらに彼らは、これらの九つの才能は「チームコーチのためのカリキュラムの中核を成すべきものだ」と述べているのだ。最後に、私とスミスの共著書から次の言葉を引用しておこう。

コーチングの核となる目的が〝クライアントの人的才能の開発〟であることを考えると、私たちは自分自身および他者のいかなる才能も明確に理解し、認識するよう心がけなければならない。ところが、その種の才能の開発とは、常にきりがないものなのである！　遅かれ早かれ、私たちは、自分の才能の限界を思い知らされるような困難を経験することになるだろう。だがそのときこそ、さらなる才能を開発するチャンスなのだ。

第11章 チームコーチングのスーパービジョン（監督）

「継続的な専門技能開発のカギとなるのは、個人の継続的な成長だ。私たち自身の発展は、私たちの実践のあらゆる面を通じて編み込まれていく。ということは、コーチングを受けているどんな人も教師となる。

あらゆるフィードバックが新たな学習のための機会となり、〝行動、リフレクション、新たな理解、新たな実践〟というバランスのよいサイクルに支えられた実践が生み出されるようになるのだ。

それゆえ私たちは、コーチやメンター、コンサルタントにとっての継続的な個人成長および専門技能開発の基本となるものは『スーパービジョン（監督）』だと信じる。スーパービジョンにより、コーチはしっかりと保護され、管理の行き届いた空間を与えられ、〝特定のクライアントの状況や人間関係〟や〝彼らが引き起こす反応やパターン〟を振り返り、熟考できるようになる。

そしてスーパービジョンを通じてそれらをじかに変容させることで、コーチングを受けている人も、クライアントである組織も、コーチ自身の実務的な実践にも、深遠な影響をもたらすことができる」

——ピーター・ホーキンズ

イントロダクション

第10章では、チームコーチが「その道の専門家」になるために不可欠な、さまざまなスキルや個人的才能について解説した。とはいえ、そういったスキルや才能はほんの基礎部分に過ぎない。チームコーチングという非常に複雑な分野において〝専門家〟になるための旅には、何年もの月日がかかるものなのだ。その継続的な旅を支援するカギとなるのが、チームコーチングとスーパービジョンの両分野において十分な訓練と経験を積んだ相手による、良質な「スーパービジョン」である。

効果的なチームコーチングを行うためには、「チームと連携して働きながらも、チームのダイナミクスや文化からは独立したまま」という難しい立場を維持しつつ、「チーム内」および「チームとそのチームが含まれたより広範囲に及ぶシステムの間」のシステミックなダイナミクスを見極める必要がある。たった一人のチームコーチが、これらの複雑なダイナミクスを察知し、その意味を理解するのはほとんど不可能だろう。だが良質なスーパービジョンを受ければそれが可能になる。

スーパービジョン（監督）とは何か？

以前、私はスーパービジョンを次のように定義した。

コーチがスーパーバイザー（監督者）の援助を受けるプロセス。これにより、コーチは「クライアントのシステム」および「クライアントのコーチングシステム」の両方における自分自身に注意を払い、より理解できるようになる。そうすることで、コーチは自分の仕事を変容させ、専門技能を発展させられる。

この定義に次の点をつけ加えることもできるだろう。

スーパービジョンは、〝スーパーバイザーとコーチの間の関係〟と〝それが生じている、より広範囲の状況におけるダイナミクス〟の両方の変容に注意を払うことによっても実施可能である。

コーチングにおけるスーパービジョンには、次の三つの要素が含まれる。

①質的側面：外部からの観点を提供し、より確実に実践の質を高める。
②開発的側面：コーチの専門技能における開発をメンタリングする。
③根源的側面：コーチングの実践および仕事生活においてコーチを指導する。

コーチングとメンタリングという分野は、ここ一〇年ほどで急激な成長を遂げている。それに比べると、コーチングのスーパービジョンは非常に注目度が低い。コーチングという新規成長分野の最初の二〇年において、ここまで注目されなかったことでかえって目立ってしまっている。二一世紀になった直後の私たちの調査によれば、この当時、スーパービジョンを受けているコーチはほとんどおらず、スーパーバイザーを務めているのも心理療法かカウンセリングの訓練を積んだ人々であった。二〇〇三年になってようやくコーチングのスーパービジョンのためのトレーニングが実施され、二〇〇六年には私たちが初の調査を行うと同時に初の専門書[注19]を刊行したのである。

私たちは先の調査以降の四年間で、コーチングのスーパービジョンという分野の、目覚ましい成長ぶりを目の当たりにすることとなった。あらゆる大手コーチング専門機関が、プロとしての継続的な実践と能力開発のためのスーパービジョンを奨励し、さらに多くの企業が彼らの社内外のコーチのスーパービジョンを要請するようになったのだ。それと同時に、スーパーバイザー指導のためのトレーニングも急増している。この分野のパイオニアは英国だが、今ではその他の国でもこの種のトレーニングは行われている。ところが、特に「チームコーチングのためのスーパービジョン」と「そのためのスーパーバイザーのトレーニング」は、まださほどの成長を見せてはいない。トレーニングが受けられる場所もまだ数カ所に留まっている。

スーパービジョンは、個人コーチングよりもチームコーチングにおいてさらに必要不可欠なものだ。というのも、たった一人のコーチが、チームダイナミクスの数多くのレベルや、チームにまつわる広範囲のシステミックな状況をすべて把握するのはほぼ不可能だからである。そのうえチームコーチは、チームリーダーやチームの一部によって招かれることが多いため、他のチームメンバーやチームのスポンサーからも受け入れてもらえるように努力をしなければならない。チーム全体との事業提携を築き、それを維持するために、常に細心の注意を払う必要がある。私がよく目にするのは、チームコーチングは完璧にこなしているのに、自分がいない場で働く「チームや組織の政治」のせいで、コーチとして完全には機能していないケースだ。

注19 2012年に邦訳刊行予定

その一方、私はこれまで「スーパービジョンのせいで、コーチが精神分析医やサイコセラピストになってしまう危険性」をたびたび指摘してきた。こうなると、個人のクライアントに焦点を合わせすぎ、組織としてのクライアントを軽視したコーチングしか実施できなくなるのだ。そして今、新たな課題が生まれていると言えよう。チームコーチングにおいても、スーパービジョンのせいで、「コーチがメンバー個人およびチーム間のダイナミクスに焦点を合わせすぎ、システミックな状況（コンテクスト）におけるチームの集団的側面をよく見ようとしない」という危険性が倍増しているのだ。

コーチングだけでなく、チームコーチングにおいても、スーパービジョンに関して訓練を積んだ、熟練したスーパーバイザーが圧倒的に不足している。そこでこの章では、チームコーチングのスーパービジョンプロセスについて詳しく解説しよう。これはスーパーバイザーを目指す人だけでなく、チームを率いている人や初めて経営陣メンバーになった人、プロジェクトチームを率いている人、あるいはひとつ以上のチームのメンバーである人も必読の章だ。

異なる状況でチームコーチングを監督指導する

チームコーチのスーパービジョン（以下ＳＶ）は、次のようなさまざまな方法で実施可能だ。

（１ａ）一対一の継続的なＳＶの一環として、個人およびチームコーチングの仕事に焦点を合わせるやり方。

（1b）一対一のSVで、特にチームコーチングの実践に焦点を合わせるやり方。
（2a）グループのSVの一環として、個人およびチームのコーチングの仕事に焦点を合わせるやり方。
（2b）グループのSVで、特にチームコーチングの実践に焦点を合わせるやり方。
（3）〝シャドー・コンサルタント〟として、同じ組織内の、異なるチームと仕事をしているコンサルタントやチームコーチのチームの相談に乗るやり方。

これらのアプローチには、それぞれメリットとデメリットがある。（1a）と（2a）のアプローチは、個人およびチームコーチングを混合した手法を使うコーチを、その両方のSV経験のある個人またはグループのスーパーバイザーが監督する場合に、最も一般的なものだ。（1b）と（2b）のアプローチは、スーパーバイジー（監督を受ける者）のコーチング実践の大部分がチームコーチングの場合、あるいは、彼らの個人コーチングの監督を行っているスーパーバイザーにチームコーチングのSV経験がない場合により有効である。（3）の〝シャドー・コンサルタント〟は、多数の同僚と共により広範囲に及ぶ組織的なコンサルタント任務の一部としてチームコーチングを実施している場合に最も有効である。この場合、スーパーバイザーは〝より広範囲の組織やシステムダイナミクスに働きかけた経験〟と〝パラレルプロセスおよびチームダイナミクスに働きかけた経験〟のある熟練者でなければならない（第7章「顧客対応チーム」も参照のこと）。私たちの経験から言えば、シャドー・コンサルタント（またはチームスーパーバイザー）としてSVを行う場合、最も困難なのは、コンサルタントチームのダイナミクスである。この種のダイナミクスには、クライアント企業からのパラレルプロセスが見られたり、コンサルティング企業のダイナミクスが現われたり、その特別任命チーム特有のダイナミクスが現われたりするからだ。この種のダイナミクスは、これら三つが複雑に絡まった混合型であることがほとんどである。

大切なのは、SVプロセスに関する明確な契約をすることだ。そのSV関係にチームコーチングが含まれるべきなのか、あるいは、また別のSVの機会に行ったほうがよいのかどうかを明確にすることは、スーパーバイザーおよびスーパーバイジー両者にとって必要なことである。なおスーパーバイザーは、チームコーチングを経験し、さらにチームコーチングのSVに関する訓練を積んだうえでSVを引き受けるべきだ。

前述の五つの状況すべてで起こりうるのは、チームコーチが、チームから提示されたデータ量に圧倒されてしまう危険性だ。チームコーチングという性質ゆえに、チームコーチは、チームの歴史やタスク、プロセス、ダイナミクスに関するデータだけでなく、チームに所属する個人メンバーや彼らの人間関係について、さらにはそのチームが機能する組織やより広範囲のシステムについてのデータを保持しなければならない。そういったデータをすべて保持し、処理し、理解しようとして、チームコーチが圧倒されてしまうことは多々ある。そして、それがパラレルプロセスとなって現れ、スーパーバイザーのもとに、チームコーチが膨大な無秩序状態のデータを持ってやってくることもあるのだ。こういう場合、スーパーバイザーはこのデータの洪水に溺れないようにすることが大切だ。少なくとも、このパラレルプロセスが生じたときは、そのことをコーチにコメントしたほうがよい。ひとたびこのプロセスが生じるとＳＶのための時間が「コーチの話を聞くこと」だけに費やされ、コーチが実施しているチームコーチングの詳細を見極めるための時間がほとんどなくなってしまう。

大切なのは、たとえそのチームの話がどれほど魅力的に聞こえても、あなたがスーパーバイザーとして影響を及ぼせるのはシステムのほんの一部、すなわちチームコーチだけだということを常に肝に銘じておくことだ。しかも、その部分こそが、ＳＶが最も多大な影響を及ぼせる場所なのである。

6ステップのSVモデル

こういったダイナミクスや複雑さに対処するために、私は、チームコーチングのためのＳＶモデルを開発した。これは元々、グループにおけるチームコーチングのＳＶ（２ｂタイプ）のために設計したモデルをその他の状況に適用できるよう改良したものだ。このモデルは、スーパーバイザーに原則とフレームワークを提供するものだ。それらを目安にすることでスーパーバイザーはバランスを確保し、必要最小限のデータに取り組み、ダイナミクスの数多くのレベル（個人、個人間、チーム、組織、より広範囲のシステム、チームおよびチームコーチングのスポンサーたちとのコーチング関係）の探求を実施できるようになる。そしてその探求をもとに、スーパーバイザーは、チーム内、コーチング関係、そしてコーチの中にどのような変化が必要なのかを見極めることになる。

私は、アカデミー・オブ・エグゼクティブ・コーチング（ＡＯＥＣ）の同僚ジョン・リアリー・ジョイスと共に、参加者九〇人以上のワークショップを二回開き、一三のスーパービジョングループと同時に仕事をしたことがある。このモデルの有効性は、その四五分のワークショップにおいて実証されることになった。では、各ステップを詳しく説明しよう。

【ステップ１：契約する】

大切なのは、まずチームコーチ（またはスーパーバイジー）に、このチームのＳＶに求めているものや必要としているものは何かを尋ねることだ。目標を意識し、彼らにこう尋ねるやり方が最も有効であろう。「このＳＶをあなたやチーム、そして顧客組織にとって有益なものにするために、あなたはこのセッションで何を達成する必要があると思いますか？」さらに、こう尋ねよう。「その成功を達成するために、あなたはスーパーバイザーとしての私や、その他のＳＶグループのメンバーに一番何を求めますか？」

この二つの質問から得られた答えをもとに、今後のプロセスにおける配慮のバランスを決める。そしてそのプロセスはこのセッションで得られた契約上のゴールに常に立ち返りつつ、それらがどのように取り組まれ、達成されているかに注意しながら進められる。

【ステップ２：状況を特定する】

チームコーチに一分以内で、自分が共に働いているチームはどのようなタイプか説明してもらい、チームに関する簡潔なデータを提示するよう促す。

【ステップ3：ダイナミクスを探る】

チームコーチに一枚の大きな紙を渡し、各チームメンバーを象徴する記号やイメージ、色彩を描き込んでもらう。次に「彼らの間の人間関係」と「チームとその利害関係者との関係」も同じように描き込んでもらう。これは「ピクチャー・スカルプト」というやり方だ（第12章参照）。このとき、次のポイントに注目をするとよい。

(A)個人：チームの各メンバーに何が起きているか。
(B)対人関係：チームメンバーの間の空間に何が起きているか。
(C)チームダイナミクス：この答えはこんな質問によっても得ることができる。「もしこのチームを曲や食事、あるいは実際にある場所で表すとしたら、それは何ですか？」
(D)チームのミッションおよび意図：今のところチームが達成しておらず、彼らが達成を願っている（達成する必要がある／達成を目指している）こととは何か。
(E)利害関係者の関与：チームが関わる必要のある重要な利害関係者とは誰か。彼らとの関係それぞれにおいて変化する必要があることとは何か。
(F)より広範囲のシステミックな状況：チームが、より広範囲に及ぶシステミックな状況において生み出す必要がある（生み出したいと願っている／生み出すことを切望している）変化とはどのようなものか。彼らにとって望ましい変化を起こすために、チームに必要な変化とはどのようなものか。

【ステップ4：契約および意図を三方向から明らかにし、一連のコーチングで焦点を合わせる場所を決定する】

次の手順を踏むようにし、三方向からの探求を行う。

(A)チームコーチに〝集団的チーム〟の役割に足を踏み入れるよう促し、「チームとしてチームコーチングとコーチに望んでいるもの、必要としているもの」について話してもらう。

(B)チームコーチに〝チームコーチ〟の役割に戻るよう促し、「このチームとの仕事における自分自身の意図・興味・投資」について話してもらう。

(C)チームコーチに、今度は〝チームが含まれるより広範囲の組織（またはシステム）〟の役割に足を踏み入れるよう促し、「組織としてこのチームコーチングに望んでいるもの、必要としているもの」について話してもらう。このとき、「組織がこの投資に対してどんな利益を求めているか」「チームが直属する組織のシニアメンバーは、このチームコーチングのプロセスや結果にどう関わりたいと望んでいるか」と質問することも可能だ。

【ステップ5：チームおよびチームコーチに必要な変化を探る】

チームコーチに、これまでのステップにおける発見を踏まえて次の質問に答えるよう促す。

(A)すべてのグループの切望に応えるために、チームに必要な変化とは何か。

(B)自分とチームとの関係において必要な変化とは何か。

(C)クライアントにとって望ましい変化を起こすために、コーチとしての自分に必要な変化とは何か。

(D) コーチとして、自分が具体的に約束できることは何か。

このプロセスにおいて重要なのは、チームコーチに、自分が学んだことをできるだけ具体的に表現するよう促すことだ。これにより、コーチは必然的に、次にチームと会うときに言うべき〝最も重要なセリフ〟をリハーサルしたり、チーム内のダイナミクスを変化させるためにふさわしい感情状態を発見したりすることができる。

【ステップ6：見直す】

SVを終了するときに大切なのは、〝契約〟に立ち返り、そのセッションでスーパーバイジーにとって最も有益だったことは何か、彼らの学習をさらに促した要素は何だったかを確認することだ。これはスーパーバイジーだけでなく、スーパーバイザーやSVグループにとっても重要なことである。こうすれば、自分たちの仕事の成果を確認し、チームコーチングのSV能力を継続的に学習し、増大できる。

●プロセスのバリエーション

この6ステップモデルは、前述の「スーパービジョンのための五つの状況」のすべてに活用できる。

一対一で用いる場合は、スーパーバイザーもスーパーバイジーも、さまざまな探求の段階で「椅子から立ち上がる」とよいだろう。スーパーバイジーが絵を描いたり、違う立場（チーム、スポンサーである組織、そしてコーチ自身）に移動したりするのをスーパーバイザーが手助けするとより効果的だ。この結果、よりエネルギッシュで具体的な学習が生まれることになる。こうすると、スーパーバイジーがチームの感情面により深く入り込み、さらに具体的なコミットメントを生み出すチャンスが高まるのだ。このモデルを〝シャドー・コンサルタント〟に用いる場合、大切なのは、ステップ3の（E）と（F）により時間をかけ、そのチームが〝組織開発という任務全体〟とどの程度一致しているかを探り出すことだ。さらに、このプロセスの最後に次のような四つの質問をすれば、より広範囲のシステムについての理解を深めることもできる。

①このチームは、より広範囲に及ぶ組織の戦略・開発とどの程度一致しているか。
②このチームにおいて、私たちが気づいた文化的パターンとは何か。
③組織の他の場所で見られる、その文化的パターンと似たパターン、反対にまったく異なるパターンとはどのようなものか。
④このチーム、組織の他の場所、より広範囲のシステムに対する私たちの働きかけを踏まえると、今までの三つの質問の答えはどのようにあるべきか。

●チーム・スカルプト

もうひとつ、ここで「チーム・スカルプト（彫刻）」と名付けたメソッドを紹介しよう。これは、十分な時間があり、適切な訓練を積んだ熟練したスーパーバイザーがいれば、いかなる状況でも活用できる手法である。このアプローチは、モレノ[注20]の研究をもとに開発したものだ。同じウィーン出身にもかかわらず、モレノがフロイトと出会ったのは、彼ら二人が故郷を離れてからずっとあとのことだった。このとき、モレノはこう言ったと言われている。

「ミスター・フロイト、あなたは人の夢を分析します。私は彼らに再び夢を見る勇気を与えています」

次に挙げるのが「チーム・スカルプト」の段階である。

ステージ１：この手法では、SVグループのメンバーにチームの各メンバーを演じてもらう。

以上の手順を踏めば、非常に多くのことが明らかになる。

・スーパーバイジーに、チームメンバー役の演じ手たち（SVグループの人々）の位置を決めてもらう。このとき、チームの中心との関係、さらに各メンバーとの関係がわかるように位置決めをしてもらうこと。さらに、その中でのスーパーバイジー自身の位置も決めてもらい、各人が自分の場所に移動するようにする。

・スーパーバイジーに、各メンバーのグループ内における立場を象徴するようなポーズを考えさせ、そのポーズを演じ手たちにとってもらう。

・スーパーバイジーに、チームコーチとして一番適切なポジションにいるのは誰かを選んでもらう。

ステージ２：スーパーバイジーにチームコーチとして、メンバー役の演じ手たちに話しかけてもらう。まずは「このチームにいてどう感じるか」という質問からはじめさせるとよいだろう。このとき話しかけながら、メンバー役の肩に手を置くようにさせること。

注20　フロイトと同じ時代を生きた、サイコドラマおよびソシオドラマの発案者

ステージ3：メンバー役の演じ手たちは、次の言い回しで答えるようにする。「チームのこのポジションにいて、私が気づいたり、感じたりするのは……」

ステージ4：メンバー役全員にそれぞれ異なるポジションに移動するよう促す。ここでの狙いは、彼らがチーム内のどのポジションに移動したいか、その動きがチームや他のメンバーたちにどんな影響を及ぼすかを探求させることだ。

（例）チームの中心から離れた場所にいたメンバーが「真ん中に行きたい」と言った場合、その人物には、まずどんな経路をたどって中心に移動するかを考えさせ、次に実際に中心に移動したことによって感情面でどんな変化があったかを見極めさせる。同時に、中心にいた他のメンバーにも感情面でどんな変化があったかを見極めてもらう。

ステージ5：この「チーム・スカルプト」を外から見ている人たちに、次の質問を問いかける。「もしこのグループが家族だとしたら、それはどのような家族でしょう？　誰がどの役割になるでしょうか？　もしこれが国（または演劇、スポーツ、テレビ番組など）だったら、それはどんな国（または演劇、スポーツ、テレビ番組など）になるでしょう？」

あるいはこちらから指定せず、彼らの好きなもの（たとえば食事・動物・国々・交通手段・神話・シェークスピア作品など）でたとえてもらってもよい。

ステージ6：この「スカルプト」はさらに発展させることが可能だ。スーパーバイジーの指示で、演じ手たちに〝主な利害関係者たち〟の役をやってもらうようにし、ステージ2と3を実施すれば、チームと彼らとの関係がより明確になる。

ステージ7：スーパーバイジーに〝演じられているシステム全体〟を一番よく見渡せる位置

に移動してもらい、次の手順を踏ませる。
・スーパーバイジーは自分がいる位置に、メンバーの演じ手を一人ずつ招く。
・招かれた演じ手は目を閉じ、次にパッと目を開けることで、その位置からチーム全体を見渡した印象を感じ取る。そのうえで、次の言い回しを用いること。「もし私がこのシステムに創造的なコーチングを行うとしたら、私は……」
・スーパーバイジーは彼らの言葉によく耳を傾ける。全員を招き終えたら皆で着席する。
・スーパーバイジーは、この結果、自分がどのような違いを生み出せることがわかったかを総括し、宣言する。このあと、それぞれの演じ手たちの感想によく耳を傾ける。

ステージ8：この種のテクニックすべてがそうであるように、このメソッドを活用する場合は、彼らの役割を交換させることが大切だ。なお、最も一般的なのは、演じ手たちに、まず彼らが似ている人物を演じさせ、次にまったく異なる人物を演じさせるやり方である。

第12章では、この「チーム・スカルプト」を、チーム全体のコーチングにおいて活用するための方法を紹介する。

●6ステップモデルの活用例

かつてある大手小売り企業で、人事トップチームの役員三名と仕事をしたときのことだ。私たちがその企業に招かれた目的は、三人のうちの一人（女性）のSVを行うためだった。彼女はリーダーチームの一員であり、なおかつ最も成功しているブランドの担当チームのコーチングも引き受けていたのだが、最近そのチームの活動に行き詰まりを感じていたのだ。

そのチームについて短く説明するよう頼むと、彼女は苦心しながら、これまでに起きたことをすべて伝えようとした。その話に耳を傾けていた私は、彼女からも、それを聞いている他の二人からも、そして私自身からもエネルギーがどんどん奪われていくのを感じていた。五分も経たないうちに、私は彼女を遮り、「あなたたちトップチームの会議はいつもこんな感じなのですか？　報告があまりに多すぎて、やる気もエネルギーも吸い取られてしまいそうじゃないですか」と思ったことを口にした。すると、彼女は肯定するかのように深いため息をついた。

私は彼女に、チームについて口で説明するよりもむしろ、チームとその利害関係者、さらにその関係を絵に描いてほしいと頼んだ。そのうえで、その「ピクチャー・スカルプト」を通じて変化の必要があるのは何かを探求するよう促したのだ。紙面上に新たな関係性が浮かび上がり、彼らが対処すべきパターンが見えるにつれ、彼女はみるみる意欲とエネルギーを回復していった。

6ステップ式SVプロセスについてのリフレクション（内省）

ここで紹介した「6ステップ式SVモデル」は、コーチングプロセスとして紹介した、次の「CLEARモデル」（第3章参照）をもとに開発したものだ。

Contract（契約）

Listen（傾聴）
Explore（探求）
Action（行動）
Review（見直し）

この「６ステップ式ＳＶプロセス」が示しているのは、「ＳＶは常に契約からはじまり、次にスーパーバイジーから示された状況によく耳を傾け、現在の課題をさまざまな方法で探求し、新たな行動を起こして、それを見直すという一連のプロセスであるべきだ」ということだ。

　このモデルにおいて、私は〝探求〟の段階に二つのステップを新たに盛り込んだ。ひとつは「チームおよびそのシステミックな状況の探求」、もうひとつは「チーム、コーチ、スポンサーである組織の間の関係の探求」である。最初の探求段階により、コーチは一歩うしろに下がり、さまざまに異なるレンズを通してチームを見直せるようになる。また次の探求段階により、コーチは三者の関係における色々な役割に足を踏み入れられるようになるのだ。

　このモデルを図に示したものが「ＳＶの７つの視点モデル」（次ページ、図11－1）である。このモデルは二五年以上かけて開発したもので、いまや世界の多くの国々で広く活用されている。このモデルが示すのは、「七つの別々のレンズを通して、ＳＶはどのように違いを見ていけるか」ということだ。このモデルの狙いは、ＳＶにおいて焦点を合わせるべきさまざまな領域を完全に把握することにある。ベースとなったのは「物事はつながり、相互関係を持ち、行動を促進する」という考え方だ。

図11－1　7つの視点モデル

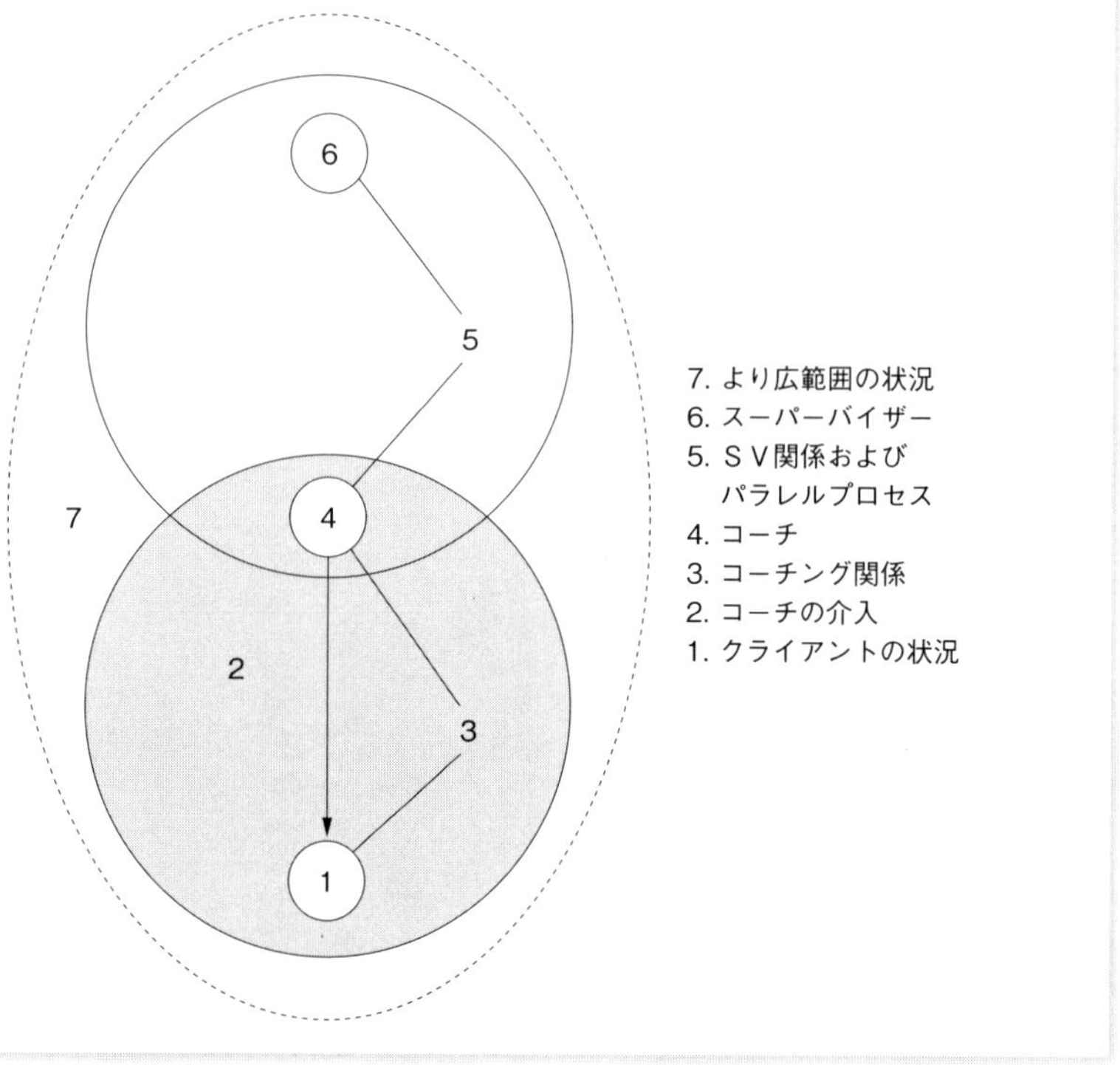

このモデルは、クライアント（コーチングの受け手）がコーチング関係においてどのように映し出されるか、そのコーチング関係のダイナミクスがＳＶ関係においてどのように映し出されるか、というシステミックな状況を図解したものだ。これから説明する「焦点を合わせるべき七つの可能性の領域」はスーパーバイザーとスーパーバイジーの両者にとって、ＳＶを見直

し、さらに発展させる手助けとなるだろう。

〈視点1〉クライアント（コーチングの受け手）の状況

ここで焦点を合わせるのは、チームおよび彼らがコーチングに持ち込んでいる問題の内容、さらに彼らの組織のより広範囲に及ぶ問題だ。チームが支援を求めている問題だけでなく、彼らがそれらの問題をどのように表現し、とらえているかにも注目する。

〈視点2〉コーチの介入

ここで焦点を合わせるのは、コーチが実施した介入法とそれ以外に実施可能だったその他の選択肢だ。これには、コーチがまさに介入しようとしている状況に集中し、潜在的な選択肢（その予想される影響も含めて）を探ることも含まれる。

〈視点3〉コーチング関係

ここで焦点を合わせるのは、コーチおよびクライアント（コーチングの受け手、すなわちチーム）が共に生み出している関係である。

〈視点4〉コーチ

ここで焦点を合わせるのは、コーチ自身だ。「クライアントのシステムのダイナミクス」と「チームの問題」によってコーチは新たにどのような刺激を受けたのか、さらにチームやコーチング関係の表面下で起きていることを察知するための〝ツール〟として、コーチ自身がどのように機能しているかに注目する。

〈視点5〉SV関係およびパラレルプロセス

ここで焦点を合わせるのは、スーパーバイザーとコーチの間の現時点での人間関係だ。これには〝チームとそのより広範囲のシステムから無意識にコーチが吸収しているものは何か〟〝それがスーパーバイザーとの関係にどのような影響を及ぼしているのか〟が含まれる。場合によっては、コーチが無意識のうちに、クライアントであるチームが自分を扱うのと同じやり方で、スーパーバイザーを扱うこともある（パラレルプロセス）。

〈視点6〉スーパーバイザー

ここで焦点を合わせるのは、コーチと共に過ごしているスーパーバイザーの〝今この時点での〟体験だ。さらに、コーチおよび提示された資料に対するスーパーバイザー自身の反応から、コーチやチーム、またはコーチング関係について何が学習できたかにも焦点を合わせる。

〈視点7〉より広範囲の状況

ここで焦点を合わせるのは、コーチングが実施されている組織上、社会上、文化上、倫理上、契約上の背景だ。これには、焦点を合わせるプロセスの中にいる、より広範囲の利害関係者グループを意識することも含まれている。たとえば顧客組織とその利害関係者、コーチの組織とその利害関係者、スーパーバイザーの組織的または職業的ネットワークなどだ。

【七つの視点すべてを活用する】

多くのスーパーバイザーやコーチたちから話を聞くうちに、私たちは、スーパーバイザーが七つの視点のうち、自分が気になるひとつの視点に集中しがちであることを発見した。たとえば、あるスーパーバイザーは「コーチよりもよりよい介入法を生み出すのが自分の仕事だ」と考え、〈視点2〉に焦点を絞りすぎていた。だがスーパーバイザーがこういう態度をとるほど、コーチは無力感にさいなまれることになる。「きみが実施した介入法はことごとく間違っている」と指摘されたような気分になるからだ。実際、この種の偏ったSVを受けた結果、「指導しているチームの問題は、すべてコーチである自分のせいだ」と思い込み、自信を失ったコーチの話も聞いたことがある。

ひとつの面にしか焦点を合わせられないと、部分的で限定的な視点にしか立てなくなる。このモデルが示しているのは、多くの異なる視点から同じ状況を見つめて、さらに深い探求をするためのやり方だ。こうすることで客観性が生み出され、ある視点からの主観的な気づきを、別の主観的なデータに即して検証し、単なる〝客観性〟ではなく〝適度な複雑さ〟を達成できるようになるのだ。また、ひとつずつはうまく実践できても、ある視点から別の視点へ移行するスキルがないと、このプロセスを十分に活用することはできない。スーパーバイザーにとって最も一般的なのは次の順番だ。

・〈視点1〉からはじめて具体的なコーチング状況についてコーチと話す。
・〈視点3〉〈視点4〉に移行してコーチング関係およびコーチ自身の中で起きていることを探求する。
・〈視点5〉〈視点6〉に移行して、コーチとスーパーバイザーの間の今現在の関係を詳しく調べる。
・〈視点7〉に移行して、より広範囲の状況に焦点を合わせる。
・以上のプロセスを通じて、全体像を把握する。
・〈視点2〉に移行し、コーチング関係において必要な変化を生み出すために、次のセッションにおいてコーチがどのような新たな介入をすればよいかを探求する。
（注）コーチは、この段階において、それらの介入法のいくつかをリハーサルするとよい。私たちは、これを〝早送りリハーサル〟（第5章参照）と呼んでいる。

この章のはじめで説明した「チームコーチングのための6ステップ式SVモデル」を振り返れば、それが「七つの視点モデル」に沿ったものであることがわかるだろう。その流れを具体的に解説しよう。

・はじめるにあたって重要なのは、スーパーバイザーが〈視点1〉のスキルを活用しながら、【ステップ2、3】において明らかになったチームの情報に細心の注意を払うことだ。
・次に、スーパーバイザーは〈視点3〉のSVスキルを活用しながら、【ステップ4】におけるコーチとチーム、さらにより広範囲のクライアントである組織の間の関係に焦点を絞り込む。

・さらに、スーパーバイザーは〈視点4〉に移行し、この仕事がコーチおよび彼らのパターンにどのような影響を及ぼしたかを考える。

・今度は、スーパーバイザーは〈視点6〉に移行し、スーパーバイザーおよびSVグループとして、そのスーパービジョンが彼らコーチにどのような影響と衝撃を及ぼしたかを調べる。

・同時に、スーパーバイザーは〈視点5〉に移行し、スーパーバイザーとコーチの関係や両者が受けた影響と衝撃も調べる、

・スーパーバイザーはその焦点を〝チーム〟と〝そのチームが機能するより広範囲のシステミックな領域〟の間を絶え間なく移動させながら、〈視点7〉のスキルを活用しつつ、より広範囲の状況に何がもたらされたかを常に意識する必要がある。

・最終的に【ステップ5】において、スーパーバイザーは〈視点2〉のスキルを活用し、コーチに必要な変化に焦点を合わせ、彼らがすべき介入法を探求することになる。

グループという状況でチームコーチングのSVをする場合、チームのダイナミクスがSVグループの中でパラレルプロセスとして類似したものが起きてくることが普通である。これによってSVグループのメンバーたちが、チームのダイナミクスの異なるさまざまな面を取り上げ、演じてみせることができる。また、チーム内で生じている明らかな対立や暗黙の対立を演

じてみせてもよいだろう。なお、このやり方を用いるときは、チームのダイナミクス〈視点5〉とより広いシステムの対立〈視点7〉について深い理解に基づいて活用されることが不可欠だ。

結論

新たな訓練生と接するたびに、私たちは、コーチングのSVという魅力的な技能を学習し続けている。そしてそのたびに「優れたチームコーチやコーチングのスーパーバイザーになるためのカギは、学術知識でもツールやテクニックでもない。人間の才能を開発することに専心し、他者のために今を存分に生き、私たちが『無慈悲な情け深さ』と呼ぶものをもって行動をすることなのだ」と思い知る。というのも、無慈悲な情け深さを心がければ、結局のところ、ほとんどのビジネス状況に見られる怖れや不安に打ち勝ち、クライアントのために勇気をもって行動する新しい力を身につけられるからだ。

この章で強調したように、どれだけ経験を積んだチームコーチでもSVは必要だ。これは「たった一人では自分が働いているシステム全体を見ることができない」という理由だけでなく、「私たちはすぐにそのシステムの一部になってしまう」という理由も挙げられる。少し考えてみれば、すぐにわかるだろう。たとえば自分が泳いでいるときに、その海全体を客観的に見渡すのが非常に難しいことと同じだ。なお、ひとつのチームに対し二人のチームコーチが働きかけていた場合でもSVは不可欠だ。そのチームとより広範囲のシステムのダイナミクスが、二人のコーチの間の関係にパラレルプロセスとして生じるのはよくあることだ。

チームコーチのSVを求めるニーズに応えるためには、より多くの経験を積んだ、専門的なチームコーチのスーパーバイザーが必要だ。そのためには〝チームのSV、組織ダイナミクス、システムダイナミクス〟に特化した、もっと多くの訓練プログラムやコースが必要である。この章で提唱したチームコーチのSVの新たなモデルが、チームコーチや彼らのスーパーバイザーたちの一助となることを願ってやまない。

第12章 チームコーチングのメソッド、ツール、テクニック

「もっている道具がカナヅチだけなら、すべてのものがクギに見える」

――アブラハム・マズローがよく引用した格言

「チームのコーチングにおいては、いかなるツールを使いこなすにも〝職人の技術〟が必要だ。場合によっては〝芸術家の才能〟が必要なときもある。いっぱいツールが詰まった道具箱を持つのはよいことだが、単に多くのセミナーに出席すれば新たなアプローチが身につくというものではない。新たなツール獲得に夢中になるあまり、すでにもっている専門技術や職人技術を使いこなすための学習を犠牲にしては元も子もない。結局、その特殊な道具を手に入れるかどうかは、私たちの判断とこれまでの経験に裏打ちされた私たちの直感で決まる」

――クリスティーン・ソーントン

イントロダクションおよびツールとメソッド使用の基本原則

この章では、異なるタイプのチームやチーム状況のコーチングに有効な、さまざまなメソッド、ツール、テクニックを紹介しよう。その中には、本書においてすでに紹介したものも含ま

れる。便宜上、私はそれらを次の三つのグループに分けてみた。

(1)心理測定ツール：チームの個人および対人関係の探求に役立つツール。

(2)チーム評価のための質問表およびツール：「チームの三六〇度フィードバック」も含む。

(3)実験的メソッド：チームダイナミクスおよび機能を拡大させるためのツール。

これらのツールを紹介する前に、「ツールを活用するための基本原則」について考えることが大切だ。前述のソーントンはこの点について、次の非常にわかりやすい、七つのアドバイスを示している。

①すべてのツールは「チームのメンバー同士に必要な会話」をはじめる手段に過ぎないと肝に銘じること。（私はこれに「またはチームと彼らの任命者、あるいはチームと彼らの利害関係者の間に必要な会話」という一文をつけ加えるようにしている）

②ツールには「会話をはじめる際に人々に安心感を与える」という効能があると意識すること。ツールは、メンバーの戸惑いや不安を均一にし、難しいフィードバックの衝撃も和らげ、しかも、チームに「ゴールめざして共に働く」という感覚を与える。（私はよく、これを「問題に対する共通の言語を生み出す」と表現している）

③ツールを使うタイミングや状況の重要性を意識すること。

④いかなるモデルも結局、複雑な現実を簡素化したものであると忘れないこと。だからこそ、私たちはツール活用によって複雑な現実を理解し、それらについて話せるのだ。それゆえ、チームが十分理解し、活用できるようなシンプルなツールを選ぶことが大切である。

⑤ツールがそのチームの状況に与える「好ましい効果」について考えるようにすること。
⑥コーチングやマネジメント関連の書籍にとらわれることなく、幅広いリソースを活用するように心がけること。役立つツールを探すために、あらゆる方向に目を配る。
⑦気に入ったツールを集め、「自分ならではの道具箱」を構築するよう心がけること。

では、それぞれのツールを詳しく説明しよう。

(1)心理測定ツール

チームが、各メンバーの性格タイプや嗜好、世界観を理解するために役立つ心理測定ツールはたくさんある。ここではチームコーチングで広く活用されているものをいくつか紹介しよう。

●マイヤーズ・ブリッグス・タイプ指標(MBTI)

このツールは、組織における人選や評価、個人およびチームのコーチングに活用されている。チームコーチングに関して言えば、MBTIの活用は〝葛藤が生じているチーム〟に役立つ。メンバーの中で仕事や対処に関して他のメンバーとは異なる見方をし、生産力全般の妨げとなっているのは誰かを特定する手助けとなるのだ。MBTIによるチーム分析は、メンバーの違いをチームが前向きに活用するための支援方法として用いられている。私たちの経験から言えば、リーダーチームの大半がこのMBTIのことを知っている。これは一九五〇年代にマイヤーズとブリッグスという母娘がユングの心理学説に基づいて開発した性格診断ツールだ。具体的には、次に挙げる四組の項目を使い、それぞれの項目における傾向を元に一六の性格タイプに分類することになる。

・内向型／外向型
・感覚型／直観型
・思考型／感情型
・判断型／知覚型

それぞれの項目でどこに位置するかを診断することで、一六の性格タイプのどれに該当するかが決まる（ここでは触れていないが、このモデルにはより複雑な奥行きがあることを忘れないでほしい）。

チーム内の各メンバーの性格タイプを皆で共有すれば、チームコーチは、同じ問題を見つめたときに性格タイプの違いが及ぼす影響を、チームにより容易に気づかせることができる。さらに、その違いを活用するためのよりよい方法を探すこともできる。「個人の性格傾向の違いがどのように個人的な反射反応を生み出すか」を明らかにすることは、有益なやり方と言えよう。というのも、そういった個人的な反射反応は、通常チーム内に〝理解〟よりもむしろ〝葛藤〟を生み出すものだからである。チーム内で多数を占める傾向とそうでない傾向を示すことで、チームコーチは、そのような偏りがチームパフォーマンスの重要な領域（コミュニケーション、意思決定、問題解決など）にどのような影響を及ぼすか、というチームの探求を支援することになる。

ある大規模なチームと仕事をしたときのことだ。私たちは床に広げた大きな紙にＭＢＴＩの一六の性格タイプを書き込み、メンバーに自分のタイプの場所に移動してほしいと頼んだ。こうして互いの性格タイプを共有させたうえで、私たちは彼らに次のことを議論させ、それらの意見をチーム全体で共有するようにした。

・この性格タイプの違いを区別しているものは何だと思うか。
・あなたは、他のメンバーたちにどの性格タイプだと思われたいか。
・あなたに関して、他のメンバーたちがよく誤解することは何か。
・このチームが、自分たちの違いを最大限に活用するためにはどうすればよいと思うか。

このような空間を利用したマッピングにより、チームの中で最も多数なのがどのタイプで、最も少数なのがどのタイプかが一目瞭然になることだ。その傾向を理解させることで、コーチはチームメンバーに自分たちに不足している空間へ足を踏み入れるよう促すこともできるし、その部分の視点からチームを見るための方法も説明できる。

かつて私が仕事をしたコンサルティングチームは、私を除いたほぼ全員が「外向型／直観型／感情型／知覚型」で、チームマネジャーだけがやや「感覚型／判断型」の傾向をもっていた。この結果を共有することで、チームは、チームマネジャーがこれまでどれだけ欲求不満を抱えているかようやく理解できたのだ。何しろ、彼以外のメンバーは会議中、問題の異なる見方について延々と議論を続け、決して具体的な結論に到達しようとはしなかった。そのうえ、何かしら結論を出したとしても、その決定を再検討することがしばしばだったのだ。この他に性格タイプ分類に役立つのが、マンフレッド・ケッツ・ド・ブリースによる「パーソナリティー・オーディット」、ベックとコワンによる「スパイラル・ダイナミクス」である。

●リーダーシップスタイル検査

リーダーシップスタイルを見極めるためのツールはたくさんある。中でも、チームがさまざまに異なるリーダーシップスタイルを探求する手助けとなるのが、次に挙げる手法だ。

・シチュエーショナル・リーダーシップ：ハーシーとブランチャードによって提唱された、タスクおよび対人関係の次元に関するリーダーの傾向を探るための手法。

・コンフリクト・スタイル・インベントリー：トーマスとキルマンによって提唱された、不一致や対立に対するさまざまなアプローチや反応を見極めるための手法。

・グローバル・エグゼクティブ・リーダーシップ・インベントリー：ケッツ・ド・ブリースによって提唱された、「三六〇度調査手法」という、多数の情報源からのフィードバックの手法。この調査手法は「ビジョン化／権限委譲／活性化／企画と調整／報奨とフィードバック／チームづくり／外部の利害関係者の重視／粘り強さ／グローバル志向／EQ（心の知能指数）／ストレスに対する弾力性／バランスのとれた生活」の一二の構成要素から成る。

ケッツ・ド・ブリースは著書「Leadership group coaching in action」（未邦訳）の中で、チーム内のグループコーチングという状況において、「グローバル・エグゼクティブ・リーダーシップ・インベントリー」と「パーソナリティー・オーディット」に基づいた「三六〇度調査手法」

を活用した好例を示している。その事例では、各チームメンバーが、自分たちの性格上の傾向を共有するために時間を割いた。そして他のメンバーがそれにどのような反応を示すかに耳を傾け、その議論を踏まえて、自らの役割やチーム、組織への自分たちの貢献を発展させるにはどうすればよいかを話し合ったのだ。

次の引用にもあるように、ケッツ・ド・ブリースは、チーム内のグループコーチングのメリットを「各メンバーの性格上の傾向と三六〇度調査の結果を共有できること」だと主張している。

互いをよく知り、それぞれのリーダーシップスタイルを理解し、各人の才能を認め、互いの仕事のやり方を把握するようになると、彼らの間の信頼感がより高まる可能性が高くなる。コーチングのワークショップという過渡的な空間において、人々は心を開き、情報を共有し合うようになり、それぞれが抱える問題について話すようになる。遠回しな言い方をしたり、策を弄したりするのをやめ、彼らは互いを支えはじめるのだ。

このようなチームメンバーのグループコーチングが、チームコーチングの望ましい前段階になることは多々ある。メンバーが互いに理解し合い、自分たち自身のニーズが認められているという安心感を覚えて、はじめて彼らはチームの集団的ニーズに焦点を合わせられるようになるからだ。

●ベルビンのチーム役割分析

一九七〇年代、メレディス・ベルビン博士とヘンリー・マネジメント・カレッジの調査チームは、他のチームを上回るパフォーマンスを可能にする要素は何かを特定する実験を行った。彼らは、知的能力がそれぞれ違う一二〇のチーム（一チームの構成は約六人）を編成し、「マネジメントチーム」と呼んだ。そして知的能力の高いメンバーを揃えたチームには「アポロ・グループ」という名前をつけた。ところが、思いがけないことに、知的能力が決め手になる演習において当然勝つと思われていた「アポロ・グループ」が最下位になってしまったのだ（のちにベルビンは、これを「アポロ・シンドローム」と名づけている）。調査が進むにつれ、チームの成功と失敗を分けるのは、チームメンバー同士で助け合おうとする「役割のバランスのよさ」に関連していることが明らかになった。ベルビンはこの結果をもとに、成績のよかったチームに貢献したメンバーの役割を特定したのだ。

ベルビンは、チームにおける役割を「あるチームメンバーが別のメンバーと相互作用するやり方に見られる、態度面での特徴的なパターンのこと。この相互作用における、そのメンバーのパフォーマンスが、チーム全体の進歩を促進することになる」と定義している。さらなる調査の結果、彼は次のような、チームにおけるさまざまな役割を特定した。

【チームにおける九つの役割】

①計略家（プラント）：高い創造力があり、非常に困難な問題も解決できる人。チームに斬新で創造的な思考を提供できる人。

②警告者（モニター）：論理的な視点を提供し、必要なときに公正な判断を下し、個人的感情に流されずチームの意見を判断できる人。さらに、提案を実行に移すためのリソースがあ

るかどうかを調査することで、有効な現実性チェックを実施できる人。
③調整者（コーディネーター）：チームの目的に焦点を合わせ、適切なチームメンバーを引き抜き、彼らに職務を委任できる人。もともとは〝議長〟という名称で呼ばれていた。
④資源調査人（インベスティゲーター）：外部に焦点を合わせ、計画を支援するためのアイデアや人々、市場機会などのリソースを特定できる人。
⑤実行者（インプリメンター）：アイデアを持ち、プロジェクトの計画、仕事の委任、明確な目的地点とスケジュールを通じてそのアイデアを実行に移せる人。
⑥完成請負人（フィニッシャー）：タスクが完結するまで粘り強いエネルギーを発揮し、最高の品質管理を確実にするために細心の注意を払える人。
⑦協同作業者（チームワーカー）：チームに感情的・実践的支援を提供し、チームメンバーの共同作業を手助けできる人。
⑧進路作成者（シェイパー）：チームの努力を活かす〝道〟を形づくれる人。課題や目標地点のフレームを形づくり、それについての議論を課すことで、チームに結果をもたらすパターンが多い。
⑨専門家（スペシャリスト）：特定分野の知識やスキルを提供できる人。限られた専門分野での貢献を好む。

それぞれの役割はチームに必要な貢献をもたらしている一方、「各人が他者によって認められ、補い合わなければ、バランスのとれたチームが作れない」というマイナス面もある。このチーム役割分析を用いることで、私たちは「好んで演じる役割の傾向は違うものの、メンバーは皆、その役割に特有の状況においてチームに貢献をする。それゆえ、その貢献の仕方は、彼らが今所属しているチームによって変わってくる」ということを発見した。

チーム役割分析が役立つのは、「完璧なチームが、チームの状況に応じていかに果たす役割を変えるか」を調べるときである。チームの役割を点数で表せば、結果をチャート化することも可能だ。これにより、チームのどの役割が出しゃばりすぎているか、どの役割が不足しているかが一目瞭然になる。さらに、このチャートはチームの誰がどの役割を担っているかを示すのにも有効だ。こういったチーム分析を通じて、ほとんど注目されていないおとなしいチームメンバーの姿が浮き彫りになり、以前は見落とされていた、その人物の貢献が認められるようになることも多々ある。

また、このチャートは、チームメンバーが自分たちと似たタイプの人ばかり採用するパターンを止め、チームのバランスの悪さを修正するときにも役立つ。「計略家」が多数派のチームは独創的で型にとらわれない発想を好むが、創造的なブレインストーミングやディベートばかり繰り返し、ほとんど結果を出せない傾向があるのだ！　これと似たような話はたくさんある。かつてある金融チームと仕事をしたとき、私はメンバーが自分たちと同じ「警告者」タイプの人を採用したがることに気づいた。だがこのチャートを検討した結果、彼らは「これ以上新たな創造的アイデアをつぶさないため」に、別のタイプを採用することにした。

【リーダーシップに関与する才能】

リーダーたちが、より幅広い範囲（チーム内部およびその利害関係者のコミュニティの両方）で関与するための、個人的才能の評価ツールもある。自己評価もできれば、同僚による評価も可能だ。これは第10章で説明した「人間関係に関与する才能」（287ページ、図10－3）に基づいたツールである。完全な質問表が欲しい場合は、私に連絡してほしい。

(2)チーム評価のための質問表およびツール

●五つの基本原則に基づく質問表

この質問表は、カッツェンバックやワーグマンらによる〝高業績を上げるチームの調査〟と〝チームコーチングに関する調査〟をもとに、私がバス・コンサルタンシー・グループの同僚たちと共に開発したものだ（この質問表および回答データの著作権はバス・コンサルタンシー・グループにある。使用したい場合はグループのリソース部門に連絡をとってほしい）。

この質問表では、チームメンバーが一八の要素それぞれに関して点数（五点満点）をつけることになる。点数の目安は次のとおりだ。

5点＝チームはこの分野において模範や手本になれる。
4点＝チームはこれを常にうまく行っている。
3点＝チームはこれをときどきうまく行うが、常にではない。
2点＝チームはこれをめったに行わないが、その重要性は認識している。
1点＝チームはこれをまったく行わず、焦点を合わせてもいない。

メンバーは、チームおよび自分が、その項目において貢献するためにどんな変化が必要かを考えながら、次ページの図12－1参照にあるすべての要素に点数（二種類の点数）をつける。これにより、彼らはチームに判断を下すだけでなく、チームが今後どのように発展するかにもコミットすることになる。

点数を集計すれば、それぞれの領域の平均点や点数のばらつきが一目でわかる。それを見れば、チームは〝現在の特性〟と〝変化のために必要な変化〟にについての意見の相違がどこになるのかを知るだろう。そのこと自体、チームの議論に非常に創造的な視点をもたらすはずだ。

さらに、五つの基本原則それぞれの総得点を出せば、〝現在のパフォーマンス〟と〝今後チームが目指すべき方向性〟が見えてくる。次の計算手順に従ってほしい。

・指標1から3までの総得点を足し合わせ、チームの人数で割り、3で割ると、基本原則(1)の結果が出る。
・指標4から6までの総得点を足し合わせ、チームの人数で割り、3で割ると、基本原則(2)の結果が出る。
・指標7から12までの総得点を足し合わせ、チームの人数で割り、6で割ると、基本原則(3)の結果が出る。
・指標13から15までの総得点を足し合わせ、チームの人数で割り、3で割ると、基本原則(4)の結果が出る。
・指標16から18までの総得点を足し合わせ、チームの人数で割り、3で割ると、基本原則(5)

(4)	社員とつながる	13.メンバーは“変容を促すリーダー”としてあらゆるレベルで社員に関与することができる。			
	利害関係者とつながる	14.メンバーが“チーム全体の代表”として、チームにとっての主要な利害関係者と十分につながっている。			
	変化し続ける環境とつながる	15.チームはその利害関係者の環境を精査し、常に変わりつつあるニーズと認識に対応している。			
(5)	コアラーニング	16.チームはそれ自体の発展のために、定期的かつ効果的な対応をしている。 17.チームは各メンバーの成長に注意を払っている。 18.メンバー全員がリアルタイムで優れたフィードバックを与え、支援と課題を提供し合っている。			

の結果が出る。

これにより、チームは「現在のパフォーマンス」や「チームコーチングが最も役立っている領域」に関するチームの願望と認識のギャップを知り、より焦点を合わせられるようになる。

あるチームの実例を紹介しよう。そのチームは元々「うちのチームに必要なのは〝利害関係者や外部任命者とのつながり〟の領域よりも、〝共創〟および〝コアラーニング〟の領域での変化だ」と考えていた。ところがこの質問表の結果（339ページ、図12－2）から、彼らは「明らかにする」という領域に、目立ちはしないものの、見逃せない隔たりがあることに気づいた。そこで、このチームは自分たちのミッションを「明らかにする」ためのワークショップを開き、さらに非

図 12－1

基本原則		指標	現在の点数（1～5点）	目標点数（1～5点）	私およびチームが目標点数を達成するために必要な変化
(1)	明確な任務	1.チームは、より広範囲の組織および直属の関係者たちから、明確な任務を委任されている。			
	任務：集団的パフォーマンス	2.チームの目標達成が、個人の目標達成を上回るものとして認められ、報奨が与えられている。			
	任務：選択	3.チームに必要な、幅広い補完的スキルが確保できるようなメンバーが選択されている。			
(2)	目的の明確化	4.すべてのメンバーが全体的な目的を明確に述べ、認めている。			
	目標の明確化	5.チームは合意された目標をめざして、効果的な方法で機能している。			
	行動の明確化	6.チームは説明責任と共に明確な行動をとり、その行動を最後まで続けることにコミットしている。			
(3)	共創する	7.チームは仕事の仕方を明らかにし、その方法を共有している。 8.メンバーは自分自身の領域だけでなく、集団的な目標に関する説明責任も互いに負っている。 9.チームは高いレベルの士気とコミットメントを維持している。			
	会議における共創	10.メンバー全員が会議に完全に従事し、関与し、チームはその多様性を有効活用している。 11.いかなる個人が達成するよりも、さらによい結果が出せている。 12.会議の終わりに、メンバーはさらなる集中力、支え合っている感じ、エネルギーを感じている。			

常勤役員と一緒にそれを探求する共同セッションを行うことで、よりよい「任務を与え」られた。その後、共同セッションは利害関係者の分析のためにも実施され、このチームはよりよい「つながり」のための計画を立案することができたのだ。

「成功に不可欠な変化はどの領域か」にひとたび合意したら、チームは行動面でどのような変化が必要か明らかにできる。そういった行動面での変化は、彼らの願望と現実のギャップを埋めるために、個人的にも集団的にも欠かせないものだ。

●チームの三六〇度フィードバック

基本的に、これはチームメンバーのための「個人用の三六〇度フィードバック」とは異なるものだ。このメソッドは、チームがその主な利害関係者によって集団的にどのように見られているかに関するフィードバックを得るためのものである。この「主な利害関係者」には次の人々が含まれる。

・そのチーム直属の社員たち
・そのチームと常に接触のある、組織内のその他の部門
・そのチームの直属上司たち
・顧客（社内および社外）
・パートナー、サプライヤー、その他外郭団体
・投資家および監督機関

図12－2　質問表の点数で見るチームの現在と目標

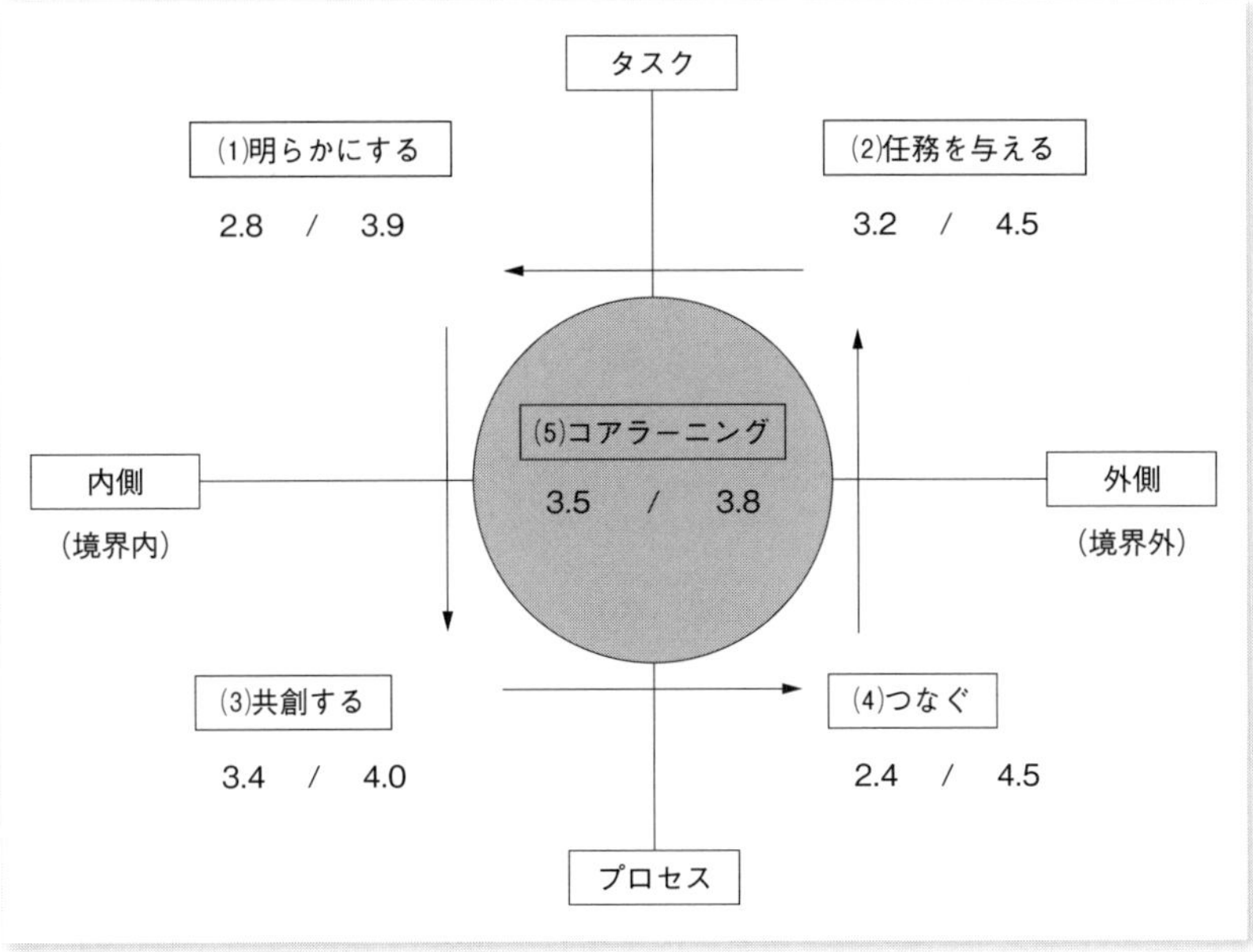

「三六〇度フィードバック」は、そのチームの特別な状況に合わせて慎重に用いなければならない。とはいえ、いかなる場合にも有効な、包括的な質問はある。たとえば次のようなものだ。

・このチームから受け取ったものの中で、あなたが最も高く評価し、価値があると思うものは何か。

・このチームから受け取ったものの中で、あなたが最も失望したものは何か。

・このチームから受け取ったものに関して、あなたが「もっと違うものが見たい」と思うものは何か。

・このチームがあなたと関わる方法に関して、あなたが最も高く評価し、価値があると思うものは何か。
・このチームがあなたと関わる方法に関して、あなたが最も失望したものは何か。
・このチームがあなたと関わる方法に関して、あなたが「もっと違うやり方が見たい」と思うものは何か。

これらの質問はまた、利害関係者に、彼らが受け取ったものや彼らに関わる方法に関しての満足や不満足の度合いを尋ねるときにも役立つ。一般的に、この方法の最も有効な使い方は、これらのオープンクエスチョンで質的なフィードバックを集め、それらの点数を集計し、量的なフィードバックとしてグラフか図表で示すやり方だ。このアンケートを毎年実施すれば、改善点や問題点などの追跡に役立つだろう。

私たちはもうひとつ、質的および量的なフィードバックの両方が得られ、時の経過と共に追跡が可能なツールをデザインした。それが次に紹介する「ディスクリプタ分析」だ。

●ディスクリプタ分析

多くの組織において、私はよくこのような質問をする。「顧客のフィードバックや社員の意識調査、プレス（報道）分析、監督機関や企業アナリストのレポート、投資家のフィードバックから得たデータを、あなたがたはどのように関連づけていますか？」

これまでのところ、完全に満足できる答えが返ってきたことは一度もない。だが、大半の経営幹部たちはこの質問の重要性に気づく。あるＣＥＯは熱っぽく「もしそのすべてのフィードバックをまとめられたら、私たちは非常に効果的な、俯瞰した視点に立つことになる。そして自らの能力を変容させ、この組織に勢いをつけられるだろう！」と答えてくれた。結局のところ、ほとんどの組織が「営業部が顧客のフィードバックに、マーケティング部がプレス分析に、人事部が社員の意識調査に、業務部が投資家のフィードバックに、財務取締役たちが監督機関や企業アナリストのレポートに対処する」という方式をとっているのだ。

利害関係者たちの多岐に渡る認識をまとめれば、「組織のパフォーマンスと価値創造における変化」を客観的に計るための価値ある基準を得ることができる。そこで私たちは、さまざまな利害関係者による「組織に（場合によってはその集団的リーダーシップにも）関する三六〇度フィードバック」をまとめるメソッドを開発した。

そのプロセスをまとめたのが図12－3だ。まずは次の分析からはじめた。

(A)組織に関する文書（年次報告書、ミッション、ビジョンやコアバリューに関する記述書、CEOのスピーチなど）におけるすべてのディスクリプタ（形容詞および説明的な語句）

(B)さまざまな利害関係者たちから最近集められたデータに使われているすべてのディスクリプタ

(C)グループやチーム、個人のインタビューを通じて集められた、組織の戦略的レベルに関する最近の主な課題やジレンマ、疑問

それから、私たちは次のような言語検索を行った。

図12－3　ディスクリプタ（形容詞）分析のプロセス

現在のディスクリプタを特定する

ディスクリプタが誰によって用いられているかを特定する
- ●顧客
- ●投資家
- ●パートナー
- ●マスコミ／アナリスト
- ●社員

何について言及したときか
- ●組織について
- ●組織のリーダーシップについて

▼

目標を定義する

ディスクリプタを特定する
- ●現在使用しており、「今後も使い続けたい」と思うディスクリプタ
- ●現在使用しておらず、「今後も使いたくない」と思うディスクリプタ

▼

評価期間を定義する

▼

進捗状況を追跡する

(A)の上位15位に入ったディスクリプタは何か。
(B)の上位15位に入ったディスクリプタは何か。
(C)から集めた〝主なテーマやジレンマ〟の上位15位に入ったディスクリプタは何か。

この言語検索プロセスに用いたデータの中には、すべての利害関係者グループの代表宛てに送付した、三六〇度フィードバック質問表の一部も含まれていた。この質問表において、私たちは彼らに「以下に挙げた中で、今日のあなたのこの組織に対する見方を最も正確に表していると思う三つのディスクリプタに下線を引いてください。さらに、あなたが『二、三年後、この組織にこうなっていてほしい』と思う三つのディスクリプタを丸で囲んでください」と依頼したのだ。このシンプルで簡単なデータにより、価値ある〝成績表〟が完成した。下線が多く引かれたディスクリプタには「今日の彼らの組織に対する見方」が、丸で多く囲まれたディスクリプタには「彼らの今後の組織への期待」が象徴されていたのである。私たちは同じ手法により、組織の集団的リーダーシップがどう見られているかを調査することもある。これにより、その組織のリーダーシップ文化においてどのような変化が必要なのかがハッキリとわかるため、組織の認識を望ましい方向へ変化させることができるのだ。

この調査を継続的に行い、結果を構築すれば、定期的な見直しに活用できる。「下線が引かれたディスクリプタのトップ一〇」と「丸で囲まれたディスクリプタのトップ一〇」をピックアップすれば、すべての利害関係者たちのフィードバックが簡潔にまとまる。

数年前、私たちが仕事をした英国のある大手金融機関は、現在を象徴する「お役所的、英国的、組織的」というディスクリプタから、未来を象徴する「第一級の、ヨーロッパ的、革新的」というディスクリプタへの移行を狙っていた。このように具体的な目標を掲げたことで、その組織の企業文化の変化とリーダーシップ開発プロセスに拍車がかかったことは言うまでもない。約三年後に実施された調査では、利害関係者グループが、その組織にもそのリーダーシップにも「自分たちが望んだとおりの変化が起きた」と認識していることが明らかになったのだ。

(3)チームのダイナミクスおよび機能を拡大させるための実験的メソッド

●AI（アプリシアティブ・インクワイアリー）

クーパーライダーらは著書『AI「最高の瞬間」を引きだす組織開発』〈本間正人〈監訳〉、市瀬博基他〈訳〉、PHPエディターズ・グループ〉の中でAIをこう定義している。

AIとは「何が」最高であるかを探求し、「どうすべきか」という想像力を刺激する手助けをすることだ。その目的は、「未だ形となって現われていない豊かな潜在力」を拡大する新しい知識を生み出し、組織のパートナーたちが望ましい未来を集団的に思い描き、そのビジョンを推進させ、意図を現実に結びつけることである。（監訳者訳）

アプリシアティブ・インクワイアリー（AI）のカギとなる特徴は、改善と変化のための第一歩として、現在プラスに機能していることに焦点を合わせる点だ。この前提を、たとえばチーム開発に当てはめるとこうなる。「チームがうまく機能した経験や瞬間を特定し、積み重ねることができれば、そのチームは『こんなふうに機能したい』というビジョンを構築できる。そして今、その未来へのビジョンを基盤にすれば、それらの体験が持つストーリーを増幅させ、強力な効果を得ることができる」

ＡＩは、それまでの変化プロセスにまつわる基本的前提（たとえば「欠点に基づく問題解決手法」など）に挑戦した画期的な概念と言えるだろう。これは、チームと仕事をする際にも非常に役立つ考え方である。では、ＡＩの四つのステージモデル――「四つのＤ（ディスカバリー、ドリーム、デザイン、デリバリー）」――を活かしたチームコーチングのやり方を紹介しよう。

①ディスカバリー（潜在力発見）

これは、チームコーチがチームに「『うちのチームは本当によく機能している』とあなたが感じたときはいつですか」と尋ねる段階だ。チームコーチは、まずメンバー個人に対して一連のインタビューを実施し、次にインタビューで明らかになったことをチームで共有する。このときチーム全体か、またはメンバーが二人一組となって、次のようなポジティブな質問を問いかけ、ストーリーを共有するとよい。

・「うちのチームは本当によく機能している」とあなたが感じたときの環境はどのようなものだったか。
・あなたがチームのメンバーを誇りに思ったときのことを詳しく教えてほしい。なぜあなたは誇らしかったのだろうか。

・あなたが考える「このチームのメンバーであることで最も大きな価値」とは何か。

自分の物語を他のメンバーの前で語らせるのが、AIプロセスの核となる部分だ。ひとたび話しはじめると、彼らはそのことを心から楽しむようになる（これは二名一組でもうまくいく）。ここでチームコーチがすべきは、聴き手がポジティブな質問をしたり、彼らが今の前提を一時的に手放したり、メンバー同士でメモを取り合うことなどを奨励することだ。この傾聴のプロセスは非常に重要だ。心のこもった質問をすることこそAIのカギにほかならない。それゆえ、このプロセスには思いやりが必要となる。ポジティブなフレームで相手に興味深い質問を投げかけ、その状況に関する要素を発見し、相手のストーリーに耳を傾けなければならない。聴き手は質問を通じて積極的に対話に参加し、〝中立的な傍観者〟ではなく、むしろ〝話し手の体験と興奮を共有する者〟として機能することになる。

このあとチームコーチは時間をかけて、チーム全体のストーリーから〝自分たちの潜在力の中心的要素〟を発見するよう促すことになる。この「ディスカバリー」は、すべてのメンバーが力を合わせて質問をし、個人的な体験のパワーをさらに高めるための重要な段階だ。

②ドリーム（理想像構築）

次にやってくるのは、「どうなれるか」を夢見る段階だ。チームコーチはチームに対し、彼らがすでに持っている潜在力を最大限活用し、どのように望ましく魅力的な未来を生み出せるかを考え、〝刺激的な提案〟をするよう促すことになる。ハモンドとロイヤルが定義しているように、〝刺激的な提案〟には「より多くの可能性を探求しようという機運が高まる、理想的な環境の状態を生み出す」という効力がある。チームコーチは、チームに次のプロセスを踏ませ、彼らがあるべき未来の理想像を見通せるよう促すとよい。

・インタビューを通して得られたサクセスストーリーから〝最高の瞬間〟を見つける。
・その〝最高の瞬間〟を可能にする環境は何かを（詳しく）特定する。
・「もし～だったらどうなるか」という質問をすることで、チームのあるべき未来の理想像をビジョニングする。さらに、その理想像を肯定的な現在形で、具体的に記した声明（＝刺激的な提案）を書くようにする。

声明の例をいくつか挙げてみよう。
・顧客は、私たちと話すことを〝喜ばしい体験〟と感じる。
・私たちは顧客のニーズを予測し、彼らが電話をかけてきたときに必要な情報をすぐに提供する。
・私たちは共に目標を達成し、説明責任を互いに負う。
・私たちは個人ではなく、チームとして問題を受け入れる。
・私たちはそのプロセスを自分のものとして認識し、そのプロセスに果敢に挑戦をする。

この〝刺激的な提案〟は、さらに拡大させることが可能な、挑戦的で大胆なものでなければならない。ここに挙げた例は（その他のビジョン記述書がそうであるように）他の人々にとってはさほど「挑戦的で大胆」には思えないかもしれないが、実際にそれらの創出に関わったチームにとっては十分そう思えるはずだ。

③デザイン（変革設計）

チームがビジョンを夢見た結果として、どのような変化を起こすかが示されたら、「刺激的な提案」をどう実行に移すかを決定する段階となる。チーム開発に関してこの段階で一般的なのは、それらの提案を実行に移すために、チームがより広範囲に及ぶ組織と対話を持ち、実行計画についての助言を求めるというプロセスだ。このとき、チームがさまざまな提案のテーマ（チームリーダーシップの共有やコミュニケーション、文化など）に基づき、「論点別チーム」に分かれる場合もある。

④デリバリー（変革実現）

これは変化についての決定が下され、それらの変化がチームや組織を通じてもたらされる段階だ。この変革実現のプロセスには、チーム全員の同意を得た成績指標と移行計画の創出が含まれる。

「刺激的な提案」を生み出すことは、チームや組織に具体的な行動を導く〝光〟となる一方、「メンバーがビジョンの創出ばかりしていて、実際に行動を起こすことにコミットしない」というケースも多い。「提案を生み出しさえすれば、態度の変化は自然に生じる」という前提に立っていることがＡＩの弱点と言えるかもしれない。行動へのコミットメントが最も高まるのは、実際に日々の行動において、チームが共に生み出した提案の実現の妨げになるものが現れ、試練を経験したときである。その種の変化はワークショップにおいてではなく、メンバー自身の態度および行動において生じなければならないのだ（第5章「行動」の段階を参照）。

●解決志向のチームコーチング

これは、コーチングに解決志向アプローチを適用し、AIの考えに基づいて変化を構築するメソッドだ。ダニエル・マイヤーは著書「Team Coaching with Solutioncircle」（未邦訳）の中で「チームが探求すべきは、分析や解決が必要な問題ではなく、そこに秘められた可能性である」と述べ、チームコーチングのために役立つ、次の8ステッププロセスを示している。これは第5章で説明した「CID－CLEARモデル」と非常によく似たものだ。

①地固めをする：チームとコーチが「仕事の範囲はどこまでか、両者がどう共同作業するか」について同意する。
②期待と目標：「CID－CLEARモデル」の「契約2」とよく似た段階。この段階で、チームは個人的にも集団的にも、このチームコーチングによる成功がどのように見え、聞こえ、感じられるか、どのような違いが生み出されるかを探求して宣言する。
③ホット・トピックス：チームが以下の手順を踏み、改善が必要な領域を調査する段階。
・各メンバーがポストイットに、「ここは改善が必要だ」と思う重要領域にまつわる意見を書き込む。

・すべてのポストイットを、大きな壁に張り出す。
・チームは張り出されたポストイットを読み、それらをまとめて最も重要な領域はどこかを絞り込む。
④ハイライト：チームが、その領域で望ましい変化を起こすために必要なスキルと条件を探求する段階。
⑤完全な未来：チームが、その領域の問題が解決した〝完全な未来〟の様子をできるだけ具体的にデザインする段階。
⑥スケーリング・ダンス：以下の手順に従い、チームがその領域における現在の状態を探求する段階。
・コーチは、目に見える1～10点までのスケール（10点は「望ましい状態」、1点は「望ましくない状態」）を用意する。
・コーチは各メンバーに、これまでの議論で出た重要なトピックに関して、自分が現在どこにいるかをスケール上に書き込むよう促す。さらに、次の質問をするとよい。
(A)あなたはどのようにこの場所にたどりついたのか。あなたが今いる場所と1点の場所との違いは何か。
(B)もしあなたが最高の状態なら、それはスケールのどの場所になるか。あなたが今いる場所とその〝最高の場所〟の違いは何か。
(C)今あなたがいる場所に到達するために、あなた個人ができた貢献とは何であったか。今後あなたが最高の場所に到達するために、あなた個人にできる貢献とは何か。

(D)自分が前進し、10点のすぐ近くまで来たことを、あなたはどのように知ると思うか。
(E)それ以上低い点数にならず、今の場所に居続けるためにあなたが活用するのはどんなリソースか。

⑦ステップ：〝スケーリング〟の探求に基づき、チームが現在の状態を〝望ましい状態〟に近づけるために、すぐに実行可能な方法を探る段階。

⑧パーソナル・ミッション：「CID-CLEARモデル」の「行動」とよく似た段階。メンバーはこの段階で、その変化を生じさせるために自分にできることにコミットしなければならない。

●チーム・スカルプト

これは、モレノが提唱した「ソシオドラマ」という手法に基づくアプローチだ。第11章では、この手法をチームコーチングのスーパービジョンに活用する方法を解説した。ここでは、チームコーチがこの手法を活用し、チーム内に隠れているダイナミクスをチームに探求させるためのアプローチを紹介しよう。

ステージ1：チームメンバーに、チームの中心（または中核）を象徴するような物やシンボルを見つけるよう促す。それを部屋の中心に置く。

ステージ2：チームメンバーに立ち上がってもらい、彼らのチーム内での立場を象徴する場所へ移動するよう促す。このとき、各メンバーは位置についていっさい議論してはならない。重要なのは「中心からどの程度離れるか」「各メンバーの近くにいるのは誰で、遠くにいるのは誰か」といったポイントだ。次に、各メンバーに、自分のチーム内における立場を象徴するようなポーズを考えさせ、彫刻のようにそのポーズをとってもらう（各自の動きが他のメンバーの動きに影響を及ぼすため、通常、この段階には数分かかる）。
ステージ3：各メンバーに、次の言い回しを用いるよう促す。「チームのこのポジションにいて、私が気づいたり、感じたりするのは……」
ステージ4：メンバー全員にそれぞれ異なるポジションに移動するよう促す。ここでの狙いは、彼らがチーム内のどのポジションに移動したいか、その動きがチームや他のメンバーたちにどんな影響を及ぼすかを探求させることだ。
（例）チームの中心から離れた場所にいたメンバーが「真ん中に行きたい」と言った場合、その人物には、まずどんな経路をたどって中心に移動するかを考えさせ、次に実際に中心に移動したことによって感情面でどんな変化があったかを見極めさせる。同時に、中心にいた他のメンバーにも感情面でどんな変化があったかを見極めてもらう。
ステージ5：メンバーに次の質問を問いかける。「もしこのグループが家族だとしたら、それはどのような家族でしょう？ 誰がどの役割になるでしょうか？ もしこれがテレビ番組だったら、それはどんな番組になるでしょう？ その番組では誰がどの役割になるでしょうか？」
　あるいはこちらから指定せず、彼らの好きなもの（たとえば食事、動物、国々、交通手段、神話、シェークスピア作品など）でたとえてもらってもよい。

ステージ6：メンバーに自分の場所を離れ、椅子に座るよう促し、これまでに現われたマトリックス構造全体について考えてもらう。椅子に座った時点で、彼らに〝チームにとっての創造的なコーチ〟の役になってもらい、次の言い回しを用いるよう促す。「もし私がこのチームのコーチなら、私は……」

このとき、私は彼らに「椅子に座るまでは何も考えないように」と言うことにしている。そうすれば、最初に頭をよぎった考えを見逃すことがなくなるからだ。

●ピクチャー・スカルプト

チームが一歩下がり、チームとより広範囲に及ぶシステムのダイナミクスを見極めるための、もうひとつの方法が「ピクチャー・スカルプト」だ。これは、次のようなさまざまなやり方で実践可能である。

【チームの進歩をメタファー（隠喩）で表現する】

ある大手金融組織のチームと仕事をしたとき、私たちが社外のワークショップで、実際に用いた手順を紹介しよう。

・三枚のフリップチャートを用意し、チームメンバーに三つのグループに分かれてもらい、それぞれのグループにフリップチャートのまわりに集まってもらった。

・三つのグループに次のように要請した。「今から一〇分間で、このチームとより広範囲に及ぶ組織の三年前、現在、三年後を表す比喩的な絵、または漫画をフリップチャートに描いてください。絵のうまいへたにかかわらず、どの人も絵を描く作業に参加しなければなりません。また話し合いは極力避けるようにしてください」

・絵が仕上がったあと、私たちは彼らにその絵に吹き出しをつけ、セリフを書き込み、その絵にタイトルをつけるよう促した。

・すべてのグループが共有できるよう、三枚の絵を壁に貼り出した。これにより、チーム内およびチームと組織との関係にまつわる多くの感情と、チームが前進するための方法が明らかになったのだ。

同時に、この手法により、チームには比喩的な言語ももたらされることになった。たとえば、あるチームは自分たちの三年前を「シュッシュユッと音を立てながら田舎をのんびり走る蒸気機関車」、今を「車輪止めが作動して停車してしまい、あちこちから非難を浴びている列車」、三年後の理想の姿を「軽々と飛び立つ飛行機」の絵で表した。ワークショップを通じて、チームはそれらのイメージをもとに〝車輪止め〟を詳しく調べ、どうやって〝線路〟から〝滑走路〟へ移動し、颯爽と飛び立てるかを議論したのである。

【チーム間のダイナミクスをメタファーで表現する】

英国のある大手製造会社の企業文化の変容に取り組んでいたときのことだ。指導者たちのリーダーシップワークショップで、私は彼らを部門や部署ごとのチームに分け、「自分たちのチーム」と「そのチームとつながりのある組織の他の部分」の関係性を表すような、比喩的な絵を描くように言った。あるチームは自分たちのことを「ぼろぼろのくたびれた海賊船」、チームリーダーを「たった一人でデッキから望遠鏡をのぞき込んでいる人」、財務部を「海賊船の船体に穴をあけるサメ」、取締役会を「海賊船めがけて空から岩を落としてくる熱気球」、その他の主要な関係部署を「異なる島々に座礁している船」として描いた。これらの絵をきっかけに、彼らがチーム間のダイナミクスと組織文化をどう変化させるかという熱い議論をはじめたことは言うまでもない。

【チームメンバー個人を絵で表現する】

これは、各チームメンバーに〝チームとそのより広範囲に及ぶ利害関係者のシステム〟を絵で表現し、さらにその絵の中で〝自分たち自身を見ている自分の姿〟も描いてもらうやり方だ。各自の絵をその他のメンバーと共有すれば、チームとしてその絵をどのように変化させたいのか、その変化を起こすためには何が必要か、ということがわかる。

【チームメンバー個人をメタファーで表現する】

前述のように「もしあなたのチームが国（動物、食事、音楽など）だったら、それはどんな国（動物、食事、音楽など）になるでしょう？」といった短い質問を活用するのも有効だ。

これらのテクニックはそれぞれ、なんとなく感じ取れるがはっきりとはしない「チーム内部のダイナミクス」と「チームとより広範囲の組織の間のダイナミクス」を表面化させるためのものだ。ハフィントンは著書「Organisations Connected」（未邦訳）において、ピエール・テュルケが提唱した「心の中の組織」という概念を発展させ、私たちがそれぞれ組織をどのように概念化しているかを説いている。これに倣えば、このように絵を描いたり、メタファーを用いたりするテクニックは、私たちの「心の中のチーム、チーム間、組織、より広範囲のシステム」を表面化させるためのものなのだ。

チーム文化の見直し

中国には「その外に出たことのない魚は海を知ることはない」ということわざがある。チームが「当然」と思っている文化を見直す手助けをするために、私たちは一連のエクササイズを開発した。これは彼らが〝飛び魚〟になり、自分たちが泳いでいる海をもっとよく見つめるためのものだ。まずはチームを四つの小グループに分け、それぞれにプレゼンテーションをしてもらう。このとき、各グループには次のような異なる課題が一つずつ割り当てられる。

①内々の非公式なプロセスを明かす：このグループには〝誰もはっきりとは教えてくれないが、このチームで成功するために知っておくべきこと〟を示してもらう。このとき、聞き手（＝他の三つのグループの人々）が新たに加わったメンバーであるかのように伝えるようにすること。

②英雄、悪者、愚か者のストーリーを披露する：このグループには、メンバー（多くの場合、

過去にそのチームにいたメンバー）にまつわるストーリーで、今でも伝えられているものをピックアップしてもらう。具体的には、自分たちに成功の秘訣を教えてくれる〝英雄のストーリー〟、絶対に避けるべき〝悪人のストーリー〟、隠れた境界やルールにつまずいてしまった〝愚か者のストーリー〟だ。

③不文律の書を明かす：このグループには、チームの不文律を上位四、五位までリストアップしてもらう。最初のグループの課題と似ているように思えるが、こちらは〝チームが機能するために、チーム内で一般的に受け入れられている不文律〟のことだ。

④あなたの知恵を伝える：このグループには、自分たちが新しいチームメンバーのメンタリングを担当する場合のことを想像してもらう。このチームで成功するために、自分たちがその人物に与えられる最高のアドバイスを示すこと。

ほとんどの場合、このプレゼンテーションは創造的で、面白いものになる。同時に、そのチームの文化のレベルがはっきりと明らかになる。ひとたびチームがこれらの情報を共有したら、チームコーチは、彼らがそのプレゼンテーションを通じて明らかになったさまざまなパターン（チームが生み出しているものやチームの態度、マインドセット、感情的領域、さらにチームの機能を促進する基本的なモチベーションと価値観のレベル）を分析できるよう支援をするとよい。

ここから「三方向分類エクササイズ」（第5章参照）につなげ、彼らの存在のあり方や関わり方において、チームが「このまま維持したい」「止めたい」「まったく異なる方法ではじめたい」

探求：基本原則(2)と(3)	チームがどのように戦略を練るかを探求したいとき	ダブルループ戦略エクササイズ	第6章
探求：基本原則(4)	チームがその重要な利害関係者について明らかにしたいとき チームがその利害関係者の自分たちに対する認識を理解したいとき 利害関係者がチームに何を求めているのか特定したいとき チームの個人的および集団的な関与能力を探求する必要があるとき	利害関係者のマッピング チームの三六〇度フィードバック ディスクリプタ分析 目標を常に意識する 「リーダーシップに関与する才能」についての質問表 権威、存在感および影響力	第6章と第12章 第12章 第12章 第12章 第11章
行動：基本原則(3)	前進する方法をいかに開発するか決定しなければならないとき	三方向分類エクササイズ	第5章
行動：基本原則(4)	チームがその利害関係者との関わり方を改めなければならないとき	“ピッチサイド”のコーチング	第6章
見直しおよび再契約	コーチング関係を見直し、その質を高める必要があるとき	コーチングフィードバック	第12章
基本原則(5)	どのように学習するか探求する必要があるとき	学習スタイルに関する質問表 学習領域のマッピング 五つの基本原則の見直し	第6章
評価	チームの働きを評価する必要があるとき	以下をやり直す（見直す） ・三六〇度フィードバック ・ディスクリプタ分析 ・高業績を上げるチームの質問表 ・パフォーマンスデータ	第12章

図12－4

チームの基本原則、またはチームコーチングの段階	チームに必要なこと	可能なメソッド	本書における説明箇所
調査	チームの能力を明らかにしたいとき	「あなたたちはどんなチームか？」に関する質問表	第５章
調査および診断	コーチングの焦点をどこに合わせるか決めたいとき	高業績を上げるチームの質問表	第12章
チーム全体との契約	チーム全体として、コーチングの目的とゴールを決めたいとき	個人、チーム、利害関係者のための成功基準のマッピング	第５章
傾聴	チームでの役割を明らかにしたいとき	ベルビンのチーム役割分析	第12章
傾聴	メンバーの性格タイプを理解したいとき	ＭＢＴＩ その他の性格タイプ指標	第12章
探求	チームが自信を失っているとき	ＡＩ解決志向のチームコーチング	第12章
探求：基本原則⑴と⑵	チームがそのコミッションとミッションをより明らかにする必要があるとき	ミッションを明らかにするためのエクササイズ	第６章
探求：基本原則⑶	チームがその集団的ダイナミクスと、そのダイナミクスとより広範囲のシステムとの関係を探求したいとき	チーム・スカルプト ピクチャー・スカルプト	第12章
探求：基本原則⑶	チームが、そのチームに隠された文化的基準を探求したいとき	チーム文化の見直し	第12章

と考えているのは何かを探求させることも可能だ。

どのツールおよびメソッドをいつ使うべきか

この章で紹介したツールも含め、本書には、リーダーチームコーチングのためのツールやメソッドが数多く登場する。それらを参照しやすいようにまとめたのが前ページの図12－4だ。この表では、チームコーチングの中核をなす2つのモデル、すなわち「CID－CLEARモデル」（第5章参照）と「五つの基本原則」（第3、6章参照）に関連するさまざまなツールとメソッドを紹介している。

結論

「もっている道具がカナヅチだけなら、すべてのものがクギに見える」――この章の冒頭に引用した言葉だ。もしチームコーチとしてのツールがハンマーしかなく、クギ（すべての問題）を叩き続ければ、それらはねじ曲がり、ますます手の施しようがなくなってしまうだろう。

この章があなたの一助になることを心から願っている。「チームと共に仕事をする場合にどんなツールが有効か」という、あなた自身の考えを広げるきっかけになれば幸いである。あなたが社外のチームコーチであれ、社内のチームコーチであれ、チームリーダーであれ、自分のチームのパフォーマンス改善を願うチームメンバーであれ、このことに変わりはない。

ここで紹介したのは、私自身が有効だと感じた、厳選されたツールだ。だが、チームコーチングにおいて、ツールはそのチーム特有のニーズや状況、さらに現在のニーズに合うよう慎重に選ぶ必要がある。私が理想とするチームコーチングのプロセスとは、「チームと私が、仕事を通じて出現した特有のニーズをもとに、新たなモデルやツール、仕事方法を共創していけるプロセス」だ。それだけに、私はこれまで共に仕事をした、世界各国の一〇〇を超えるチームに深い感謝の念を禁じ得ない。彼らのおかげで、私はコーチとして指導し、学習をするという特権を与えられているのだから。

第13章　おわりに

二〇一〇年、アカデミー・オブ・エグゼクティブ・コーチング（AOEC）の同僚ジョン・リアリー・ジョイスと私は、英国初のチームコーチング認定コース（一年間）を創設した。コースがはじまったばかりの頃、参加者たちとバーに飲みに行くと、彼らの数人が「今夜はこれから『システム（System）』っていう『Sワード』はいっさい禁止！」とふざけはじめた。ある女性参加者の説明によると、彼らの言う「Sワード」には「システム（System）」と「自分自身（Self）」があるのだという。

その女性はこう言った。「コーチという仕事柄、私たちは『システム』って言葉を一日に何度も使います。それで私たち、『システム』という言葉を〝日々の生活の中心を占める言葉（head word）〟として、そしてもうひとつのSワードである『自分自身（Self）』を〝心の中心を占める言葉（heart word）〟として区別しているんです」

それを聞いた私は、彼女にこう答えた。「このコースを通じて、きみたちは『自分自身』を〝日々の生活の中心を占める言葉（head word）〟として体験し、『システム』を〝心の中心を占める言葉（heart word）〟として体験することになると思うよ」

翌日、この女性は、私のこの言葉を聞いたとき、夢の世界に足を踏み入れたような気分になったと教えてくれた。そう、彼女は気づきはじめていたのだ。チームコーチになるための訓練とは、ただ一連のツールやモデル、メソッドを学んだり、単に新しい能力やスキルを獲得したりすることではなく、私たちの世界観に根本的な変化をもたらすことだ、ということに。

イントロダクション

この最終章で、私は本書で論じたかったテーマをいくつか取り上げようと思う。ただし、それらのテーマについて早急に結論を出したり、この本ではじめた探求を終わらせたりするつもりはない。この章は、より大きなはじまりへの第一歩だと考えている。限られたページ数ではあるが、「システミック・チームコーチング」という新たな分野の形成に、この章がほんの少しでも役立てれば、と願っている。前述のとおり、このシステミック・チームコーチングという分野は、組織およびチームの開発や組織的学習、スポーツチームコーチング、個人的なエグゼクティブコーチングなどに根ざしている。そして私たちはそれらの撚り糸を織り合わせ、システミックな状況でチームに役立つようなメソッドの開発をはじめたばかりだ。だからこそ、この最終の章で、私はこの分野が発展するための課題とアジェンダを示そうと思う。

チームコーチングは誰の、または何の役に立つのか？

「パルジファルの罠」とは、非常に若くして故郷を離れ、聖杯探しの冒険を続けた伝説の円卓の騎士サー・パルジファルの名前にちなんでつけられたものだ。彼は勇気と純真さを併せ持っていたが、まだ非常に若いときにある城にたどり着き、そこで厳かな聖杯の儀式を目撃し、美しい聖杯を受け取ることになる。聖杯が自分に与えられたことに興奮し、酔いしれるパルジファル。だが翌朝目覚めると、そこは冷たく湿った荒野で、城も聖杯も泡のように消えてしまっていた。それから彼は「もう一度、あの聖杯を取り戻すことが私の目標だ」と信じ、何年もの歳月をかけて、城へ通じる道を探し続けた。そして苦労の末、ようやく道を探し当てた瞬間、賢明にも彼はふと立ち止まり、こう自問したのである。「私があの聖杯を取り戻すことは、いったい誰のためになるのだろう?」――

多くのチームが、この「パルジファルの罠」に陥り、そこから抜け出せずにいる。彼らは、自分たちの目標が「メンバー同士でよい人間関係を築き、効果的な会議を持つこと」だと信じ、その目標を追うことに夢中だ。だが、真の意味でチームが有意義な時期を過ごしていると言えるのは、彼らが自分たちのニーズを超越し、個々のメンバーの合計以上の働きをし、利害関係者たちのニーズを満たした場合のみなのだ。

チームコーチもまた「パルジファルの罠」に陥っている。彼らは、自分たちの目標が「チーム開発やチームコーチングを行うこと」だと信じ、その目標を追うことに夢中で、こう自問するのを忘れてしまっている。「私がチーム開発を行うことは、いったい誰のためになるのだろう?」――この質問を忘れてしまうと、私たちもまた、青年パルジファルのように冷たく湿った荒野で目を覚ます羽目になる。

チームコーチとして持続可能な価値を生み出すためには、チームコーチングが誰の、または何の役に立つのかを明らかにしなければならない。少なくとも私は、自分のコーチングがチームメンバーのために、チーム全体のために、そしてその組織が機能するより広範囲のシステムのために役立っているかどうかを確かめなければならないと考えている。さらに、チームに関わるすべての団体の関係を織り合わせることが自分の仕事だと考えている。というのも、それらの団体の価値をひとつにまとめて、初めてチームは真の意味で「成功した」と言えるからだ。チームコーチングを行うときに大切なのは、メンバーが個人的な自己や自我のためだけでなく、この世のためになすべき使命や奉仕、目的を見つけられるよう支援することだ。チームのためになるコーチングの最終結果は、そのチームのパフォーマンスを上げることではない。そのチームが多岐に渡る利害関係者たちのために、より多くの価値を生み出せるようになることなのだ。また組織のためになるコーチングの最終結果は、そこに属する個人やチームのパフォーマンスを上げることではない。その個人やチームがより効率よく機能できるようにし、彼らが属する組織が自らの可能性を実現させ、より広い世界にさらなる貢献をもたらせるよう導くことなのだ。それが私の考えである。

ところが本書の冒頭で述べたとおり、世界を取り巻く現状により、私たち人類はこれまでとはまったく異なる方法で思考し、行動することを求められている。この点をいち早く指摘したのが、人類学者であり人工頭脳学者でありシステム思考者であり認識論者でもあるグレゴリー・ベイトソンだ。六〇~七〇年代にかけて、ベイトソンは私たちの惑星が直面している生態学上の危機をいち早く、強力に指摘した。彼は他の評論家たちよりも先に、私たちが直面している環境面での危機は、私たちの認識に根ざしたものであることを示し、私たちが自分たちの居住する世界にまつわる知識をどのように生み出しているかを明らかにした。

次に挙げるのは、私たちの集団的な「エピステモロジー（認識論）の誤り」に関するベイトソンの記述だ。[注21] これを精読すれば、ベイトソンの指摘が、あなたが今指導しているチーム（もしくは、あなたがメンバーの一員であるチーム）の態度および観念体系にどれほど当てはまるかがわかるだろう。

現在われわれの文明に支配的な観念が、有害な形をとって現われたのが産業革命期だということ。それらを要約すると、

a　われわれと環境とを対立させて捉える思考
b　われわれと他の人間とを対立させて捉える思考
c　個人が（あるいは個々の企業や国家が）重要であるとする心
d　環境を一方的に制御することが可能であり、またそれを目指すべきだとする思い
e　われわれは限りなき〝フロンティア〟を進んでいるという楽天主義
f　経済がすべてを決定するという〝常識〟
g　テクノロジーが解決してくれるという無責任

さらにベイトソンは、これらの観念が〝神〟と〝その創造物〟（つまり人間）を分けていること、そのせいで人間が自然からどんどん分離していることを次のように記している。

神を外に置いてその創造物と向かい合わせ、そのうえ自分が神と似た姿をしていると考え

るなら、自分はまわりの事物の外側にいて、それに相対するように存在するという思いが、論理的に、自然的に出てきます。精神は完全に自分に所属するものに思え、まわりは「心ない」、したがって道徳的・論理的な配慮をする必要のない世界だと思えてくる。そこから何をどう絞り上げようと自由だ、と。

（中略）

自分たちと自然界との関係をこんなふうに捉えているものが、高度なテクノロジーを手にしたとしたら、それが生き続けていく可能性は地獄の雪玉ほどのものでしょう。憎しみの生みだす死の兵器で自滅しないまでも、爆発的に膨れ上がっていく胃袋で、この惑星を食べ尽くしてしまうに違いない。世界は有限の材料からできているのであります。

ベイトソンのこの指摘に、水不足や気候変動、飢饉、戦争行為などをつけ加えることもできるだろう。

もしこれらの誤った、危険な観念の一つひとつを再検討すれば、私たちはこれまでの根強い〝二元的な観念〟を克服するような、新たな考え方を見つけられるだろう。ここでベイトソンが指摘した、私たち人間の「エピステモロジー（認識論）の誤り」をもう一度読み返し、あなたなりに〝その誤りを解消するために役立つ考え方〟を考えてリストアップしてみてほしい。そのあとで、あなたのリストと私自身のリスト（368ページ、図13-1）を比べてみてほしい。

ベイトソンは、私たち人間の〝二元的な観念〟により生み出されてしまった問題を、次のように明確に指摘している。

注21　グレゴリー・ベイトソン『精神の生態学』（佐藤良明〈訳〉、新思索社）

一九世紀半ばの英国において一般的だった考えに従い、ダーウィンは自然選択説および進化論を提唱しました。これは、生き続け死に絶える単位を家系か亜種のどちらかとするものです。しかし今日、現実の生物学的世界にこの単位が当てはまらないことはあまりに明らかです。生き続け死に絶える単位は「生物プラス環境」です。環境を滅ぼす生物は自らを滅ぼす。このことを、いまわれわれは苦い経験を通して学びつつあるわけです。

もし私たちが、これまでの個人主義的で自己中心的な思考を変えようとしないなら、たとえコーチングの焦点を個人からチームへ移したとしても、「高業績を上げるチーム」になることを競い合うだけになってしまうだろう。それでは、個人コーチングからチームコーチングへの移行が完璧に行われたことにはならない。ベイトソンの指摘どおり、私たちは〝チーム〟と〝その環境や生態的地位、システミックな状況（コンテクスト）との関係〟を総合的に考慮する必要がある。だからこそ、本書は「チームコーチングとは、チームが自分たちのニーズを超越し、チーム内外の人間関係に焦点を合わせるだけのものではない」「チームが自分たちのシステムに貢献することにより焦点を合わせるべきものだ」と説いている。

人類という種として、私たちはこれまでと似てはいるが、今まで以上に大きな問題を抱えている。私たちは〝自分たちの種を救うために戦う〟という態度から〝生態学に配慮した生き方を維持・発展させる〟という態度へ移行しなければならない。環境を「単なるモノ」としてとらえる考え方を手放し、「クモの巣のように複雑なつながり」としてとらえる必要がある。そし

図 13－1　ベイトソンが指摘した私たち人間の「エピステモロジー（認識論）の誤り」

		その誤りを解消するために役立つ考え方
a	われわれと環境とを対立させて捉える思考	私たちと私たちが「環境」と呼ぶものは相互依存の関係にある
b	われわれと他の人間とを対立させてとらえる思考	“勝ちか負けか”という考えは常に両者が負けてしまう。私たちはどちらも勝てるウィン・ウィンの関係を創出しなければならない
c	個人が（あるいは個々の企業や国家が）重要であるとする心	“生き続け死に絶える単位”は「生物プラス環境」である。環境を滅ぼす生物は自らをも滅ぼすことになる。実際、そのことを私たちはすでに苦い経験を通して学びつつある
d	環境を一方的に制御することが可能であり、またそれを目指すべきだとする思い	自然はこれまでも存在し、これからも存在するもので、人類はそのほんの一部に過ぎない
e	われわれは限りなき“フロンティア”を進んでいるという楽天主義	成長には限りがある。限りなき“フロンティア”を進むことはあり得ない
f	経済がすべてを決定するという“常識”	この世で最も重要なことの大半は、経済によっては測れない。金銭をあらゆるものの物差しとする態度は、実際には私たちを貧しくしている
g	テクノロジーが解決してくれるという無責任	テクノロジーにより、私たちの環境破壊力は増強されている。「テクノロジーが解決してくれる」という考えにしがみついている限り、私たちは問題を解決できない

て環境を〝自分たちとは別のもの〟としてとらえる考え方を手放し、「自分たちの一部」として体験すると同時に、私たち自身を〝環境からは切り離せない一部〟としてとらえる必要がある。これは簡単にできることではないし、集団的な努力が必要だ。それと同じように、クライアントである個人およびチーム、さらには彼らの組織をシステミックにとらえ、チームコーチとして、常に彼らのために役立つよう努力することもまた簡単な仕事ではない。より効果的であるために、コーチはいつでも自らの仕事を振り返り、自らのコーチング能力を拡大しなければならない。現在の問題から一歩下がり、より広範囲のシステムで繰り返されているパターンを見極めながら、常に全体を意識する能力に磨きをかける必要がある。だからこそ、すべてのコーチ（チームコーチングのスーパーバイザーも含めて）は、個人面・職業面において成長するための努力を怠ってはならない。

前進のためのアジェンダ

私の願いは、今後数年の間に次のことを実現させることだ。

・組織開発、組織コンサルタント、コーチングからの最良の要素をひとつにまとめ、新たに力強いチームコーチングを生み出す。
・より明確な言語と、チームコーチングの一連の活動にまつわるわかりやすい定義を発展させ、クライアントである組織やチームが、彼らの必要としている援助をよりよく把握して契約、再契約ができるようにする。

・組織におけるさまざまなコーチングの試み（チームコーチングのそれも含む）をすべて統合し、より有効なコーチング戦略を発展させ、組織内でも、その利害関係者との相互作用においても、持続可能なコーチング文化を生み出せるようにする。
・コーチング専門機関による「システミック・チームコーチ」の認定が開始され、彼らがより効率的に機能するための能力や特性、それらの評価方法が明確に定義される。
・チームコーチングのより具体的なプログラムの開発によって、個人コーチや組織コンサルタントの再教育を支援し、彼らが「五つの基本原則」すべてに働きかけ、チームコーチングのマスターになれるようにする。
・チームコーチングの実践とそのメリットに関する多くの実例に基づいた調査を実施する（現状では、その種の調査よりもチームパフォーマンスに関する調査のほうが広く行われている）。この調査では、世界中のリーダーシップ開発の成功事例を取り上げる必要があるだろう。リーダーシップ開発を促進し、今後の問題解決に欠かせない〝集団的リーダーシップ〟を生み出すために、チームコーチングの果たす役割はますます増大していくからだ。
・〝チームコーチング〟という分野における実践やモデル、調査、学習に関する情報交換をより国際的に実施し、関連分野（コーチング、スポーツチームのためのコンサルティング、チームの指導・開発、リーダーシップ学習、チームコーチングの教育や調査にまつわる研究活動）の実践やモデル、調査、学習とひとまとめにし、その集大成を作り上げる。

本書で提示した「チームコーチング」にまつわる専門技能と基本原則を足がかりに、多くの人々が成長できるよう切に願っている。

監訳者あとがき

●キリンの営業組織を変えた「四日のチームコーチング」

「いろいろな問題を抱えていた部署が変わりました。メンバーの動きがよくなり、生き生きしてきました。私自身も彼らの変化を目の当たりにして、『四日で組織が変わる』ことを実感したのです」

これは、キリンビールの営業部門に勤める山下勉氏（現キリンビールマーケティング株式会社・営業部営業力強化推進室長）が私（田近）に言った言葉だ。山下氏はキリンに「チームコーチング」を取り入れることを提案し、実現にあたって尽力してきた。私は氏の数年間におよぶコーチング学習を支援し、個人的なコーチングを行ってきた経緯がある。

キリンビールの組織改革について、背景を簡単にご説明したい。

一九八七年、ライバルのアサヒビールが「スーパードライ」を発売し、これが爆発的ヒットとなった。業界の雄として長らく日本のビールの代名詞でもあったキリンの受けた衝撃は多大なものだった。もちろん、キリンも手をこまねいて見ていたわけではない。新商品や新ジャンルの開発を次々行い、ヒット商品も生んだが、「スーパードライ」の威力は続き、ついに二〇〇一年の販売数量でアサヒに首位を奪われた。いよいよ危機感を募らせたキリンは組織改革に乗り出した。具体的には、企業活動のすべてを「お客様本位」「品質本位」に置き、「結果を恐れずに行動する企業文化への変革」を宣言。経営を疲弊させる価格競争を控え、顧客にとっての「価値を生み出す営業」に向けて顧客との関係を変える、という方針が発表された。

こうした流れを受け、二〇〇七年にキリンの営業本部長になったのが田村潤氏である（代表取締役副社長を経て二〇一一年退任）。田村氏は営業方針をどう社員に伝えようかと思案していた。植木宏営業部長（現キリンビールマーケティング株式会社代表取締役社長）の発案により、新しい営業方針を冊子にして営業担当社員の自宅に郵送する、という取り組みも行った。

「強いキリン」復活のために田村氏が目指したのは「指示を待つのではなく、主体的に考えて行動する風土をつくる」というものだった。しかし、現場の社員はどうしても従来の指標重視の営業スタイルに囚われてしまう。社員を本当に動かすためには、現場でビジョンと指標の間を翻訳し、意味づけする役割を担う「リーダー」が必要だった。

冒頭の山下氏は当時、営業現場のリーダーの一人だった。

「当時の私は、一位でもお客様の支持があればよいのでは、と考えていました。『主体的な行動スタイル』と言われても、それまでも主体的に行動しているつもりでしたし、新しい方針がどうも腹落ちしていなかったのです。今から振り返れば、『一所懸命に働く』ことと、『主体的に行動する』ことの区別がついていなかったのです。そして、それは私だけでなく、ほかの多くの営業担当にも共通していたと思います」

多くの組織がそうであるように、キリンでは本社が方針や目標、戦略をつくり、現場がそれを落とし込むかたちをとっており、現場は受身の部分が大きくなっていた。新方針は本社からの作戦を活用しつつも、それを超え、考えて行動することを求めていた。

「考え抜いた結果、『一人でも多くのお客様がキリンビールを支持してくだされば、結果的に売上が上がる』。つまり、お客様本位に徹することがビジョン実現につながり、それはそのまま業界の競争に勝つことでもある、と納得できました。ビジョンを基準にして考えたことで、自分の中で『勝つこと』と『お客様本位』がようやく一本の線で結ばれたのです」

そう山下氏は振り返る。しかし、それをチームに伝える方法がわからない。ここには具体的な手法が必要だった。

その年、山下氏は「チームコーチング」の手法と出会った。氏は、これが部門全体に新方針を浸透させ、実践させるための具体的な手法になると確信した。自らチームコーチングを学び、その過程で出会った社外の仲間の協力を得て、翌年には「チームで現場力向上プログラム」と名付けた基本プログラムを作成し、さらに私の講座で学んだ数名の社外チームコーチを招き、組織改革に着手した。

まずは社内で手を挙げた六つのチームでプログラムを実施した。このとき実施されたプログラムは、全四日（「はじまり」「中間地点」「おわり」の三つのセッション）で構成されている。これは本文でも紹介されているデザインだ。

・はじまり：最初に自分たちのビジョンと任務を明確にする（二日）
・中間地点：一カ月後、途中経過を振り返りつつ、軌道修正を図る（一日）
・おわり：一カ月後、成果と体験の振り返りと今後の展開の準備をする（一日）

「はじまり」の二日間は、「動機づけのコーチング」を行う。チーム形成の初期段階であり、チームとしてのビジョンを再確認し、具体的な任務を明確にし、コミットメントを引き出すこと、どのように仕事をするかを設定すること、そしてよいスタートを切るためのモチベーションを生みだすことに焦点を当てた。

当時、このプログラムを受けたチームのなかに、首都圏流通第二部があった。

このチームにおけるコーチングは、プログラム自体についてメンバー全員の同意を取ることからはじまった。経営理念の一部である「KIRIN WAY」で「行動の基本姿勢」とされる三項目、「Challenge　チャレンジ（挑む・行動する）」「Commitment　コミットメント（考え抜く・やり切る）」「Collaboration　コラボレーション（協働・協力する）」を確認し、この基本姿勢でチームコーチングに参加することにメンバー全員の同意を得た。そのうえでチームコーチの指摘のもと、チームの現状をさまざまな角度から洗い出し、その原因を追究した。

初日が終わるころ、あるメンバーはショックを受けたように言った。「私たちの仕事はソロプレイヤーになりやすい。チームで仕事をしていると思っていたのは幻想だったんですね」

翌朝、メンバー全員参加でビジョンを明確にする作業を行った。部門トップがつくったビジョンはあったが、そのビジョンを再検討し、進化させるプロセスを通じてメンバーの「ビジョンの所有感」を高め、その後、ビジョンと直結する目標を自ら設定し、行動計画を立てた。ここで決まった目標は、かなり達成が難しいものだったが、次のセッションまでにお互いがどのように助け合うかをはっきりさせ、任務遂行への動きをつくっていった。

「中間地点」の一日では、「業務遂行戦略を補強するコーチング」を行った。ここでのチームコーチの主な仕事は、チームの任務を思い出させ、これまでのパフォーマンスを厳密に振り返ることで、メンバー自身に気づきを得る場を提供することだ。それによってメンバーは行動計画に対するやる気が補強される。この時点ではメンバーがさまざまな経験をしてきており、目標が達成できるか、この方針のままでうまくいくのかについて懸念をもっていることが多い。結果として、成果とプロセスの見直しに対して暗黙の了解ができているので、熱心な議論ができた。

はじめのセッションから一カ月が経っていた。決算月が近かったこともあり、目標達成を目指し、メンバーは今までにない動きをしていた。結果として、目標にこそ届かなかったものの、数値的にはかなりの成果が上がった。メンバーはコーチのリードで議論を繰り返し、「個人としては頑張ったが、組織的な動きがなかった」と気づき、再度ビジョン実現と目標達成に向けた改善策をつくりあげた。「中間地点」では、課題や役割に関する問題や表面化していなかった人間関係の問題が顕在化することもある。このチームでも一人の女性社員がリーダーに対して、

「本気で関わる気持ちがあるんですか?」と厳しい指摘をしたことがきっかけとなり、メンバー同士が本音をぶつけ合う場面が出てきた。リーダーだけでなくメンバー全員がリーダーシップを発揮するようになり、結束力が強化された。

「おわり」の一日では、「教育的なコーチング」を行う。メンバーが任務に従事し、学んだことを明らかにし、活用することを援助する。コーチはメンバーがお互いを公平に評価し合うように働きかけ、メンバーとチームの成長を承認し合った。キリンの最終セッションでは、チームコーチングの三カ月間の体験と変化を振り返ることからはじまった。当初の目標達成はならなかったが、皆が得たものの大きさを語った。メンバーはチームコーチング前後の違いについて振り返り、年間を通じてモチベーションを維持するため、通期の課題設定に取り組むことを決めた。メンバーには、「自走するチーム」にならなければならない、という自覚ができており、新年度の目標と計画に取り組み、コーチがいなくても定期的にミーティングを行い、仕事を改善していくことを確認した。また、リーダー会議を行ってリーダーチームのコミュニケーション量を増やすことにした。

チームコーチングの結果、首都圏流通第二部では明らかな変化が見られた。メンバーがいきいきと仕事をし、より積極的になり、業績も改善した。冒頭の山下氏の感想はこの時期のものである。

このプログラムは社内で評判となり、新たに一〇チームで実施された。やがて田村営業本部長が実際にプログラムを視察し、二〇〇九年には全国の営業部門で実施された。そして、その年、キリンは九年ぶりの首位に返り咲いたのだ。もちろん、この成果は営業部門だけではなく全社的な力の結果だろうが、営業現場にとって「顧客本位」と「勝つこと」が体験的につながった意義は大きかった。

本書において著者のピーター・ホーキンズは、さまざまなチームにおけるチームコーチングのケースを紹介している。キリンの事例は、恒常的な営業チームを「高業績を上げるチーム」へと変容させていくプロセスを表している。

キリンの例では、はじめのセッションでは、グループ成長段階という「形成期」「混乱期」「統一期」の三段階を経た。そして中間地点のセッションでは、チーム内の問題や葛藤を明らかにし、再度「混乱期」を経て「統一期」から「遂行期」へと変化する。チームコーチングでは「混乱期」をチャンスと捉えており、ここを乗り越えることでチーム力は確実に上がる。そして、おわりのセッションでは、「遂行期」から「解散期」へと完了の段階を迎え、ここまでの経験を生かして自走するセルフコーチングチームへの成長をはかる。今後、異動等でメンバーの出入りで再度「形成期」に戻ることを想定し、どうチームを成長させていくかについて議論した。こうして新たなスタートを切るのだ。

チームコーチングはいわゆる「研修」ではない。あらかじめテキストが用意され、マニュアルとスケジュールに沿って運営されるものではない。そうかと言ってコーチが思いつきや直感でリードすればよいわけでもない。チームコーチングには「原理原則」がある。キリンのプログラムも「五つの基本原則」「『はじまり』『中間地点』『おわり』のプロセス」「グループ成長段階理論」の基本を踏まえて運営されていた。コーチがそれらを理解し、基本的なスキルを身に付けなければ、効果的なリードはできない。

●チームコーチングが日本の企業を変革する

いまだに「チームコーチング？　一対一のコーチングをグループでやるのですか？」と言われることが多い。本書の著者であるピーター・ホーキンズも繰り返し言っているが、「チームコーチング」はイメージの定着していない言葉である。本文の繰り返しとなるが、個人の「コーチング」と「チームコーチング」はまったく別ものだ。

本書で紹介するチームコーチングのメソッドは、ビジネスだけではなく、行政・学校など、ほとんどの組織状況で実践できる。

ビジネスを離れたときに「チーム」と言えば、まずはスポーツを連想するのではないだろうか。サッカーや野球の日本代表が、ワールドカップやオリンピックなどの国際試合で勝利をあげて喜びあう映像に多くの人が興奮したことだろう。優れたスポーツチームのアナロジーで最強のチームづくりを語ることは難しくない。問題は、そうしたアナロジーは面白いが、スポーツ以外の世界に応用することに限界があることだ。本書はビジネスや行政現場の事例が豊富にあるので、読者は自分の職場に応用する手法をイメージしながら読むことができるだろう。

なぜ組織はチームを活用しようとするのか。それは自分の組織を変化させたいからだろう。

経営幹部は組織内のチームワークを促進して、目覚ましい成果をつくり、企業文化を変革したい、と考えている。成功するチームを作ることは組織にとって望ましいことである。しかしほとんどの組織ではチーム・マネジメントよりも、個人を管理することにフォーカスしている。それでは優れた「チームプレイヤー」は生まれてこない。

経営幹部は、チームの成功を業績、あるいは任務達成で判断する。それに対し、メンバーは、チームの成功を他メンバーとの相互関係の構築によって判断する。任務達成ばかりがフォーカスされると、たとえ成果が上がっていても「また一緒にやろう」という気持ちが生まれてこない。メンバー個人にとってチームは最高の修行の場である。異なる観点と能力をもつ他メンバーと一定期間を過ごし、目覚ましい成果を上げ、任務を全うする。視野が広がり、効果的なコミュニケーションを学び、チームワークを促進するスキルを身に付けられる。

本書の特徴のひとつは、経営リーダーチーム、つまり経営幹部を対象にしたチームコーチングに多くのページが割かれていることだ。経営幹部は自らの実績や能力に自信があり、独自判断で動きたがる傾向が強い。結果として一致団結したチームになりにくい。彼らにこそ、チームコーチングが必要なのだ。経営幹部が本音を言い合い、お互いの信頼感を深め、経営目標に一枚岩となって向かう姿勢を見せることで、はじめて現場の社員は安心して働くことができる。そうした、高度なチームコーチングをリードするコーチは、高い能力を磨きあげ、複雑な集団プロセスに対応するスキルを身に付ける必要がある。本書にはそうしたチームコーチの能力向上のヒントも書かれている。

私は、集団が成長し、変容していくチームコーチングの可能性に魅了されてきた。今までの経験と学びを基に、これこそが企業や行政組織を変革する手法だと確信している。本書は、日本ではじめての本格的な「チームコーチングの教科書」である。組織の運営に関して危機感をもつ経営幹部や組織のリーダーがこの本をきっかけに組織変革の旅に出ることを願っている。そうして日本中に卓越したチームが誕生し、この国を再び活性化する原動力になってほしいと願う。

最後に、関係者にねぎらいの言葉を伝えたい。

翻訳者の佐藤志緒さんとは『ロバート・ディルツ博士のＮＬＰコーチング』以来、五回目の協同作業になった。英治出版の藤竹賢一郎さんは私の研修を受講いただいたご縁にはじまり、今回の出版をさまざまな面からサポートいただいた。同じく英治出版の杉崎真名さんは出版に至るまで、細やかなリードをしていただいた。そして、長らくご一緒し、取材に応じてくださったキリンビールマーケティング株式会社の皆さま、励ましを与えてくれた日本チームコーチング協会の仲間と多くの学友たち。これらの人々と強い絆で結ばれていることに対し、心から感謝の気持ちを伝えたい。

二〇一二年三月　株式会社日本チームコーチング協会　田近秀敏

「共通のゴールに向かって相互依存的に働く、国籍の異なる人々の集団」（キャニー・デヴィッドソンとウォード）

システミック・チームコーチング

チームメンバーが一緒のときも離れているときも、チームコーチがチーム全体に働きかけるプロセスのこと。チームコーチングはそうすることで、彼らの集団的パフォーマンスと共同作業のやり方を改善する手助けをし、同時に彼らが集団的リーダーシップを発展させ、すべての主要な利害関係者グループにより効果的に関わり、共にビジネスをより広範囲のものへと変容させる支援ができる。

チーム開発

外部からの支援の有無にかかわらず、チームがその能力や可能性を高めるために実施する共同作業プロセスのこと。

チームビルディング

チーム開発の初期段階において、チーム支援のために用いられるプロセスのこと。

チームファシリテーション

ある特定の人物（たち）にチームの促進を依頼し、メンバーがタスクに集中できるようチームプロセスを管理してもらうやり方。

チームプロセスコンサルタンシー

チームファシリテーションの一種。チームコンサルタントがチームの会議やセッション計画の場に同席し、“どのように”タスクを行うかについてのリフレクションと見直しをチームに促す手法。

バーチャルチーム

「バーチャルチームは、他のあらゆるチームと同じように、共通の目的を持ち、相互依存的な業務を通じて互いに作用しあう人々の集まりである。ただし昔ながらのチームと違い、バーチャルチームは、多様なコミュニケーション技術によって築かれた強固なつながりによって、時間と空間と組織の壁を越えて働くチームである」（リプナックとスタンプス）

プロジェクトチーム

時間制限のある、特殊で明確なタスクのためのチーム。さまざまなチームからのメンバーによって構成されることが多い。

変革型リーダーチームコーチング

いかなるレベルであれ、リーダーシップをとるあらゆるチーム向けのチームコーチング。この手法では、チームが自分のビジネスをどのように運営したいかだけでなく、そのビジネスを今後どのように変化させたいかにも焦点が合わせられる。

リーダーチームコーチング

経営リーダーチームだけでなく、いかなるチームにも適用できるチームコーチング。この手法では、チームが直属する者たちに対していかにリーダーシップを発揮するか、さらにチームが自分たちの主要な利害関係者グループにどのように影響を及ぼすかに焦点を合わせる。

用語集

アクションラーニング

「アクションラーニングは、難しい問題に対して行動しようとする組織の人々の成長を引き起こすものだ。（中略）それは学習を促す媒介となり、3つの要素で構成される。すなわち『ある特定のタスクや問題に対する行動の責任を引き受けた人々』『行動を起こすべき問題やタスク』『常に顔を合わせて互いに支援・挑戦を行い、行動を起こして学習をする6人ほどの同僚』だ」（マイク・ペドラー）

AI（アプリシアティブ・インクワイアリー）

「AIとは『何が』最高であるかを探求し、『どうすべきか』という想像力を刺激する手助けをすることだ。その目的は、『未だ形となって現われていない豊かな潜在力』を拡大する新しい知識を生み出し、組織のパートナーたちが望ましい未来を集団的に思い描き、そのビジョンを推進させ、意図を現実に結びつけることである」（デビッド·L. クーパーライダー）

学習するチーム

共通の目的を持ち、アクションラーニングおよびアンラーニングを通じて、互いや自分自身、チーム、さらにチームが機能するより広範囲に及ぶ組織の成長にまつわる責任を積極的にとろうとする人々の集団。

グループコーチング

グループという状況内での個人コーチングのこと。あるメンバーのコーチングを支援するリソースとして、残りのグループメンバーを活用することになる。

高業績を上げるチーム

共通の目的、達成目標、アプローチに合意しその達成を誓い、互いに責任を分担する補完的なスキルを持つ少人数の人たちを言う。一般的なアプローチで必要なのは、士気と調整を高め合うような効率のよい会議とコミュニケーション、チームにとっての主な利害関係者すべてに対する効果的な関与、個人およびチームが常に学習と発展を続けられるような手段である。

コーチングのスーパービジョン（監督）

コーチがスーパーバイザーの援助を受けるプロセス。これにより、コーチは“クライアントのシステム”および“クライアントのコーチングシステム”の両方における自分自身に注意を払い、より理解できるようになる。そうすることで、コーチは自分の仕事を変容させ、専門技能を発展させられる。スーパービジョンは、“スーパーバイザー（監督）とコーチの間の関係”と“それが生じている、より広範囲の状況におけるダイナミクス”の両方の変容に注意を払うことによっても実施可能である。

顧客対応チーム

主要な顧客や顧客組織1社との関係に重点を置くことを目的に、その企業のあらゆる部門からメンバーが集められた多専門的および（または）多地域的なチームのこと。

国際的なチーム

Schutz, W C (1973) *Elements of Encounter*, Big Sur, CA: Joy Press

Senge, P (1990) *The Fifth Discipline: The art and practice of the learning organization*, New York: Doubleday/『学習する組織――システム思考で未来を創造する』（ピーター・センゲ、枝廣淳子他〈訳〉、英治出版）

Senge, P and Kofman, F (1993) *Communities of Commissions: The heart of learning organizations*, Organizational Dynamics (Autumn), pp5-23

Senge, P (2008) *The Necessary Revolution: How individuals and organizations are working together to create a sustainable world*, New York: Doubleday

Senge, P, Jaworski, J, Scharmer, C and Flowers, B (2005) *Presence: Exploring profound change in people, organizations and society*, New York: Doubleday/『出現する未来』（ピーター・センゲ・オットー・シャーマー他、野中郁二郎〈監訳〉、高遠裕子〈訳〉、講談社）

Senge, P, Kleiner, A, Ross, R, Roberts, C and Smith, B (1994) *The Fifth Discipline Fieldbook: Strategies and tools for building a learning organization*, New York: Doubleday/『フィールドブック　学習する組織　"5つの能力"――企業変革をチームで進める最強ツール』（ピーター・センゲ他、柴田昌治・スコラ・コンサルト〈監訳〉、牧野元三〈訳〉、日本経済新聞社）

Surowiecki, J (2005) *The Wisdom of Crowds: Why the many are smarter than the few*, London: Abacus/『「みんなの意見」は案外正しい』（ジェームズ・スロウィッキー、小高尚子〈訳〉、角川書店）

Swords, D (2010) Leading Growth in, (eds) D Swords, C Bones and P Hawkins, *New World, New Organisations, New Leadership*, Henley: Henley Business School

Thomas, K W and Kilmann, R H (1974) *Conflict Mode Instrument*, California: Kilmann Diagnostics

Thornton, C (2010) *Group and Team Coaching*, Hove: Routledge

Tichy, N M and Devanna, M A (1986) *The Transformational Leader*, New York: John Wiley/『現状変革型リーダー――変化・イノベーション・企業家精神への挑戦』（ノエル・M・ティシー・メアリー・アンディバナ、小林薫〈訳〉、ダイヤモンド社）

Tricker, R I (1980) *Corporate Governance*, Aldershot: Gower

Tuckman, B (1965) Developmental sequence in small groups, *Psychological Bulletin*, 63 (6), pp384-99

Tyler, F B, Brome, D R and Williams, J E (1991) Ethnic Validity, Ecology and Psychotherapy: A psychosocial competence model, New York: Plenum Press

Wageman, R (2001) How Leaders Foster Self-Managing Team Effectiveness, *Organization Science*, September-October, 12 (5), pp559-77

Wageman, R, Nunes, D A, Burruss, J A and Hackman, J R (2008) *Senior Leadership Teams*, Harvard, MA: Harvard Business School Press/『成功する経営リーダーチーム　6つの条件』（ルース・ワーグマン・ジェイムズ・A・バラス、J・リチャード・ハックマン・デボラ・A・ニューンズ、ヘイグループ〈訳〉、生産性出版）

Ward, G (2008) Towards executive change: a psychodynamic group coaching model for short executive programs, *International Journal of Evidence Based Coaching and Mentoring*, 6 (1), pp67-78

Weinberg, R and McDermott, M (2002) A comparative analysis of sport and business organizations: factors perceived critical for organizational success, *Journal of Applied Sports Psychology*, 14, pp282-98

Whitmore, J (2002) *Coaching for Performance: Growing people, performance and purpose*, London: Nicholas Brealey/『はじめのコーチング』（ジョン・ウィットモア、清川幸美〈訳〉、ソフトバンククリエイティブ）

Womack, J P and Jones, D T (2003) *Lean Thinking: Banish waste and create wealth in your corporation*, London: Simon and Schuste/『リーン・シンキング』（ジェームズ・P・ウォーマック・ダニエル・T・ジョーンズ、稲垣公夫〈訳〉、日経BP社）

boards, Harvard, MA: Harvard Business School Press

Majchrzak, A, Malhotra, A, Stamps, J and Lipnack, J (2004) Can absence make a team grow stronger?, *Harvard Business Review*, May, pp131-37

March, J G and Olsen, J P (1976) *Ambiguity and Choice in Organizations*, Bergen Norway: Universitetsforlaget

McGregor, D (1960) *The Human Side of the Enterprise*, New York: McGraw-Hill

Megginson, D and Clutterbuck, D (2005) *Techniques for Coaching and Mentoring*, Oxford: Elsevier Butterworth-Heinemann

Meier, D (2005) *Team Coaching with the Solutioncircle: A practical guide to solutions focused team development*, Cheltenham: Solution Books

Meyer, C (1994) How the right measures help teams excel, *Harvard Business Review*, May-June, pp95-103

National Health Services Institute (2005) *Lean 6 Sigma, Presentation to Lean Conference*, Orlando, Florida

Obolensky, N (2010) *Complex Adaptive Leadership: Embracing paradox and uncertainty*, Aldershot: Gower

Okri, B (1997) *A Way of Being Free*, London: Phoenix House

O'Neill, M B (2000) *Executive Coaching with Backbone and Heart: A systems approach to engaging leaders with their challenges*, San Francisco, CA: Jossey-Bass Wiley

Oshry, B (1995) *Seeing Systems: Unlocking the mysteries of organizational life*, San Francisco, CA: Berrett-Koehler

Oshry, B (1999) *Leading Systems: Lessons from the power lab*, San Francisco, CA: Berrett-Koehler

Oshry, B (2007) *Seeing Systems: Unlocking the mysteries of organizational life, 2nd edn*, San Francisco, CA: Berrett-Koehler

Paige, H (2002) Examining the effect of executive coaching on executives, *International Education Journal*, 3 (2), pp61-70

Pedler, M (1996) *Action Learning for Managers*, London: Lemos & Crane

Pedler, M (1997) What do we mean by action learning?, in (ed.) M Pedler, *Action Learning in Practice*, Aldershot: Gower

Pedler, M, Burgoyne, J and Boydell, T (1991) *The Learning Company: A strategy for sustainable development*, London: McGraw-Hill

Pettigrew, A and McNulty, T (1995) Power and influence in and around the boardroom, *Human Relations*, 48 (8), pp845-73

Rogers, C (1967) *On Becoming a Person*, London: Constable and Company

RSA (1995) *Tomorrow's Company*, London: RSA

Ryde, J (2009) *Being White in the Helping Professions*, London: Jessica Kingsley

Sadler, P (2002) *Building Tomorrow's Company*, London: Kogan Page

Scharma, C O (2007) *Theory U: Leading from the future as it emerges. The social technology of presencing*, Cambridge, Mass: Society for Organisational Learning/『U 理論――過去や偏見にとらわれず、本当に必要な「変化」を生み出す技術』(オットー・シャーマー、中土井僚・由佐美加子〈訳〉、英治出版)

Schein, E H (1969; 2nd edn 1988) *Process Consultation: Its role in organisational development*, London: Wesley/『プロセス・コンサルテーション――援助関係を築くこと』(E・H・シャイン、稲葉元吉・尾川丈一〈訳〉、白桃書房)

Schein, E H (1985) *Organizational Culture and Leadership*, San Francisco, CA: Jossey-Bass

Schein, E H (2003) On dialogue, culture, and organisational learning, *Reflections*, 4 (4), pp27-38

Hersey, P and Blanchard, K H (1977) *Management of Organizational Behavior*: Utilizing human resources, 3rd edn, Englewood Cliffs, NJ: Prentice-Hall

Holbeche, L (2005) *The High Performance Organization*, Oxford: Elsevier Butterworth-Heinemann

Holloway, E L and Carroll, M (eds) (1999) *Training Counselling Supervisors*, London: Sage

Honey, P and Mumford, A (1992) *The Manual of Learning Styles*, London: Peter

Honey Publications

Hooper, R A and Potter, J R (2000) *Intelligent Leadership: Creating a passion for change*, London: Random House

Huffington, C (2008) The system in the room: the extent to which coaching can change the organization, in (eds) D Campbell and C Huffington, *Organisations Connected: A handbook of systemic consultation, systemic thinking and practice: work with organizations*, London: Karnac Books

Hunter, D, Bailey, A and Taylor, B (1996) *The Foundation of Groups*, Aldershot: Gower

Institute of Directors (1990) *Development of and for the Board*, London: IoD

Institute of Directors (1995) *Standards for the Board*, London: IoD

Jarvis, J (2004) *Coaching and Buying Coaching Services*, London: CIPD

Katzenbach, J and Smith, D (1993) The discipline of terms, *Harvard Business Review*, March-April, pp111-20

Katzenbach, J and Smith, D (1993) *The Wisdom of Teams: Creating the high performance organization*, Harvard, MA: Harvard Business School Press/『「高業績チーム」の知恵——企業を革新する自己実現型組織』(ジョン・R・カッツェンバック・ダグラス・K・スミス、吉良直人・横山禎徳〈訳〉、ダイヤモンド社)

Kernpster, S (2009) *How Managers Have Learnt to Lead*, Basingstoke: Palgrave Macrnillan:

Kets de Vries, M F R (2005) Leadership group coaching in action: The Zen of creating high perforrnance tearns, *Academy of Management Executive*, 19 (1), pp61-76

Kets de Vries, M F R (2006) *The Leader on the Couch: A clinical approach to changing people and organizations*, San Francisco, CA: Jossey-Bass

Kopp, S (1988) *If You Meet the Buddha on the Road, Kill Him*, New York: Bantarn Books

Lencioni, P (2002) *The Five Dysfunctions of a Team. A Leadership Fable*, San Francisco. CA: Jossey-Bass/『あなたのチームは、機能してますか?』(パトリック・レンシオーニ、伊豆原弓〈訳〉、翔泳社)

Lencioni, P (2004) *Death by meeting: A Leadership Fable*, San Francisco. CA: Jossey-Bass/『もしもハリウッド監督が会議を仕切ったら?』(パトリック・レンシオーニ、門田美鈴〈訳〉、東洋経済新報社)

Lencioni, P (2005) *Overcoming the Five Dysfunctions of a Team:*, San Francisco. CA: Jossey-Bass

Lencioni, P (2006) *Silos, Politics and Turf Wars: A Leadership Fable*, San Francisco. CA: Jossey-Bass

Likert, R (1967) *The human organization*, New York: Mcgraw-Hill

Lipnack, J and Stamps, J (1996) *Virtual Teams: People working across boundaries with technology*. New York: John Wiley&Sons/『バーチャル・チーム——ネットワーク時代のチームワークとリーダーシップ』(ジェシカ・リプナック・ジェフリー・スタンプス、榎本英剛〈訳〉、ダイヤモンド社)

Lojeski, K S, Lipnack, J and Ellis, J (2009) Boosting productivity through virtual collaboration, (Powerpoint slides reproduced by *Business Week*), Webcast

Lorsch, J W and MacIver, E (1989) *Pawns and Potentates*: The realities of America's corporate

Goodwin, D K (2005) *Team of Rivals: The political genius of Abraham Lincoln*, New York: Simon and Schuster

Gratton, L and Erickson, T J (2007) Eight ways to build collaborative teams, *Harvard Business Review* (online version: http://hbrorg/2007/11/eight-ways-to-build-collaborative-teams/ar/pr, 05/02/2008)

Greenbury, R (1995) *Director's Remuneration: A report of a study group*, London: Gee Publishing

Gregersen, H, Morrison, A and Black, S (1998) Developing leaders for the global frontier, *Sloan Management Review*, 40 (1), pp22-32

Hackman, J R (2002) *Leading Teams*, Harvard, MA: Harvard Business Press

Hackman, J R and Wageman, R (2005) A theory of team coaching, *Academy of Management Review*, 30 (2), pp269-87

Hammond, S and Royal, C (eds) (1998) *Lessons from the Field: Applying appreciative inquiry*, Plano, TX: Thin Books Publishing

Hargrove, R (2003) *Masterful Coaching*, San Francisco, CA: Jossey-Bass/Pfeiffer

Hawkins P (1986) Living the learning, PhD thesis, University of Bath Management School

Hawkins, P (1991) The spiritual dimension of the learning organisation, *Management Education and Development*, 22 (3) pp172-87

Hawkins, P (1993) *Shadow Consultancy*, Bath Consultancy Group working paper

Hawkins, P (1994) The changing view of learning, in (ed.) J Burgoyne, *Towards the Learning Company*, London: McGraw-Hill

Hawkins, P (1995) *Double-loop Strategic Decision Making*, Bath Consultancy Group working paper

Hawkins, P (1998) *Systemic Shadow Consultancy*, Bath Consultancy G

Hawkins, P (1999) Organisational unlearning, Keynote address at the Learning Company Conference, University of Warwick

Hawkins, P (2004) Gregory Bateson: his contribution to Action Research and Organisation Development, *The Journal of Action Research*, 2 (4), pp409-23

Hawkins, P (2005) *The Wise Fool's Guide to Leadership*, Winchester: 0 Books

Hawkins, P (2008) The coaching profession: key challenges, Coaching, 1 (1) pp28-38

Hawkins, P (2010) Coaching supervision, in (eds) E Cox, T Bachkirova and D Clutterbuck, *The Complete Handbook of Coaching*, London: Sage

Hawkins, P (2011) *Coaching Strategy: Creating a coaching culture*, Maidenhead: McGraw HilllOpen University Press

Hawkins, P and Schwenk, G (2006) *Coaching Supervision*, CIPD Change Agenda, London: CIPD

Hawkins, P. and Schwenk, G. (2010) The Interpersonal Relationship in the Training and Supervision of Coaches. in Palmer, S and McDowell, A. (eds) *The Coaching Relationship: Putting People First*:. Routledge: London.

Hawkins, P. and Shohet, R. (1989, 2000, 2006) *Supervision in the Helping Professions*: Maidenhead: Open University Press McGraw Hill

Hawkins, P and Smith, N (2010) Transforrnational coaching, in (eds) E Cox, T Bachkirova and D Clutterbuck, *The Complete Handbook of Coaching*, London: Sage

Hedberg, B (1981) How organizations learn and unlearn, in (eds) P Nystrorn and W Starbuck, *Handbook of Organizational Design*, Vol 1: Adapting organizations to their environments (pp 3-27) Oxford: Oxford University Press

Helminski, K (1999) *The Knowing Heart*, Boston, MA: Shambhala

Caulat, G (2006) Virtual leadership, *The Ashridge Journal*, 360, Autumn, pp6-11

Caulat, G and de Haan, E (2006), Virtual peer consultation: how virtual leaders learn, *Organisations & People*, November, 13 (4), pp24-32

Charkham, J (1994) *Keeping Good Company: A study of corporate governance in five countries*, Oxford: Oxford University Press

Clarkson, P (1995) *Change in Organisations*, London: Whurr Publishers

Clutterbuck, D (2007) *Coaching the Team at Work*, London: Nicholas Brealey

Clutterbuck, D (2010) Team Coaching, Chapter 19 in (eds) E Cox, T Bachkirova and D Clutterbuck, *The Complete Handbook of Coaching*, London: Sage

Clutterbuck, D and Megginson, D (2005) *Making Coaching Work: Creating a coaching culture*, London: CIPD

Collins, J (2001) *Good to Great*, London: Random House/『ビジョナリー・カンパニー2』(ジェームズ・C・コリンズ、山岡洋一〈訳〉、日経BP社)

Collins, J C (1999) Turning goals into results: the power of catalytic mechanisms, *Harvard Business Review*, July-August, pp71-82

Conference Board, The (1994) *Corporate Boards: Improving and evaluating performance*, New York: The Conference Board

Cooperrider, D and Srivastva, S (1987) Appreciative inquiry in organizational life, in (eds) Woodman and Passmore, *Research in Organizational Change and Development*, Vol 1, JAI Press, Greenwich, CT/『AI「最高の瞬間」を引きだす組織開発――未来志向の“問いかけ”が会社を救う』(デビッド・L・クーパーライダー、ダイアナ・ウィットニー、本間正人〈監訳〉、市瀬博基〈訳〉、PHPエディターズ・グループ)

Coulson-Thomas, C (1993) *Creating Excellence in the Boardroom*, Maidenhead: organisation, Management

Downey, M (2003) *Effective Coaching: Lessons from the Coach's Coach*, NewYork : Thomson、Texere

Dyer, W G (1977) *Team Building: Current Issues alternatives*, Reading, MA: Addison-Wesley

Dyer, W G, Dyer, W Jr and Dyer, J H (2007) *Team Building. Proven strategies for improving team performance*, San Francisco, CA: Jossey-Bass

Dyke, G (2004) *Greg Dyke: Inside story*, London: HarperCollins

Edmondson, A, Bohmer, R and Pisano, G (2001) Speeding up team learning, *Harvard Business Review*, October, Reprint R0109, pp125-34

Eleftheriadou, Z (1994) *Transcultural Counselling*, London: Central Book Publishing

Gallwey, W T (1974) *The Inner Game of Tennis*, New York: Random House

Gallwey, W T (1976) *Inner Tennis: Playing the game*, New York: Random House/『インナーテニス 心で打つ』(W. ティモシー・ガルウェイ、後藤新弥〈訳〉、日刊スポーツ出版社)

Gallwey, W T (1981) *Inner Game of Winning*, Listen USA, audio published, Riverside. CT/『インナーゲーム』(W. ティモシー・ガルウェイ、後藤新弥〈訳〉、日刊スポーツ出版社)

Gallwey, W T and Kriegel, R J (1977) *Inner Skiing*, New York: Random House

Garratt, B (1987) *The Learning Organization*, London: Fontana/Collins

Garratt, B (1995) *The Fish Rots From the Head*: he Crisis in Our Boardrooms, London: HarperCollins business

Garratt, B (2003) *Thin on top*, London: Nicholas Brealey

Gersick, CJG (1988) Time and Transition in Work Terms: Toward a New Model of Group Development, *Academy of Management Journal*, 31: PP9-41

Golembiewski, R T (1976) *Learning and Change in Groups*, London: Penguin

参考文献

Adair, J (1986) *Effective Teambuilding: How to make a winning team*, Gower Publishing Ltd.

Ancona, D, Bresman, H and Kaeufer, K (2002) The comparative advantage of X teams, *MIT Sloane Management Review*, 43 (3)/『Xチーム』(デボラ・アンコナ・ヘンリック・ブレスマン、サイコム・インターナショナル・鈴木立哉〈訳〉、ファーストプレス)

Argenti, J (1976) *Corporate Collapse*: Causes and symptoms, New York: McGraw Hill

Argyris, C (1993) *Knowledge in Action*, San Francisco, CA: Jossey-Bass

Argyris, C and Schön, D (1978) *Organizational Learning*, Reading MA: Addison-Wesley

Ashby, W R (1956) *Introduction to Cybernetics*, London: Wiley

Bateson, G (1972) *Steps to an Ecology of Mind*, New York: Ballantine Books/『精神の生態学』(グレゴリー・ベイトソン、佐藤良明〈訳〉、新思索社)

Beck, D and Cowan, C (1996) *Spiral Dynamics: Mastering values, leadership and change*, Oxford: Blackwell Business

Beckhard, R and Harris, R (1977) *Organizational Transitions: Managing complex change*, Reading, MA: Addison-Wesley

Belbin, M (2004) *Management Teams: Why they succeed or fail*, London: Heinemann

Bennis, W (1997) *Organizing Genius: The secrets of successful collaboration*, New York: Perseus Books Group
『こうしてリーダーはつくられる』(ウォレン・ベニス、ロバート・トーマス、斎藤彰悟〈監訳〉、平野和子〈訳〉、ダイヤモンド社)

Berglas, S (2002) The very real dangers of executive coaching, *Harvard Business Review*, June, pp86-92

Beyerlein, M, Nemiro, J and Beyerlein, S (2008) *The Handbook of Virtual High Performing Teams: How to collaborate across boundaries*, San Francisco, CA: John Wiley

Binney, G, Wilke, G and Williams, C (2005) *Living Leadership: A practical guide for ordinary heroes*, London: Prentice Hall

Bion, W R (1961) *Experiences in Groups*, London: Tavistock

Block, P (1981; 2nd edn 2000) *Flawless Consulting: A guide to getting your expertise used*, New York: John Wiley

Bloisi, W, Cook, C W and Hunsaker, P L (2003) *Management and Organisational Behaviour*, *Maidenhead*: McGraw-Hill Education

Broussine, M (1998) *The Society of Local Authority Chief Executives and Senior Managers (SOLACE) : A Scheme for Continuous Learning for SOLACE Members*, Bristol: University of the West of England

Burke, W (2002) *Organization Change: Theory and practice*, London: Sage Publications

Cadbury Committee, The (1992) *The Financial Aspects of Corporate Governance*, London: Gee and Co

Campbell, D and Huffington, C (2008) *Organisations Connected: A handbook of systemic consultation, systemic thinking and practice: work with organizations*, London: Karnac Books

Canney Davison, S and Ward, K (1999) *Leading International Teams*, Maidenhead: McGraw-Hill

Carroll, M (1996) Counselling Supervision: *Theory, skills and practice*, London: Cassells

Casey, D (1985) When is a team not a team?, *Personnel Management*, 9, pp26-29

Caulat, G (2006) *Creating Trust and Intimacy in the Virtual World*, Ashridge Business School, www.ashridge.org.uk

著者プロフィール

ピーター・ホーキンズ（Peter Hawkins）

リーダーシップ、組織的学習、チェンジ・マネジメント、組織文化の発展を専門とするトップ・コンサルタント、作家、リサーチャー。英国ヘンリー・ビジネス・スクール教授、バス・コンサルタンシー・グループ名誉会長。

英国、欧州、北米、南アフリカのさまざまな大企業において組織変革プロジェクトを共創し、重要な変化を促進した実績をもつ。さらにチームコーチとしても、民間企業や高等教育機関、英国政府、地方自治体、大手専門機関など多岐に渡る業種のリーダーチームや取締役会を指導している。著書に「The Wise Fool's Guide to Leadership」「Coaching, Mentoring and Organizational Consultancy」（ニック・スミスとの共著書）など。アソシエーション・オブ・プロフェッショナル・エグゼクティブ・コーチング・アンド・スーパービジョン（APECS）会長。

監修者プロフィール

田近秀敏（たぢか・ひでとし）

早稲田大学政治経済学部卒。公益財団法人松下政経塾を経て、コンサルティングとトレーニングを業務とする、有限会社コォ・クリエイト・ジャパン代表取締役。株式会社日本チームコーチング協会取締役。一般社団法人全国チームコーチ連盟代表理事。PHP研究所「PHPビジネスコーチ養成講座」講師。NLP創始者リチャード・バンドラーから学び、1996年から米国NLP協会認定トレーナー。著書に『実践ビジネス・コーチング』（PHP研究所）、監修書に『ロバート・ディルツ博士のNLPコーチング』、『ロバート・ディルツ博士の天才達のNLP戦略』（いずれもロバート・ディルツ、佐藤志緒〈訳〉、ヴォイス）、『NLPタイムライン・セラピー』（タッド・ジェイムズ、ワイアット・ウッドスモール、佐藤志緒〈訳〉、ヴォイス）他多数。

有限会社コォ・クリエイト・ジャパン

http://www.ccj.co.jp
info@ccj.to

株式会社日本チームコーチング協会

http://www.teamcoaching.jp

訳者プロフィール

佐藤志緒（さとう・しお）

翻訳家。訳書には、田近氏監修作のほか、『ゆるし』（アイリーン・R. ボリス＝ダンチュンスタン、イースト・プレス）、『チーズは探すな！』（ディーパック・マルホトラ、ディスカヴァー・トゥエンティワン）、『シータ・コマンド』（アサラ・ラブジョイ、ヴォイス）、『テイラー・スウィフトスタイル』（ブランドン・ハースト、マーブルトロン）など多数。

● 英治出版からのお知らせ

本書に関するご意見・ご感想を E-mail（editor@eijipress.co.jp）で受け付けています。また、英治出版ではメールマガジン、Web メディア、SNS で新刊情報や書籍に関する記事、イベント情報などを配信しております。ぜひ一度、アクセスしてみてください。

メールマガジン：会員登録はホームページにて
Web メディア「英治出版オンライン」：eijionline.com
ツイッター：@eijipress
フェイスブック：www.facebook.com/eijipress

チームコーチング——集団の知恵と力を引き出す技術

発行日　2012年４月30日　第１版　第１刷
　　　　2022年４月10日　第１版　第２刷

著　者　ピーター・ホーキンズ
監訳者　田近秀敏（たぢか・ひでとし）
訳　者　佐藤志緒（さとう・しお）
発行人　原田英治
発　行　英治出版株式会社
　　　　〒150-0022 東京都渋谷区恵比寿南1-9-12 ピトレスクビル4F
　　　　電話：03-5773-0193　FAX：03-5773-0194
　　　　http://www.eijipress.co.jp/
プロデューサー　杉崎真名
スタッフ　高野達成　藤竹賢一郎　山下智也　鈴木美穂
　　　　下田理　安村侑希子　田中三枝　平野貴裕
　　　　上村悠也　桑江リリー　石﨑優木　渡邉吏佐子
　　　　中西さおり　関紀子　齋藤さくら　下村美来
印刷・製本　大日本印刷株式会社
装　丁　冨澤 崇（EBranch）

ISBN978-4-86276-129-3　C0034　Printed in Japan